시스템 신뢰도

System Reliability

전건욱 편저

머리말

신뢰도 공학(Reliability Engineering)은 최초 미국에서 시작되어 기업, 산업체, 방산 등 다양한 분야에서 활용되고 있다. 신뢰도의 중요성에 대해서는 모두가 잘 이해하고 있으리라 생각하나 이를 간과함으로 수많은 사고들이 발생하고 있는 실정이다. 이는 기술의 발전과 함께 체계의 기능과 구조적인 복잡도가 증가하기 때문이며, 이러한 사고를 미리 예방 및 예측하기 위하여 구조적으로 설계가 필요한 분야가 신뢰도 공학 분야이다. 주어진 환경 조건하에서 제품 또는 시스템의 수명을 연구하는 신뢰도 공학 분야의 범주는 신뢰도 이론, 신뢰도 예측, 신뢰도 추정, 신뢰도 최적화, 신뢰도 시험, 신뢰도 성장 등 매우 방대하여 시중에 나와 있는 책들의 대부분이 이를 충분히 포함하고 있지 못하고 제한적이다. 본 책자는 신뢰도 공학 이론 및 응용분야에 초점을 맞추고 있다. 현재 국내의 경우 신뢰도 공학 분야 이론 및 해법들이 즐비하나 극히 제한적으로 활용되고 있는 실정이다. 국내 기업은 물론 방산분야에서 고가의 첨단 제품들을 개발하면서 제품 또는 시스템에 적용할 신뢰도 공학 분야 해법에 대한 연구가 절실히 필요한 실정이다.

본 책자는 저자가 그동안 국방대학교 운영분석학과에서 강의하고 연구한 내용을 기반으로 일반적인 신뢰도 공학 분야 이론을 포함하여 최근까지의 신뢰도 해법들을 위주로 저술하였다. 본 저서는 신뢰도 일반, 시스템 신뢰도, 신뢰도 산출을 위한 고장분포의 모수 추정, 고장의 분포 중 가장 많이 사용되고 있는 지수분포 및 와이블 분포의 신뢰도 추정, 다양한 신뢰도 최적화 해법으로 구성되어 있다.

1장 서론에서는 신뢰도 공학의 중요성에 대하여 소개하고, 2장에서는 일반적인 신뢰도 이론과 다양한 고장률 함수 및 종류에 대하여 언급한다. 3장에서는 체계의 형상에 따른 정(Static) 신뢰도 모형과 시간 종속적인 동(Dynamic) 신뢰도 모형을 주로 소개한다. 4장에서는 데이터 중단에 따른 각 분포의 모수추정방법을 소개하고 5장에서는 신뢰도 공학 분야에 널리 사용되고 있는 지수 분포와 와이블 분포의 통계적 특성을 고려한 신뢰도 추정 방법을 소개한다. 6장은 신뢰도 최적화 모형에 대한 구체적 해법으로 유전자 알고리즘과 개체 군집 최적화와 같은 메타 휴리스틱 기법들을 소개한다. 7장에서는 시스템 신뢰도를 예측하기 위한 방법론 및 예측모델을 소개한다.

본 저서가 기업 및 방산 분야에서 제품 또는 시스템을 개발하는 엔지니어들에게 신선한 아이디어를 줄 수 있을 뿐 아니라, 대학에서 신뢰도 공학을 연구하고 있는 학부생 및 대학원생들에게 개념적, 전문적인 수준의 지식을 제공할 수 있기를 기대한다. 출판하는데 있어 도움을 주신 국방대학교 운영분석학과 교수님들, 신뢰도 최적화 연구실 대학원생들의 협조와 출판에 적극적으로 도움을 주신 도서출판 두남의 전두표 사장님께 깊은 감사를 드리고, 끝으로 그동안 물심양면으로 내조해 준 아내 서현과 아들 준호에게 이 책을 바친다.

2012년 8월
국방대학교 Reliability Optimization 연구실에서
전 건 욱

차례

제1장
서 론

제1장 서 론

신뢰도 공학(Reliability Engineering)은 1940년대 후반 미국에서 시작되어 1950년대 초 통신 및 수송 분야에 처음으로 적용되었으며[73], 신뢰도의 중요성은 다음의 몇 가지 치명적인 사고 사례로 설명할 수 있다[45].

2차 세계대전 중에 활동한 미국 해군의 전체 잠수함 전력보다 강한 전투 능력을 보유한 미국의 핵잠수함 Thresher는 1963년 대서양에서 심도 1,000피트로 잠항하던 중 파괴되어 129명의 승조원들이 모두 사망하였으며, 1979년 DC-10 상용항공기가 불충분한 정비로 인한 고장으로 추락하여 승객 전원이 사망하였다. 1982년 미국 유타주 솔트레이크시에서는 의사와 공학자로 구성된 팀이 인간의 심장을 인공심장과 교환하는 수술을 하였는데 이틀 후 환자는 인공심장의 기능 불량으로 재수술을 받았고, 1990년 FDA(Food and Drug Administration)는 인공심장의 결함을 이유로 인공심장을 회수하였으나 8년 동안 환자 157명의 삶에 영향을 주었다. 원자력 산업 역사상 최악의 재앙으로 1986년 소비에트 연방의 Chernobyl에서 4개의 원자로 중에서 가장 최신형인 2개의 원자로가 폭발한 사고로 근무자 및 응급조치요원 31명이 사망하고, 200여명이 방사능 치료를 받았으며, 3억 달러 정도의 경제적 손실을 입었다. 1986년 우주왕복선 Challenger호는 로켓 부스터 내에서 누출을 막아주는 고무링의 불량으로 발사 후 73초 만에 폭발하였으며, 2003년 Columbia호는 연료탱크 파편으로 왼쪽날개가 손상되어 귀환 중에 폭발하였다.

국내에서는 2009년과 2010년에는 국내 최초의 우주발사체 나로호(KSLV-Ⅰ)를 2차례 발사하였으나 1차 발사시에는 위성보호덮개인 페어링의 분리 이상으로 위성을 목표궤도에 진입시키지 못했으며, 2차 발사시에는 발사 후 137초 만에 공중 폭발하는 등 약 5,000 억원이 넘는 손실을 입었으며, 올해 2012년 3차 발사를 계획하고 있다. 2011년 3월 일본 동북부 지진에 의한 원전피해로 인하여 국내에서도 원전에 대한 안전성을 강화하고 있는 실정이다.

이와 같은 사례는 신뢰도를 간과하여 발생한 대표적인 대형사고로서 기술의 발전과 함께 복잡도가 증가하는 현 시대에서 시스템 신뢰도의 중요성을 더욱 강조하게 하는 사례라 할 수 있다. 오늘날 첨단 과학기술을 바탕으로 일상생활에서 사용되는 생활용품에서부터 각종 전자제품, 자동차, 선박, 항공기 등의 첨단 시스템에 이르기까지 기능과 구조가 점차 복잡화되고 있다. 소비자는 높은 품질과 신뢰도를 갖는 제품이나 시스템을 요구하고 있으며, 생산자는 시장에서의 생존을 위해 품질향상을 통한 제품의 경쟁력 강화와 신뢰도 향상을 필수적으로 고려하게 되었다[1].

첨단의 무기체계를 운용하는 군의 경우, 최근의 전쟁 사례를 통해 볼 때 항공기, 함정, 유도무기 및 감시정찰장비 등 고도의 신뢰도를 요구하는 장비가 전쟁의 승리를 보장하는 핵심 무기체계라고 할 수 있다. 군에서 운용하는 무기체계는 고도의 정밀성과 복잡한 첨단 기술을 기반으로 장기간에 걸쳐 막대한 연구개발 비용을 투자하여 개발하고 있다. 군에서 확보하게 될 무기체계는 점차 다양한 기능을 보유하고 복합적인 임무를 수행하게 됨으로써 고장 발생의 우려가 높아지고 있는 실정이며, 군의 전투준비태세를 향상시키기 위하여 무기체계의 지원성 및 운용성과 밀접한 무기체계의 신뢰도를 고려하게 되었다[11, 15].

신뢰도는 다양한 산업분야의 각종 제품 또는 시스템 설계에 있어 중요한 척도로 고려되어 왔으나 국내의 경우 이에 대한 기반 연구가 부족한 실정이다. 본 저서에서는 대학에서 신뢰도 공학을 연구하고 있는 학부생 및 대학원생들에게 개념적, 전문적인 수준의 지식을 제공할 수 있을 뿐 아니라, 제품 또는 시스템 개발과 관련된 실무자가 전반적인 신뢰도 이론을 이해하고, 이를 업무에 적용할 수 있도록 신뢰도 관련 이론 및 응용 사례를 제시한다. 본 저서의 1장 서론에서는 신뢰도 공학의 중요성에 대하여 소개하고, 2장에서는 신뢰도 공학의 역사, 일반적인 신뢰도 이론, 고장률 함수 및 종류에 대하여 언급하고 이에 따른 체계의 평균수명과 평균잔여수명에 대하여 소개한다. 3장에서는 체계의 형상에 따른 정(Static) 신뢰도 모형과 시간 종속적인 동(Dynamic) 신뢰도 모형을 주로 소개한다. 4장에서는 데이터 중단에 따른 각 분포의 모수추정방법을 소개하고 5장에서는 신뢰도 공학 분야에 널리 사용되고 있는 지수 분포와 와이블 분포의 통계적 특성을 고려한 신뢰도 추정 방법을 소개한다. 6장은 신뢰도 최적화 해법과 관련하여 지금까지 연구된 신뢰도 최적화 해법에 대한 분류, 신뢰도 할당방법, 최적화 모형 및 이에 대한 구체적 해법으로 유전자 알고리즘과 개체 군집 최적화와 같은 메타 휴리스틱 기법들을 소개한다. 7장에서는 신뢰도 예측개요, 예측방법 및 예측모델을 소개한다.

제2장
신뢰도 일반

제2장 신뢰도 일반

System Reliability

2.1 신뢰도 역사

제1차 세계대전 이후 영국과 미국의 항공기 산업이 팽창할 즈음 항공기 엔진의 고장 가능성 때문에 사람들은 Multi-Engine 항공기를 개발하기 시작하였다. 주어진 비행임무를 완수하기 위하여 단발과 쌍발기, 쌍발과 4발기들의 성능이 비교되었으나 그 당시만 해도 이러한 비교는 정성적인 것이었다. 그러나 시간이 지남에 따라 많은 비행시간이 축적되었고, 이에 따라 주어진 기간 동안 주어진 항공기 대수 중에 몇 대가 고장이 발생했는가 등의 정보가 수집되기 시작하였다. 이를 기초로 1930년대에는 평균고장횟수나 평균 고장률 등으로 항공기의 신뢰도를 나타내기에 이르렀으며, 1930년대 말 부품의 수명주기와 재생이론이 등장하여 부품과 시스템의 수명연구가 시작되었다[10].

제2차 세계대전 중 군용기와 항공 통신기, 레이더(Radar) 등 전자기기의 빈번한 고장으로 군의 작전수행에 막대한 지장을 받게 되자 미국에서는 신뢰도에 대한 조직적인 연구에 착수하게 되었다. 1942년 미국의 MIT 공과대학에서 고신뢰도 진공관을 조사하면서 신뢰도의 본격적인 연구가 시작되었으며, 1943년경부터 1950년까지 미국의 관련 분야 연구 활동으로 고신뢰도 진공관이 개발되었다. 1943년에 VTDC(Vacuum Tube Development Committee)를 결성하여 진공관의 신뢰도에 관한 조직적인 연구를 시작하였으며, 1946년에는 ARINC(Aeronautical Radio INCorporated)를 설립하여 전자부품의 신뢰도 보증을 위한 최초의 규격인 고신뢰도 진공관의 규격이 제정되었다. 고신뢰도 진공관의 규격은 진공관의 전기적 특성 뿐 만 아니라 온도변화를 비롯하여 충격과 진동 등의 환경조건에도 견딜 수 있는 조건을 제시함으로써 전자기기의 신뢰도를 향상시켰다. 이와 같이 진공관의 신뢰도에 대한 연구를 먼저 실시한 이유는 당시 전자기기의 중요 구성부품이 진공관이었으며, 진공관의 신뢰도만 증가시키면 전자기기의 고장을 감소시킬 수 있다고 생각했기 때문이다[13].

제2차 세계대전 중 독일의 로버트 루서(Robert Lusser)는 V-1 미사일에 신뢰도 이론을 적용하였다. V-1 미사일 개발은 1942년부터 시작되었고, 전쟁 중에도 모든 가용한 자원을 투입하여 개발하였으나 임무가 실패로 돌아갔으며, 결국 V-1 미사일은 60%의 임무 완수를 할 정도의 신뢰도를 갖게 되었다. 유사한 방법이 V-2 미사일 개발에도 적용되었으며, 당시 직렬 시스템 신뢰도를 산출하였다[10].

1950년대 초 전자공학 및 유도미사일 분야의 발전과 더불어 본격적으로 신뢰도 연구가 시작되었다. 1950년 12월 미 공군은 전자기기 신뢰성 위원회를 구성하여 육 · 해 · 공 3군의 스태프와 민간 전문가들이 함께 기기의 신뢰도와 보전성 향상을 위해 연구를 실시하였다. 1951년 ARINC에서는 여러 종류의 신뢰도 연구를 수행하였으며, 그 중에는 육 · 해 · 공 3군에서 사용하는 모든 군용 진공관 신뢰도에 대한 연구도 포함되었다. 그리고 1952년에는 미 국방성에서 전자장비 신뢰도 자문회인 AGREE(Advisory Group on Reliability of Electronic Equipment)를 설치[66] 하였는데, 기구의 설립목적은 좀 더 신뢰도 있는 전자장비를 개발할 수 있도록 체계적인 연구를 통해 신뢰도에 대한 관심을 고취시키고 감독하기 위한 것이었다. 1953년에 미국 RAND 연구소의 Carhart는 미 공군의 협조로 그 당시까지의 신뢰도 연구에 대한 진행 결과와 문제점을 검토하였으며, 신뢰도 연구에 적용할

〈표 2.1〉 AGREE 위원회 그룹별 신뢰도 업무

구 분	내 용
그룹 1	군용전자장비의 최소 허용 신뢰도 계량화 방법 연구
그룹 2	최소 허용 신뢰도 값 달성을 위한 신뢰도 개선모형 평가방법 개발
그룹 3	대상 장비가 유사장비의 신뢰도를 기준으로 설정한 최소 허용 신뢰도를 만족하는지 그렇지 않은지를 평가할 수 있는 방법을 개발
그룹 4	설계된 장비가 신뢰도 요구를 만족할 수 있도록 개발되어야 하는데 이 개발 과정을 연구
그룹 5	부품의 신뢰도를 계산이나 환경조건의 함수와 같이 고장률로 나타내는 기준이나 방법을 개발
그룹 6	시스템 획득시 계약자 상호간에 발생하는 신뢰도의 변경 등 제반 고려사항에 대한 규정을 정립
그룹 7	당시에 사용되고 있는 포장 및 수송방법을 연구 분석하여 신뢰도 개선 및 향상방안을 추천
그룹 8	저장 보관의 효과를 조사 분석하여 신뢰도 개선방안을 추천
그룹 9	설계된 고유 신뢰도를 계속 유지시키면서 장비를 사용하기 위한 정비 유지 방법을 검토

수 있는 통계적 이론과 기법을 요약하고, 무기체계의 전반적인 군사적 및 경제적 가치를 정리하였다.

1955년 AGREE 위원회에서는 장비의 설계, 시험, 배치 및 운용에 이르는 각 단계에 걸쳐 수행해야 할 9개의 신뢰도 관련 업무를 〈표 2-1〉과 같이 설정하고, 업무의 연구과제를 각각의 소그룹에 배정하였다[4].

AGREE 위원회 그룹 4의 연구결과가 MIL-STD-441(Reliability Military Electronic Equipment)의 기초가 되었으며, 그룹 2와 3의 연구결과는 MIL-R-26667A(Reliability and Longevity Requirements, Electronic Equipment)로 집약되었고, 그룹 5의 연구결과는 PSMR-1(Parts Specification Management for Reliability Report)의 기초가 되었다.

1957년에는 AGREE 위원회의 연구보고서가 발간되었으며, 여기에는 제품의 시작 및 생산시의 신뢰도 측정과 신뢰도를 고려한 시방서(Specification)의 작성 방법 등이 구체적으로 기술되어 있기 때문에 이것은 오늘날 신뢰도 공학 발전에 획기적인 기여를 하게 되었다. 보고서는 미 국방성에 의해 받아들여졌으며 권고안은 정식 절차로 채택되어 신뢰도 시험에 관한 내용의 국방규격(MIL-STD-781)이 제정되었다.

1958년 미국에서는 NASA(National Aeronautics and Space Administration)를 창설하고, 막대한 국가예산을 투입하여 우주개발을 위한 인공위성 개발에 착수하였다. 그러나 1950년대 말 우주선 및 인공위성의 발사실패로 인하여 신뢰도 공학의 중요성이 또 한 번 제고되었다. 따라서 NASA는 인공위성의 신뢰도가 거의 완벽(100%)하여야 하므로 1961년 아폴로 발사 계획이 수립되면서 오늘날의 인공위성과 로켓시스템의 신뢰도 분석, 신뢰도 예측, 고장유형 및 영향도 분석(Failure Mode and Effect Analysis : FMEA) 및 고장계통분석(Fault Tree Analysis : FTA) 등 주요 기법들을 개발하고 활용하는 등 신뢰도 공학의 발전에 많은 기여를 하게 되었다. 또한 1962년에는 제1회 신뢰도 · 보전성 학술대회가 개최되면서 중복설계의 개념과 고장해석 등의 기법이 도입되었다.

1960년대 신뢰도 향상은 고장의 원인 제거를 통하여 가능하다는 개념 하에 1962년 최초의 고장 물리 심포지엄(Physics of Failure Symposium)이 개최되었으며, 이때부터 고장기구(Failure Mechanism)를 조사하는 연구가 활발하게 진행되었다.

1970년대 미국에서는 미군과 계약회사간 신뢰성 시험 데이터의 상호 교환하는 GIDEP(Government and Industry Data Exchange Program)을 시행하였고, 미 해

군의 고장률 자료(Failure Rate Data) 교환 및 미 공군의 항공 개발 센터(Rome Air Development Center) 내에 신뢰성 분석 센터(Reliability Analysis Center) 설립 등 많은 데이터의 수집, 분석, 전파로 신뢰성 기술의 상호향상과 정보의 경제적 이용을 도모해왔다[16].

미국의 기업, 군, 우주 분야에서는 지금까지의 신뢰도 관련 관리 기술을 바탕으로 최소의 비용으로 제품의 품질을 보증하려는 노력을 시도하였다. 예컨대 General Electric사는 전자 레인지 품질목표를 사용기간 20년 동안 신뢰도를 90%로 설정하고, 가속수명시험에 의한 단기 보증방법을 제안하였다. Chrysler사는 5만 마일 또는 5년간의 보증을 내걸고 되도록 낮은 비용으로 내구성이 있는 차를 생산하는데 노력을 기울였으며, Ford사도 대규모의 신뢰성 센터를 창설하여 본격적인 품질보증 노력을 수행하였다. 오늘날에도 기술 축적과 신용을 기초로 기업의 세계적 발전을 이룩하려면 신뢰도를 품질보증의 불가결한 요소로서 조직적으로 관리하여야 한다고 인식되고 있으며, 최근에는 6 시그마 경영전략과 같은 전사적 품질관리 운동이 전 세계적으로 확산되고 있는 실정이다.

우리나라의 신뢰도 분야 연구는 기초적 단계를 벗어나지 못한 상태로 최근에 이르러 제품을 외국에 수출하는 업체들이 상대 바이어들의 안전성 요구에 부응하여 외국 규격을 획득하는 수동적 자세에서 출발하여 발전되고 있는 실정이다. 1999년 이전 국내에서는 신뢰성 시험분석이 가격 경쟁력에 영향을 미치는 이유로 낙후되어 있었으나 1999년 이후부터 신뢰성 평가 기반구축 3개년 계획과 신뢰성 보증제도 도입이 정부를 중심으로 추진되어 현재에는 부품에 관한 공인된 신뢰성 시험자료를 구축하고 중복 투자를 방지하기 위하여 다양한 분석기관을 운영하고 있는 실정이다.

2.2 신뢰도 이론

신뢰도 분야에서 사용되고 있는 구성품이나 시스템의 신뢰도(Reliability)에 관한 전통적인 정의는 시스템이 주어진 사용조건 아래에서 의도된 임무기간 동안 고유의 기능을 성공적으로 수행(고장발생 없이)할 수 있는 능력 또는 성질(확률)을 의미한다. 일반적인 품질관리에서 말하는 제품에 대한 품질이란 일정한 시점에서의 정적인 품질에 대한 판단을 하는 반면에 신뢰도란 시간에 따른 제품의 동적인 품질을 관리하는 것이다. 이런 동적인 품질평가를 정량적으로 나타내기 위하여 일반적으로 신뢰도라는 용어를 사용한다.

신뢰도(Reliability)는 제품이나 서비스가 설계 운영 환경(온도 또는 전압과 같은) 하에서 고장 없이 설계된 수명의 특정 기간 동안 정상적으로 작동할 확률이다. 즉, 신뢰도는 기능이 정상적으로 작동하는 시스템의 척도로 사용된다.

n_0개의 동일한 부품들이 시험 중이고, $(t-\Delta t, t)$시간 동안 고장 부품의 수 $n_f(t)$와 생존 부품의 수 $n_s(t)$를 관찰한다고 하면 $[n_f(t)+n_s(t)=n_0]$이 성립한다. 시간 t에서의 신뢰도 $R(t)$는 다음 식 (2.1)과 같이 표현할 수 있다.

$$R(t)=\frac{n_s(t)}{n_s(t)+n_f(t)}=\frac{n_s(t)}{n_0} \tag{2.1}$$

고장 시간을 의미하는 확률 변수(Random Variable)를 T라 하면, 특정 시간 t에서의 신뢰도 함수 $R(t)$는 다음 식 (2.2)와 같이 표현할 수 있다.

$$R(t)=P[T>t]=1-P[T\leq t]=1-F(t) \tag{2.2}$$

신뢰도 함수 $R(t)$와 분포 함수(Cumulative Distribution Function, c.d.f)인 불신뢰도 함수 $F(t)$와의 관계는 다음 식 (2.3)과 같다.

$$R(t)+F(t)=1 \tag{2.3}$$

만약 고장 시간 T가 특정한 확률밀도함수(Probability Density Function, p.d.f) $f(t)$를 갖는다면, 위의 식 (2.3)은 다음 식 (2.4)와 같이 표현할 수 있다.

$$R(t)=1-F(t)=1-\int_0^t f(\zeta)d\zeta \tag{2.4}$$

특정시간 t에 관한 식 (2.4)의 도함수는 다음 식 (2.5)와 같다.

$$\frac{dR(t)}{dt}=-f(t) \tag{2.5}$$

예를 들어, 만약 고장 시간이 모수가 λ인 지수분포를 따른다고 하면 지수분포의 고장밀도함수 $f(t)$는 다음 식 (2.6)과 같다.

$$f(t) = \lambda e^{-\lambda t} \tag{2.6}$$

지수분포에 대한 신뢰도 함수 $R(t)$는 다음 식 (2.7)과 같이 표현할 수 있다.

$$R(t) = 1 - \int_0^t \lambda e^{-\lambda\zeta} d\zeta = e^{-\lambda t} \tag{2.7}$$

식 (2.7)로부터 주어진 시간 간격 $[t_1, t_2]$에서 부품의 고장확률은 다음 식 (2.8)과 같이 신뢰도 함수로 표현된다.

$$\int_{t_1}^{t_2} f(t)dt = R(t_1) - R(t_2) \tag{2.8}$$

시간 간격 $[t_1, t_2]$에서의 고장률은 시작 시간 t_1 이전에 고장이 발생하지 않고, 주어진 시간 간격에서 단위시간당 한 번의 고장이 발생할 확률로 정의하며, 다음 식 (2.9)와 같이 표현된다.

$$\frac{R(t_1) - R(t_2)}{(t_2 - t_1)R(t_1)} \tag{2.9}$$

시간 구간 $[t_1, t_2]$를 시간 구간 $[t, t + \Delta t]$로 변경하여 식 (2.9)에 대입하면 다음 식과 같다.

$$\frac{R(t) - R(t + \Delta t)}{\Delta t R(t)} \tag{2.10}$$

고장률 함수(Hazard Function)는 $\Delta t \to 0$인 고장률의 극한으로 정의된다. 고장률 함수 또는 순간 고장률(Instantaneous Failure Rate or Hazard Rate)은 다음 식 (2.11)로 표현할 수 있다.

$$h(t) = \lim_{\Delta t \to 0} \frac{R(t) - R(t+\Delta t)}{\Delta t R(t)} = \frac{1}{R(t)} \left[-\frac{d}{dt} R(t) \right] \quad (2.11)$$

식 (2.5)와 식 (2.11)로부터 다음 식 들을 구할 수 있다.

$$R(t) = e^{\left[-\int_0^t h(\zeta) d\zeta \right]} \quad (2.12)$$

$$R(t) = 1 - \int_0^t f(\zeta) d\zeta \quad (2.13)$$

$$h(t) = \frac{f(t)}{R(t)} \quad (2.14)$$

2.3 고장률 함수

고장률 함수 또는 순간 고장률(Hazard Function or Hazard Rate) $h(t)$는 시간 t에서 고장이 발생하지 않고, 시간 t와 $(t+\Delta t)$ 사이에서 발생하는 고장의 조건부 확률로 다음 식과 같이 표현된다.

$$h(t) = \frac{f(t)}{R(t)} \quad (2.15)$$

누적 고장률 함수(Cumulative Hazard Function) $H(t)$는 시간 0과 t사이에 발생한 고장의 조건부 확률로 다음 식 (2.16)과 같다.

$$H(t) = \int_0^t h(\zeta) d\zeta \quad (2.16)$$

순간 고장률은 간단히 고장률이라고도 하며, 고장률의 표현은 시스템 설계자,

엔지니어, 수리 및 정비팀에게 매우 중요하다. 고장률의 표현은 고장 시간(또는 고장간 시간), 수리정책 수립을 위한 수리 요원의 수, 시스템의 가용성, 보증 비용의 추정, 시간에 따른 시스템의 고장 패턴을 연구하기 위하여 사용할 수 있다.

식 (2.15)에서와 같이 고장률은 시간의 함수로 표현된다. 시간에 따라 고장률이 어떤 함수의 형태로 표현되는가? 이 질문에 대한 일반적인 대답은 고장률은 다음 〈그림 2.1〉과 같이 욕조형태(Bathtub-Shaped)의 함수라 할 수 있다. 이 함수가 어떻게 산출되는지를 설명하기 위하여 시간 $T=0$에서 부터 작동하는 N개의 표본이 동일한 부품으로 이루어진 집단을 고려하자. 그 표본은 약하거나 규격에 맞지 않는 부품, 제조 결함, 설계 오류, 조립 결함으로 인하여 작동시간의 초기에 높은 고장률을 나타낼 것이다. 고장률이 감소하는 시기를 Infant Mortality, Shake-down, Debugging, 또는 초기고장(Early Failure) 영역이라 한다. 이 시기는 생산자와 고객 모두의 관점에서 탐탁지 않은 영역이며, 생산자에게는 불필요한 정비 비용을 야기 시키고, 고객에게는 제품사용을 방해한다. 초기고장은 제품을 출하하기 전에 시스템이나 부품의 번인(Burn-In) 시기를 늘리는 것, 제조과정의 개선, 생산품 품질관리의 개선에 의해서 최소화 할 수 있다. 시간 T_1은 초기고장 영역의 마지막을 나타낸다.

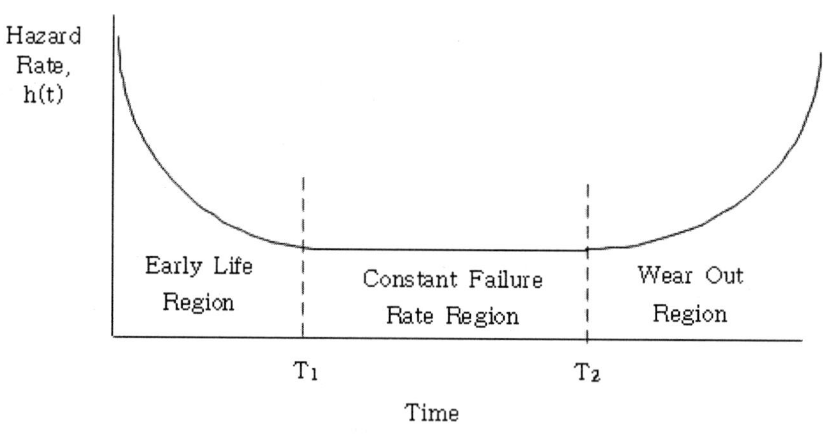

〈그림 2.1〉 일반적인 고장 곡선(욕조 곡선)

초기고장 영역의 마지막에서 고장률은 일정한 값에 도달하게 된다. 일정고장(Constant Failure Rate) 영역 T_1과 T_2 사이에서 고장은 예측된 패턴을 따르는 것이 아니라 가해지는 부하의 변화(설계된 부하보다 높거나 혹은 낮은)에 따라

우발적으로 발생한다. 과중한 부하는 부품에 심한 압력을 주고, 낮은 부하는 부품의 정격출력(일반적인 작동 환경하에서 부품의 역방향 부하)을 낮추며, 두 경우 모두 고장을 유발시키며, 재료의 결함이나 제조 결함의 우연성도 일정고장 영역에서 고장을 야기 시킨다.

고장률 곡선에서 마지막 영역은 시간 T_2에서 시작하는 마모고장(Wear-Out) 영역이다. 마모고장 영역의 시작은 일정한 고장률 값 이상으로 고장률이 증가하기 시작할 때 인지하게 되고, 고장은 우연성에 의해 나타나지 않으며, 노화와 부품의 마모에 의해 발생한다. 이 영역에서 고장률은 설계수명에 도달한 제품처럼 급속도로 증가한다. 마모고장 영역의 영향을 최소화하기 위하여 주기적인 정비 또는 제품의 교체를 고려해야 한다.

모든 부품의 고장률 곡선이 욕조형태의 곡선으로 나타나지는 않는다. 대부분의 전기 · 전자 부품은 마모고장 영역이 없다. 일부 기계 부품은 일정고장 영역이 없고, 초기고장 영역과 마모고장 영역 사이에서 변환된다. 각 영역의 길이는 부품에 따라 다양하다.

2.3.1 일정 고장률(Constant Hazard)

반도체, 저항, 집적회로, 컨덴서 등과 같은 많은 전자 부품들은 그 수명기간 동안 일정한 고장률을 나타낸다. 물론 이것은 초기고장기간 마지막에 발생한다. 이들 제품들은 초기고장 기간에 번인시험을 수행하여 감소시킨다. 번인은 제조결함으로 인한 고장을 제거하기 위하여 짧은 기간동안 부품의 기대 작동 부하보다 서서히 부하를 증가시켜 수행한다. 일정 고장률 함수 $h(t)$는 다음 식 (2.17)과 같다.

$$h(t) = \lambda \tag{2.17}$$

여기서, λ는 상수이다. 식 (2.15)로부터 확률밀도함수 $f(t)$는 다음 식 (2.18) 및 식 (2.19)와 같이 나타낼 수 있으며, 불신뢰도 함수 $F(t)$는 식 (2.20)과 같다.

$$f(t) = h(t)\exp\left[-\int_0^t h(\zeta)d\zeta\right] \tag{2.18}$$

$$f(t) = \lambda e^{-\lambda t} \tag{2.19}$$

$$F(t) = \int_0^t \lambda e^{-\lambda t} = 1 - e^{-\lambda t} \tag{2.20}$$

신뢰도 함수 $R(t)$는 다음 식 (2.21)과 같다.

$$R(t) = 1 - F(t) = e^{-\lambda t} \tag{2.21}$$

$h(t)$, $f(t)$, $F(t)$, $R(t)$의 그래프는 다음 〈그림 2.2〉 및 〈그림 2.3〉과 같다. $t = 1/\lambda$일 때 $f(1/\lambda) = \lambda/e$, $F(1/\lambda) = 1 - 1/e = 0.632$, $R(1/\lambda) = 1/e = 0.368$이다. 추정된 평균고장시간 $1/\lambda$에 의해서 산출된 제품의 고장 확률은 0.632이며, 일정 고장률 모델의 고장시간은 지수분포를 따른다는 것을 알 수 있다.

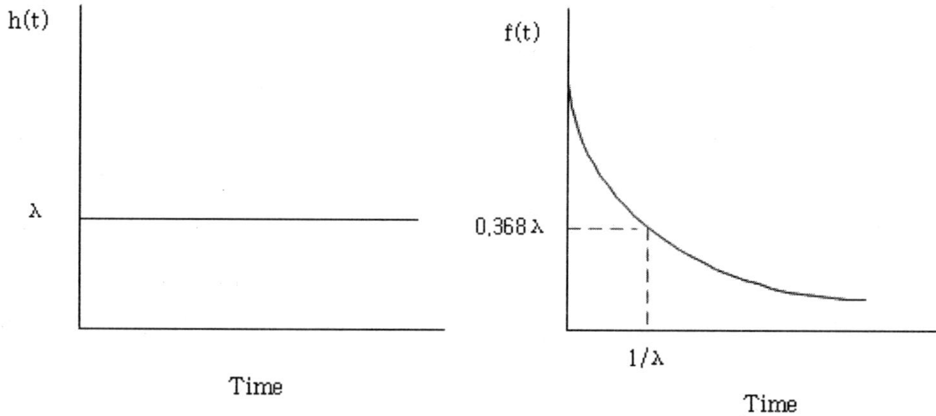

〈그림 2.2〉 $h(t)$, $f(t)$ 그래프

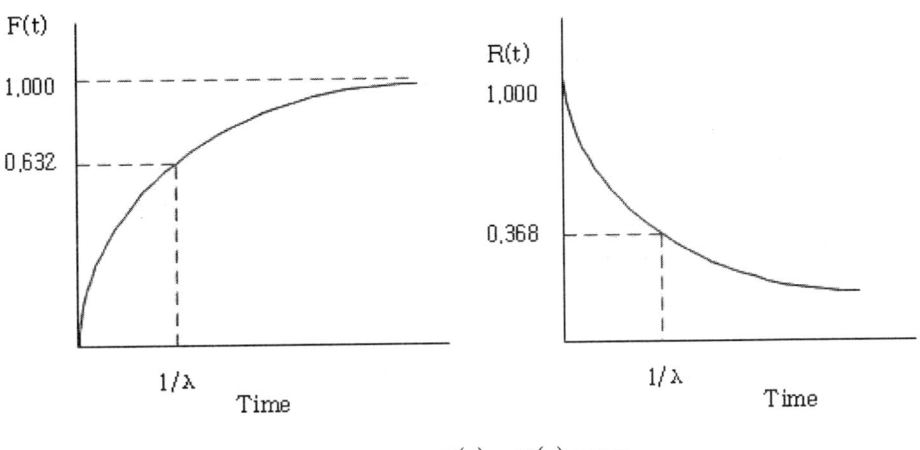

〈그림 2.3〉 $F(t)$, $R(t)$그래프

2.3.2 선형 증가 고장률(Linear Increasing Hazard)

부품이 열화조건을 따르거나 마모상태에 있을 때 고장률은 증가한다. 회전 샤프트, 밸브, 캠 등과 같은 대부분의 기계 부품은 선형 증가 고장률을 갖으며, 계전기와 같은 일부 전기 부품도 선형 증가 고장률을 갖는다. 고장률 함수는 다음 식 (2.22)와 같다.

$$h(t) = \lambda t \tag{2.22}$$

여기서, λ는 상수이며, 확률밀도함수 $f(t)$는 다음 식 (2.23)과 같이 Rayleigh 분포를 갖으며, 불신뢰도 함수 $F(t)$는 다음 식 (2.24)와 같다.

$$f(t) = \lambda t e^{-\frac{\lambda t^2}{2}} \tag{2.23}$$

$$F(t) = 1 - e^{-\frac{\lambda t^2}{2}} \tag{2.24}$$

신뢰도 함수 $R(t)$는 다음 식 (2.25)와 같다.

$$R(t) = e^{-\frac{\lambda t^2}{2}} \tag{2.25}$$

$h(t)$, $f(t)$, $F(t)$, $R(t)$의 그래프는 다음 〈그림 2.4〉 및 〈그림 2.5〉와 같다. 선형 증가 고장률의 고장시간 분포는 Rayleigh 분포를 따른다는 것을 알 수 있으며, 평균(기대값)과 분산은 다음과 같다.

$$\text{평균} : \sqrt{\frac{\pi}{2\lambda}} \quad , \quad \text{분산} : \frac{2}{\lambda}\left(1 - \frac{\pi}{4}\right)$$

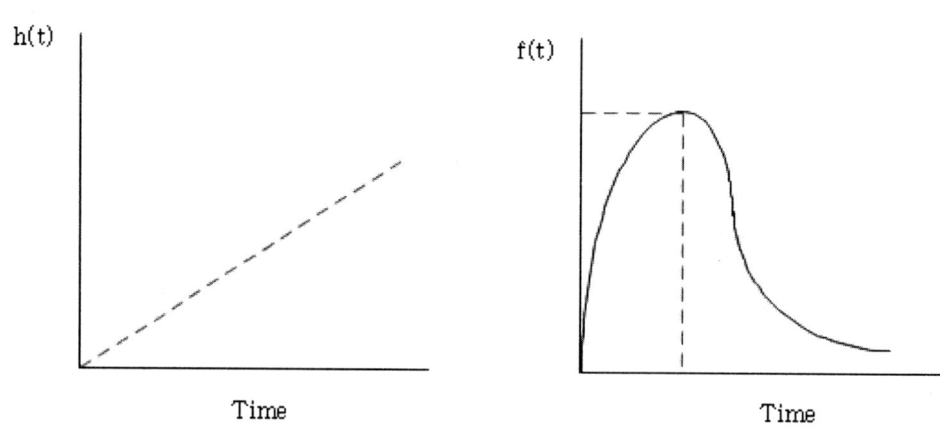

〈그림 2.4〉 $h(t)$, $f(t)$ 그래프

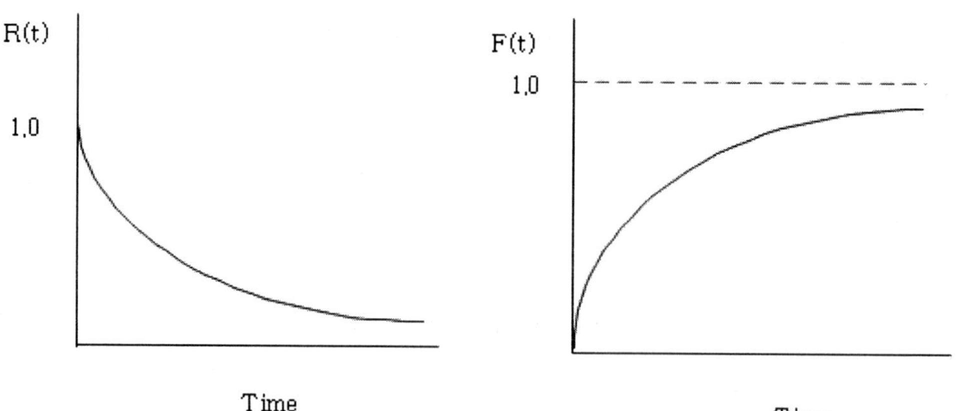

〈그림 2.5〉 $R(t)$, $F(t)$ 그래프

2.3.3 선형 감소 고장률(Linear Decreasing Hazard)

대부분의 부품(기계, 전기)들은 수명주기 초기 동안 감소 고장률을 보이며, 시간에 따라 선형 또는 비선형으로 감소한다. 선형 감소 고장률 함수는 다음 식 (2.26)과 같다.

$$
\begin{aligned}
h(t) &= a - bt \\
a &\geq bt
\end{aligned}
\tag{2.26}
$$

여기서, a, b는 상수이며, 선형 증가 고장률 함수와 유사하게 $f(t)$, $R(t)$, $F(t)$를 구할 수 있다. 고장률 함수로 표현되는 고장 모델과 부품의 신뢰도는 상수 a, b 값에 의해 좌우된다.

2.3.4 와이블 모델(Weibull Model)

고장률 함수의 비선형 표현은 시간에 대한 고장률 함수가 선형으로 분명하게 표시될 수 없을 때 사용된다. 이러한 경우의 고장률 함수(감소 또는 증가)의 전형적인 표현은 다음 식 (2.27)과 같다.

$$h(t) = \frac{\gamma}{\theta} t^{\gamma - 1} \tag{2.27}$$

이 모델은 와이블 모델이 되며, 확률밀도함수 $f(t)$는 다음 식 (2.28)과 같다.

$$f(t) = \frac{\gamma}{\theta} t^{\gamma - 1} e^{-\frac{t^{\gamma}}{\theta}} \qquad t > 0 \tag{2.28}$$

여기서, θ와 γ는 양수이며, 각각 분포의 특성수명(Characteristic Life)과 형상모수(Shape Parameter)라 한다. $\gamma = 1$인 경우 $f(t)$는 지수분포가 되고, $\gamma = 2$인 경우 Rayleigh 분포가 된다. 형상모수 γ이 적정 값이 되면 와이블 분포의 확률밀도함수는 정규 분포에 근사한다. Makino[80]는 평균 고장률과 형상모수를 이용하여 정규분포를 와이블 분포에 근사함을 보였다($\gamma = 3.43927$). $\gamma = 3.43938$ 이면 와이블 분포의 형상모수 값의 평균은 중앙값과 동일하다고 하였다. γ의 변화에 따른 와이블 분포의 확률밀도함수 $f(t)$는 다음 〈그림 2.6〉과 같으며, 와이블 분포의 불신뢰도 함수 $F(t)$는 식 (2.29) 및 식 (2.30)과 같고, 신뢰도 함수 $R(t)$는 다음 식 (2.31)과 같다.

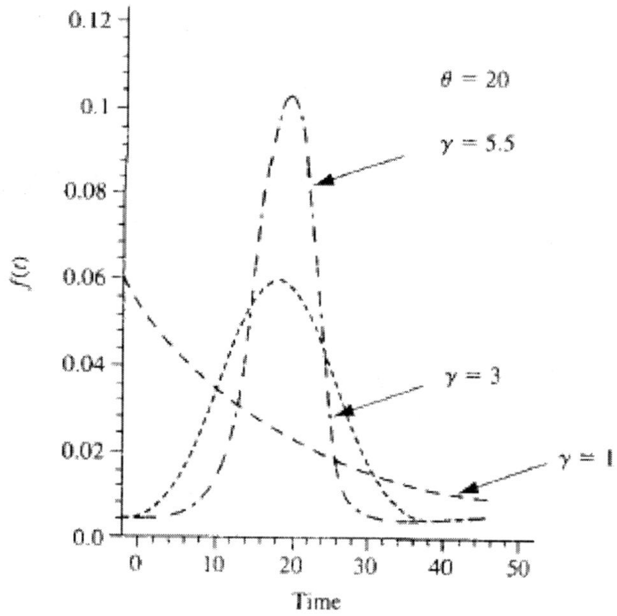

〈그림 2.6〉 γ의 변화에 따른 와이블 분포의 $p.d.f$

$$F(t) = \int_0^t \frac{\gamma}{\theta} \zeta^{\gamma-1} e^{-\zeta\eta\theta} d\zeta \qquad (2.29)$$

$$F(t) = 1 - e^{\frac{-t^{\gamma}}{\theta}} \qquad t > 0 \qquad (2.30)$$

$$R(t) = e^{\frac{-t^{\gamma}}{\theta}} \qquad t > 0 \qquad (2.31)$$

와이블 분포는 지수분포, Rayleigh 분포, 정규분포와 함께 신뢰도 모델링에 폭넓게 사용되며, 와이블 모델의 고장률 함수 $h(t)$는 다음 식 (2.32)와 같다.

$$h(t) = \frac{f(t)}{1-F(t)} = \frac{\gamma}{\theta} t^{\gamma-1} \tag{2.32}$$

$\gamma > 1$인 경우 고장률은 상한이 없이 증가하며, 욕조곡선의 마모고장 영역을 나타낸다. $\gamma = 1$인 경우 고장률은 일정(일정고장 영역)하며, $\gamma < 1$인 경우 고장률 함수는 시간에 따라 감소한다(초기고장 영역). 수많은 고장자료의 고장률 설명을 위해 와이블 모델이 사용되었으며, 와이블 분포의 평균과 분산은 다음 식과 같다.

$$E[T] = \theta^{\frac{1}{\gamma}} \Gamma\left(1 + \frac{1}{\gamma}\right) \tag{2.33}$$

$$Var[T] = \theta^{\frac{2}{\gamma}} \left\{ \Gamma\left(1 + \frac{2}{\gamma}\right) - \left[\Gamma\left(1 + \frac{1}{\gamma}\right)\right]^2 \right\} \tag{2.34}$$

여기서, $\Gamma(n)$는 다음의 수식으로 정의되는 감마 함수를 나타낸다.

$$\Gamma(n) = \int_0^{\infty} x^{n-1} e^{-x} dx$$

$$\int_0^{\infty} x^{n-1} e^{-x/\theta} dx = \Gamma(n) \theta^n$$

2.3.5 지수모델(Exponential Model, The Extreme Value Distribution)

지수모델 또는 극값 분포는 와이블 분포와 밀접한 관련이 있다. 이는 고장률 함수가 초기에 일정할 때와 시간에 따라 급격하게 증가할 경우의 모델링에서 유용하며, 이 분포는 일반적인 작동조건에서 정상 작동되고, 극한조건일 때 부가적인 고장이 발생하는 제품(또는 부품)의 고장시간을 설명하기 위하여 사용된다. 고장률 함수, 고장시간 밀도 함수 및 신뢰도 함수는 다음 식과 같다.

$$h(t) = be^{\alpha t} \tag{2.35}$$

$$f(t) = be^{\alpha t} e^{-\int_0^t h(\zeta) d\zeta} \tag{2.36}$$

$$f(t) = be^{\alpha t} e^{-\frac{b}{\alpha}(e^{\alpha t} - 1)} \tag{2.37}$$

$$R(t) = e^{-\frac{b}{\alpha}(e^{\alpha t} - 1)} \tag{2.38}$$

여기서, b는 상수이고, e^{α}는 단위시간당 고장률의 증가를 나타낸다. 예를 들어 만약 부품의 고장률이 매년 약 10% 정도 증가한다면 $h(t) = b(1.1)^t$이고, $\alpha = \ln(1.1) = 0.0953$이다. 식 (2.36)의 확률밀도함수 $f(t)$는 곰페르츠 분포(Gompertz Distribution)라 한다.

α와 b값의 변화에 따라 극값 분포를 갖는 고장률과 신뢰도 함수의 그래프는 다음 〈그림 2.7〉과 같다. 일부 전자 부품은 이러한 고장률 함수를 보여주며, 기계적으로 조립된 부품은 높은 스트레스를 받을 때 나타난다.

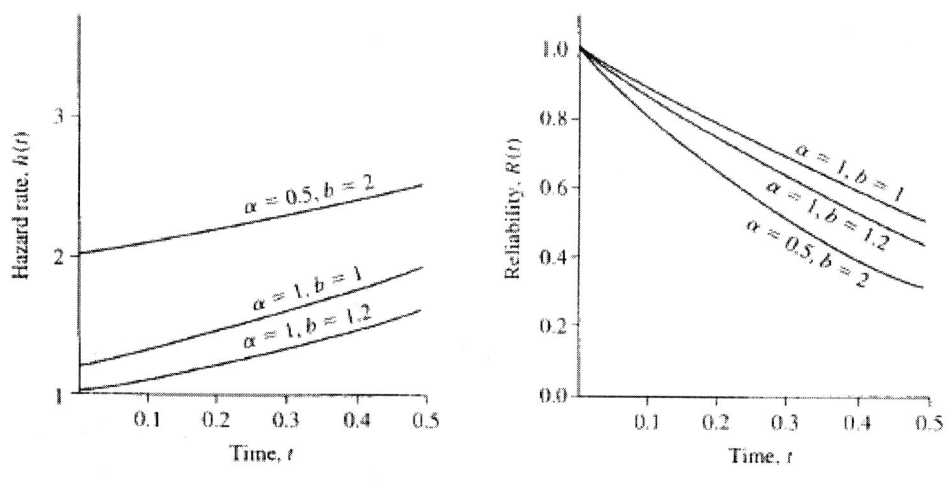

〈그림 2.7〉 $h(t)$, $R(t)$의 그래프

2.3.6 정규모델(Normal Model)

부품(또는 시스템)의 고장시간이 정규분포에 의해서 설명되는 수많은 실제 상황들이 있다. 예를 들어 부하가 반복되는 대부분의 기계 부품들은 정규분포 고장률을 나타낸다. 정규모델의 분포함수 $F(t)$는 다음 식 (2.39)와 같다.

$$F(t) = P[T \leq t] = \int_{-\infty}^{t} \frac{1}{\sigma\sqrt{2\pi}} exp\left[-\frac{1}{2}\left(\frac{\tau-\mu}{\sigma}\right)^2\right] d\tau \qquad (2.39)$$
$$R(t) = 1 - F(t)$$

여기서, μ와 σ는 분포의 평균과 표준편차이며, 표준정규분포($\sigma = 1$, $\mu = 0$)로 특정 정규분포의 확률을 산출할 수 있다. 표준정규분포의 확률밀도함수는 다음 식 (2.40)과 같다.

$$\phi(z) = \frac{1}{\sqrt{2\pi}} exp\left(-\frac{z^2}{2}\right) \qquad -\infty < z < \infty \qquad (2.40)$$
$$z = \frac{\tau-\mu}{\sigma}$$

누적분포함수는 다음 식 (2.41)과 같다.

$$\Phi(z) = \int_{-\infty}^{\tau} \frac{1}{\sqrt{2\pi}} exp\left(-\frac{z^2}{2}\right) dz \qquad (2.41)$$

그러므로 부품의 고장시간이 평균 μ, 표준편차 σ를 갖는 확률변수 T가 정규분포를 가정 시 다음 식 (2.42)를 이용하여 시간 t에서 부품의 고장 발생 확률을 구할 수 있다.

$$P(T \leq t) = P\left(T \leq \frac{t-\mu}{\sigma}\right) = \Phi\left(\frac{t-\mu}{\sigma}\right) \qquad (2.42)$$

식 (2.42)에서 우변은 표준 정규분포표에 의해 구할 수 있으며, 정규분포의 고장률 함수 $h(t)$는 다음 식 (2.43)과 같다.

$$h(t) = \frac{f(t)}{R(t)} = \frac{\phi\left(\frac{t-\mu}{\sigma}\right)/\sigma}{R(t)} \qquad (2.43)$$

다음 정규분포의 고장률 함수는 시간 t의 증가함수임을 보여준다.

$$h(t) = \frac{f(t)}{1-F(t)}$$

$$h'(t) = \frac{(1-F)f' + f^2}{(1-F)^2} \tag{2.44}$$

식 (2.44)에서 분모는 모든 t에 대하여 양의 값을 가지며, 식 (2.44)의 분자부분은 언제나 다음 식이 성립한다.

$$(1-F)f' + f^2 \geq 0 \tag{2.45}$$

정규분포의 확률밀도함수 $f(t)$는 다음과 같다.

$$f(t) = \frac{1}{\sqrt{2\pi\sigma^2}} e^{-(t-\mu)^2/2\sigma^2} \qquad -\infty < t < \infty$$

식 (2.45)를 다시 표현하면 다음 식과 같다.

$$R(t)\frac{t}{dt}f(t) + f^2(t) \geq 0$$

도함수는 다음 식과 같다.

$$\frac{d}{dt}f(t) = \frac{1}{\sqrt{2\pi\sigma^2}}\frac{d}{dt}e^{-(t-\mu)^2/2\sigma^2} = \frac{1}{\sqrt{2\pi\sigma^2}}\frac{-(t-\mu)}{\sigma^2}e^{-(t-\mu)^2/2\sigma^2}$$
$$= \frac{-(t-\mu)}{\sigma^2}f(t)$$

이를 만족해야 하는 조건은 다음과 같다.

$$f(t)\left(\frac{-(t-\mu)}{\sigma^2}R(t) + f(t)\right) \geq 0$$

정의에 의해서 $f(t) \geq 0$이고, $R(t)=\int_{t}^{\infty} f(x)dx$ 이므로 다음 식이 성립한다.

$$\frac{(t-\mu)}{\sigma^2}\int_{t}^{\infty} f(x)dx \leq \int_{t}^{\infty}\frac{(t-\mu)}{\sigma^2}f(x)dx = \int_{t}^{\infty} -df(x) = f(t)$$

$$f(t) \geq \frac{t-\mu}{\sigma^2}\int_{t}^{\infty} f(x)dx$$

$$f(t)\left(f(x) - \frac{(t-\mu)}{\sigma^2}\int_{t}^{\infty} f(x)dx\right) \geq 0$$

그러므로 가우시안 고장률 함수(Gaussian Hazard Function)는 시간의 증가함수이다. $\mu=20$일 때 $f(t)$, $F(t)$, $R(t)$, $h(t)$는 다음 〈그림 2.8〉과 같다.

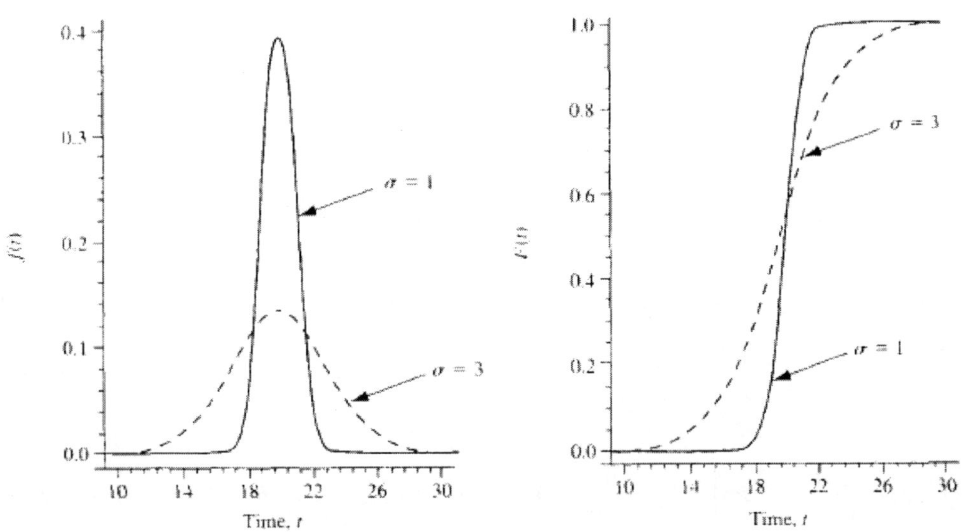

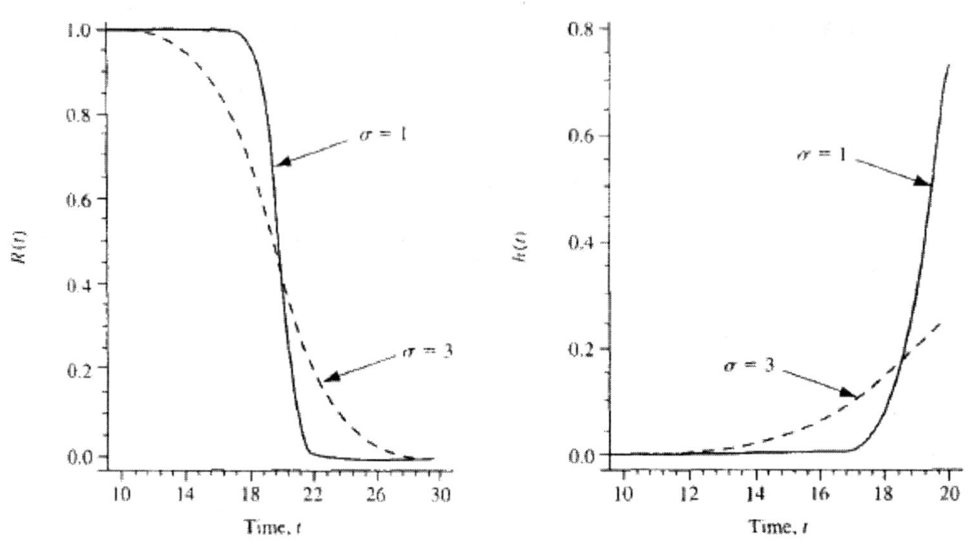

〈그림 2.8〉 정규모델의 $f(t)$, $F(t)$, $R(t)$, $h(t)$

2.3.7 로그정규 모델(Lognormal Model)

단일 반도체의 고장 장치 또는 밀접하게 연관된 고장 장치 그룹으로부터의 수명 데이터 설명에 사용되는 확률 분포중 하나는 로그정규분포이다. 이 분포는 가속수명시험 데이터로부터 신뢰도 예측에도 사용된다. 로그정규분포의 확률 밀도 함수는 다음 식 (2.46)과 같다.

$$f(t) = \frac{1}{\sigma t\sqrt{2\pi}} exp\left[-\frac{1}{2}\left(\frac{\ln t-\mu}{\sigma}\right)^2\right] \quad -\infty < \mu < \infty,\ \sigma > 0,\ t > 0 \qquad (2.46)$$

다음 〈그림 2.9〉는 μ와 σ의 변화에 따른 로그정규분포의 확률밀도함수 $f(t)$를 나타낸다.

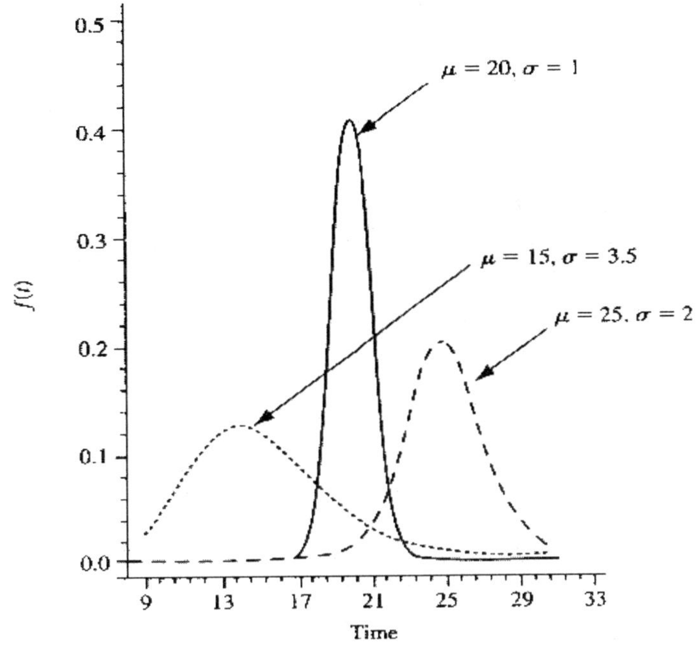

〈그림 2.9〉 μ와 σ의 변화에 따른 로그정규분포의 $f(t)$

만약 확률변수 X가 $X=\ln T$(T는 로그정규분포)로 정의되면 X는 평균 μ와 표준편차 σ를 갖는 정규분포이다.

$$E[X]=E[\ln(t)]=\mu$$
$$Var[X]=Var[\ln(t)]=\sigma^2$$

$T=e^X$이므로 로그정규분포의 평균은 정규분포를 사용하여 구할 수 있다.

$$E[X]=E[e^X]=\int_{-\infty}^{\infty}\frac{1}{\sigma\sqrt{2\pi}}exp\left[x-\frac{1}{2}\left(\frac{x-\mu}{\sigma}\right)^2\right]dx$$
$$E(T)=\exp\left(\mu+\frac{\sigma^2}{2}\right)\int_{-\infty}^{\infty}\frac{1}{\sigma\sqrt{2\pi}}exp\left[-\frac{1}{2\sigma^2}(x-(\mu+\sigma^2))^2\right]dx$$

로그정규분포의 평균과 2차 모멘트는 다음과 같다.

$$E(T)=\exp\left[\mu+\frac{\sigma^2}{2}\right] \quad , \quad E[T^2]=E[e^{2X}]=\exp[2(\mu+\sigma^2)]$$

로그정규분포의 불신뢰도 함수 $F(t)$는 다음과 같다.

$$F(t) = \int_0^t \frac{1}{\tau\sigma\sqrt{2\pi}} exp\left[-\frac{1}{2}\left(\frac{\ln\tau - \mu}{\sigma}\right)^2\right] d\tau$$

$$F(t) = P(T \le t) = P\left[z \le \frac{\ln t - \mu}{\sigma}\right]$$

신뢰도 함수 $R(t)$는 다음 식 (2.47)과 같다.

$$R(t) = P(T > t) = P\left[z > \frac{\ln t - \mu}{\sigma}\right] \tag{2.47}$$

따라서 고장률 함수 $h(t)$는 다음 식 (2.48)과 같이 표현할 수 있다.

$$h(t) = \frac{f(t)}{R(t)} = \frac{\phi\left(\frac{\ln t - \mu}{\sigma}\right)}{t\sigma R(t)} \tag{2.48}$$

다음 〈그림 2.10〉은 μ와 σ의 변화에 따른 로그정규분포의 신뢰도 함수 및 고장률 함수를 나타낸다.

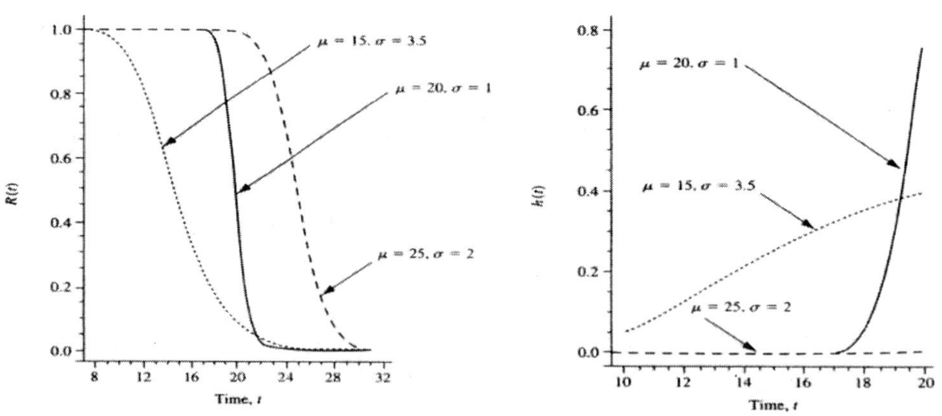

〈그림 2.10〉 로그정규모델의 $R(t)$와 $h(t)$

2.3.8 고장관측자료에 의한 고장률 및 신뢰도 함수 추정

다음은 특정 고장관측자료가 주어졌을 경우 고장률 함수 및 신뢰도 함수를 추정하는 방법을 소개한다. 이를 위해서 분포함수 $F(t)$를 추정하기 위한 추정치(Estimator)를 소개한다. 만일 고장시간($t_1, t_2, \cdots, t_n$)을 알고 있다면 이를 증가 순서(Increasing Order)로 정렬하고 다음과 같은 추정치들을 이용하여 추정이 가능하다. 여기서, t_i는 i번째 고장시간을 나타낸다.

- Naive Rank Estimator $$F(t) = \frac{i}{n} \qquad (2.49)$$

- Mean Rank Estimator $$F(t) = \frac{i}{n+1} \qquad (2.50)$$

- Bernard's Estimator $$F(t) = \frac{i-0.3}{n+0.4} \qquad (2.51)$$

- Blom's Estimator $$F(t) = \frac{i-\frac{3}{8}}{n+\frac{1}{4}} \qquad (2.52)$$

위의 추정치는 관측된 고장자료로부터 분포함수를 추정할 때 사용되고 어떤 추정치를 사용하여도 무방하다. 본 저서의 예제에서는 Bernard's의 추정치를 이용한다. 다음은 이를 이용한 고장률 및 신뢰도 함수를 추정한 예제이다.

다음 표는 8개 스프링에 대한 고장 사이클을 나타낸다고 할 때, 고장률 함수 및 신뢰도 함수를 다음과 같이 추정할 수 있다.

적은 수의 샘플 데이터에 대하여 i번째 정렬된 고장시간의 분포함수는 다음 추정치를 이용하여 추정할 수 있다.

$$F(t_i) = (i-0.3)/(n+0.4)$$

〈표 2.2〉 Failure data for eight springs

Failure Number	Kilocycles to Failure
1	190
2	245
3	265
4	300
5	320
6	325
7	370
8	400

여기서, n : 표본의 크기(sample size) 이며, 신뢰도 함수는 다음 식으로 추정할 수 있다.

$$R(t_i) = 1 - F(t_i) = (n - i + 0.7)/(n + 0.4)$$

고장률 함수 및 고장밀도함수는 각각 다음과 같다.

$$h(t_i) = 1/[(t_{i+1} - t_i)(n - i + 0.7)]$$

$$f(t_i) = 1/[(n + 0.4)(t_{i+1} - t_i)]$$

다음 표는 위의 예제에 대한 신뢰도 측정치들의 추정치를 나타낸다.

〈표 2.3〉 Computation of reliability measures for spring test data

Failure Number	t	F(t)	R(t)	$t_{i+1}-t_i$	f(t)	h(t)
1	190	0.083	0.917	55	0.0022	0.0024
2	245	0.202	0.798	20	0.0060	0.0075
3	265	0.321	0.679	35	0.0034	0.0050
4	300	0.440	0.560	20	0.0059	0.0171
5	320	0.560	0.440	5	0.248	
6	325	0.679	0.321	45	0.0025	0.0082
7	370	0.798	0.202	30	0.0040	0.0198
8	400	0.917	0.083			

다음 그림은 추정된 신뢰도 함수 $R(t)$ 및 고장률 함수 $h(t)$를 나타낸다.

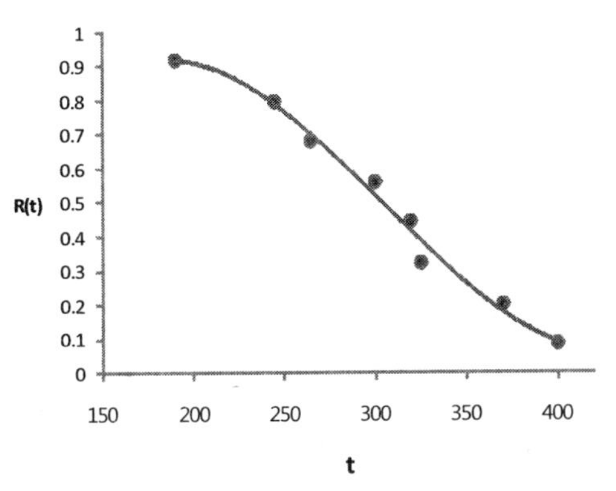

〈그림 2.11〉 Reliability Function R(t)

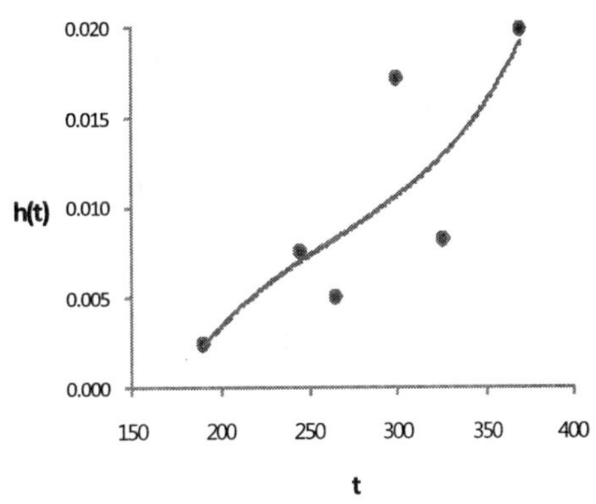

〈그림 2.12〉 Hazard Function h(t)

다음 예제는 46대 차량의 Drive Shaft 고장기록을 나타낸다고 하면 고장률 함수 및 신뢰도 함수를 다음과 같이 추정할 수 있다.

〈표 2.4〉 Drive Shaft Failure Data

Interval(km)	Number of Failures
0 ≤ m ≤ 20,000	19
20,000 〈 m ≤ 40,000	11
40,000 〈 m ≤ 60,000	7
60,000 〈 m ≤ 80,000	5
80,000 〈 m ≤ 100,000	4
100,000 〈 m	0

위의 예제에서 신뢰도 함수는 다음과 같이 추정할 수 있다.

$$R(t_i) = \frac{N(t)}{N}$$

여기서, N : 시험에 투입된 최초 unit의 수

N(t) : 시간 t에서 생존한 unit의 수

고장률 함수 h(t)와 고장밀도함수 f(t)는 다음과 같이 추정할 수 있다.

$$h(t_i) = \frac{N(t) - N(t+\Delta t)}{N(t)\Delta t} = \frac{46-27}{46(20,000)} = 0.207 \times 10^{-4}$$

$$f(t_i) = \frac{27-16}{46(20,000)} = 0.120 \times 10^{-4}$$

다음 표는 위의 예제에 대한 신뢰도 측정치들의 추정치를 나타낸다.

〈표 2.5〉 Computation of reliability measures for drive shaft data

t	N-N(t)	F(t)	R(t)	$f(t)\times10^4$	$h(t)\times10^4$
20,000	19	0.413	0.587	0.207	0.207
40,000	30	0.652	0.348	0.12	0.204
60,000	37	0.804	0.196	0.076	0.219
80,000	42	0.913	0.087	0.055	0.278
100,000	46	1	0	0.044	0.5

다음 그림은 추정된 신뢰도 함수 $R(t)$ 및 고장률 함수 $h(t)$를 나타낸다.

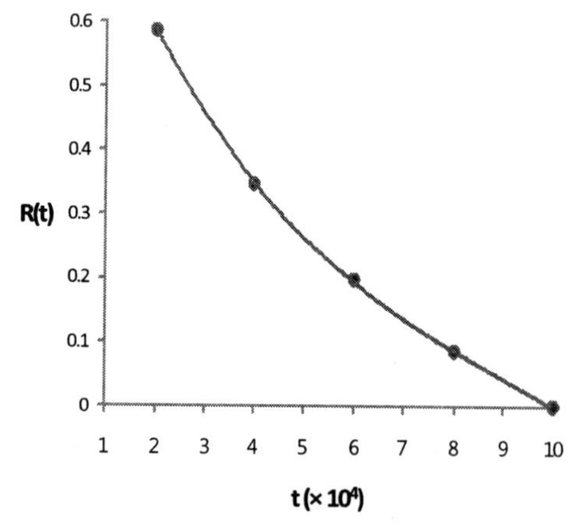

〈그림 2.13〉 Reliability Function R(t)

〈그림 2.14〉 Hazard Function h(t)

2.4 평균고장시간

시스템 신뢰도의 척도 중 중요한 요소 중 하나는 평균고장시간(MTTF)이다. 이는 평균고장시간(Mean Time Between Failure, MTBF)과 혼동하기 쉽다. 동일한 의미이나 수리가 불가한 시스템에서는 MTTF를 사용하고, 수리가 가능한 시스템에서는 MTBF를 사용한다.

수리가 불가능한 n개의 시스템의 평균고장시간을 관찰하자. 관찰한 고장시간이 $t_1, t_2, \cdots, t_n$이라고 가정하면 추정된 평균고장시간은 다음 식 (2.53)과 같다.

$$\widehat{MTTF} = \frac{1}{n}\sum_{i=1}^{n} t_i \tag{2.53}$$

t_i는 확률변수이므로 기대값의 공식으로부터 다음 식 (2.54)와 같이 구할 수 있다.

$$MTTF = \int_0^\infty t f(t) dt \tag{2.54}$$

$R(t) = 1 - F(t)$, $f(t) = dF(t)/dt = -dR(t)/dt$를 식 (2.54)에 대입하면 다음 식을 얻을 수 있다.

$$MTTF = -\int_0^\infty t \frac{dR(t)}{dt} dt = -\int_0^\infty t dR(t) = tR(t)|_0^\infty + \int_0^\infty R(t) dt$$

$R(\infty) = 0$, $R(0) = 1$이므로 위 식에서 마지막 수식의 첫 항은 0이므로 평균고장시간은 다음 식 (2.55)와 같이 표현할 수 있다.

$$MTTF = \int_0^\infty R(t) dt \tag{2.55}$$

평균고장시간에 대한 예로 서로 다른 고장률에 대한 평균고장시간은 다음과 같이 산출할 수 있다.

일정 고장률 모델의 평균고장시간은 다음 식 (2.56)과 같다.

$$MTTF = \int_0^\infty e^{-\lambda t} dt = \frac{1}{\lambda} \tag{2.56}$$

선형 증가 고장률 모델의 평균고장시간은 다음 식 (2.57)과 같다.

$$MTTF = \int_0^\infty e^{-\frac{\lambda t^2}{2}} dt = \frac{\Gamma\left(\frac{1}{2}\right)}{2\sqrt{\frac{\lambda}{2}}} = \sqrt{\frac{\pi}{2\lambda}} \tag{2.57}$$

와이블 분포 모델의 평균고장시간은 다음과 같다.

$$MTTF = \int_0^\infty e^{-\frac{t^\gamma}{\theta}} dt$$

여기서, $x = t^\gamma / \theta$를 위 식에 대입하면 다음 식 (2.58)을 얻을 수 있다.

$$MTTF = \frac{\theta}{\gamma} \int_0^\infty e^{-x} \frac{1}{\theta^{1-\frac{1}{\gamma}}} x^{\frac{1}{\gamma}-1} dx = \frac{\theta^{\frac{1}{\gamma}}}{\gamma} \int_0^\infty e^{-x} x^{\frac{1}{\gamma}-1} dx = \frac{\theta^{\frac{1}{\gamma}}}{\gamma} \Gamma\left(\frac{1}{\gamma}\right) = \theta^{\frac{1}{\gamma}} \Gamma\left(1 + \frac{1}{\gamma}\right) \tag{2.58}$$

2.5 평균잔여수명(Mean Residual Life, MRL)

제품, 부품 또는 시스템의 신뢰도 측정치 중 다른 하나는 평균잔여수명 함수 $L(t)$이며, 이는 다음 식 (2.59)와 같이 표현한다.

$$L(t) = E[T - t | T \geq t] \qquad t \geq 0 \tag{2.59}$$

다시 말하면 평균잔여수명 함수는 제품, 부품 또는 시스템이 시간 t까지 생존을 가정할 경우, 잔여수명 $T-t$의 기대치로 표현한다[76].

시간 $\tau \geq t$의 조건부 확률밀도함수는 다음 식 (2.60)과 같다.

$$f_{T|T \geq t}(\tau) = \frac{f(\tau)}{R(t)} \qquad \tau \geq t \tag{2.60}$$

식 (2.60)에서 함수의 조건부 기대값은 다음 식 (2.61)과 같다.

$$E[T|T \geq t] = \int_t^{\infty} \tau f_{T|T \geq t}(\tau) d\tau = \int_t^{\infty} \tau \frac{f(\tau)}{R(t)} d\tau \qquad \tau \geq t \tag{2.61}$$

제품, 부품 또는 시스템이 시간 t까지 생존하였으므로 평균잔여수명은 식 (2.61)에서 경과시간 t를 빼어 다음 식 (2.62)와 같이 산출할 수 있다.

$$\begin{aligned} L(t) &= E[T-t|T \geq t] = \int_t^{\infty} (\tau - t) \frac{f(\tau)}{R(t)} d\tau = \int_t^{\infty} \tau \frac{f(\tau)}{R(t)} d\tau - t \\ L(t) &= \frac{1}{R(t)} \int_t^{\infty} \tau f(\tau) d\tau - t \end{aligned} \tag{2.62}$$

다음은 평균잔여수명에 대한 예제이다. 어느 부품의 고장시간분포는 다음과 같이(단위 년, year) 주어졌다고 가정하자. 부품이 5개월(0.416 year)간 아무 이상 없이 사용되었다고 할 때 평균잔여수명을 구하여라.

$$f(t) = 20(t^3 - t^4), \text{ for } \quad 0 < t < 1$$

위의 잔존수명 공식을 이용하여 먼저 R(t=0.416) 값을 구하고 L(t=0.416)을 다음과 같이 구할 수 있다.

$$\begin{aligned} R(t=0.416) &= \int_{0.416}^{1} 20(t^3 - t^4) dt = 0.9 \\ L(t=0.416) &= \frac{1}{R(t)} \int_{0.416}^{1} \tau f(\tau) d\tau - 0.416 \\ &= \frac{20}{0.9} \int_{0.416}^{1} \tau(\tau^3 - \tau^4) d\tau - 0.416 = 0.288\, year \end{aligned}$$

이 특정부품의 평균잔여수명은 0.288년(3.5개월)임을 알 수 있다.

이 장에서 토의된 다양한 고장률 함수의 특성을 요약한 내용은 다음 〈표 2.6〉과 같다.

〈표 2.6〉 고장률 함수의 특성

고장률 함수	$h(t)$	$f(t)$	$R(t)$	모수
일정	λ	$\lambda e^{-\lambda t}$	$e^{-\lambda t}$	λ
선형 증가	λt	$\lambda t e^{\frac{-\lambda t^2}{2}}$	$e^{\frac{-\lambda t^2}{2}}$	λ
와이블	$\frac{\gamma}{\theta} t^{\gamma-1}$	$\frac{\gamma}{\theta} t^{\gamma-1} e^{\frac{-t^\gamma}{\theta}}$	$e^{\frac{-t^\gamma}{\theta}}$	γ, θ
지수	$be^{\alpha t}$	$be^{\alpha t} e^{\frac{-b}{\alpha}(e^{\alpha t}-1)}$	$e^{\frac{-b}{\alpha}(e^{\alpha t}-1)}$	α, b
정규	$\frac{\phi\left(\frac{t-\mu}{\sigma}\right)}{\sigma R(t)}$	$\frac{1}{\sqrt{2\pi\sigma^2}} e^{\frac{-1}{2}\left(\frac{t-\mu}{\sigma}\right)^2}$	$1-\int_{-\infty}^{t} \frac{1}{\sigma\sqrt{2\pi}} e^{\frac{-1}{2}\frac{(\tau-\mu)}{\sigma^2}} d\tau$	μ, σ
로그정규	$\frac{\phi\left(\frac{\ln t-\mu}{\sigma}\right)}{t\sigma R(t)}$	$\frac{1}{\sigma t\sqrt{2\pi}} e^{\frac{-1}{2}\left(\frac{\ln t-\mu}{\sigma}\right)^2}$	$1-\int_{-\infty}^{t} \frac{1}{\sigma\tau\sqrt{2\pi}} e^{\frac{-1}{2}\left(\frac{\ln\tau-\mu}{\sigma}\right)^2} d\tau$	μ, σ

제3장
시스템 신뢰도

제3장 시스템 신뢰도

System Reliability

3.1 정 신뢰도 모형

앞서 신뢰도 함수, 고장률 함수 및 평균고장시간 등과 같은 신뢰도의 각종 척도에 관해서 살펴보았다. 사용된 부품의 종류, 품질, 설계 형상은 시스템의 성능과 신뢰도에 직접적인 영향을 준다. 예를 들어 설계자가 동일하게 고신뢰도를 갖는 시스템을 설계하는 방법으로 고품질의 부품을 적게 사용하여 설계하거나 저품질의 부품을 많이 사용하여 설계할 수도 있을 것이다. 시스템의 형상은 모든 부품이 직렬로 연결된 직렬 시스템, 모든 부품이 병렬로 연결된 병렬 시스템, 일부 부품은 직렬로 연결되고 나머지는 병렬로 연결된 직렬-병렬 시스템과 병렬-직렬 시스템, 네트워크와 같은 복합 형상이 있다. 시스템의 구조가 설계되면 설계된 신뢰도를 수용할 수 있는 신뢰도 수준인지를 비교 평가가 가능하다. 만약 요구수준에 도달하지 못하면 시스템은 재설계하고 이때 신뢰도를 재평가해야 한다. 이러한 설계과정은 시스템의 요구 성능과 신뢰도 수준에 도달할 때까지 지속된다.

시스템 신뢰도는 설계 변경만큼 여러 번 평가받을 필요가 있는데 이 절에서는 형상에 따른 시스템의 신뢰도를 평가하는 방법을 소개한다.

3.1.1 직렬 시스템(Series Systems)

직렬 시스템은 n개의 부품(또는 서브시스템)이 직렬로 연결된 시스템을 의미한다. 어느 특정 부품의 고장은 전체 시스템의 고장을 야기한다. 예를 들어 자동차는 연소, 조향, 제동 장치와 같이 몇 개의 서브시스템이 직렬로 연결되어 있다. 이들 중에서 어느 하나라도 고장이 발생하면 자동차는 제 기능을 수행할 수 없으며 시스템 고장이 발생하게 된다. 자동차의 사례에서 각 서브시스템은 한 개 이상의 부품이 앞에서 언급했던 형상으로 연결되어 구성되며, 시스템 또는 서브시스템은 부품 수준에 따라 여러 등급으로 분석될 수 있다. 간단한 직렬 시스템의 다른 예로 3개(전구, 배터리, 스위치)의 부품이 직렬로 연결된 회중전등 시스템을

생각해 보면, 회중전등의 정상적인 작동을 위해서는 3개의 부품이 모두 정상적으로 기능을 발휘해야 한다. 직렬 시스템의 신뢰도를 산출하기 위한 용어의 정의는 다음과 같다.

x_i : i번째 부품이 정상적으로 작동

$\overline{x_i}$: i번째 부품의 비정상적으로 작동

$P(x_i)$: i번째 부품이 정상 작동할 확률

$P(\overline{x_i})$: i번째 부품의 고장 확률

R : 시스템 신뢰도

P_f : 시스템 불신뢰도($P_f = 1 - R$)

n개의 부품으로 구성된 시스템이 정상 작동하기 위해서는 모든 부품이 정상적으로 작동해야 하므로 시스템 신뢰도는 다음 식 (3.1)과 같이 표현할 수 있다.

$$R = P(x_1 x_2 \cdots x_n)$$
$$R = P(x_1)P(x_2/x_1)P(x_3/x_1x_2)\cdots P(x_n/x_1x_2x_3\cdots x_{n-1}) \tag{3.1}$$

식 (3.1)에서 조건부 확률은 한 부품의 고장이 다른 부품의 고장률에 영향을 주는 것을 의미한다. 부품의 고장이 독립적이라 하면 위의 식 (3.1)은 다음 식 (3.2)와 같이 각각의 확률의 곱으로 나타낼 수 있다.

$$R = P(x_1)P(x_2)\cdots P(x_n)$$
$$R = \prod_{i=1}^{n} P(x_i) \tag{3.2}$$

만약 어느 한 부품의 고장이 발생하면 시스템은 고장이 나기 때문에 시스템의 불신뢰도는 다음 식과 같이 표현할 수 있다.

$$P_f = P(\overline{x_1} + \overline{x_2} + \cdots + \overline{x_n}) \tag{3.3}$$

여기서, +는 사건의 합집합을 의미한다.

확률의 기본 원칙으로부터 사건 A 또는 B가 발생할 확률은 다음 식 (3.4)와 같다.

$$P(A+B)=P(A)+P(B)-P(AB) \tag{3.4}$$

식 (3.4)에 의해 위의 식 (3.3)은 다음 식과 같이 나타낼 수 있다.

$$\begin{aligned} P_f = & \left[P(\overline{x_1})+P(\overline{x_2})+\cdots+P(\overline{x_n})\right]-\left[P(\overline{x_1}\,\overline{x_2})+P(\overline{x_1}\,\overline{x_3})+\cdots\right] \\ & +\cdots+[-1]^{n-1}P(\overline{x_1}\,\overline{x_2}\cdots\overline{x_n}) \end{aligned} \tag{3.5}$$

이때 시스템 신뢰도는 다음과 같이 계산된다.

$$R=1-P_f$$

직렬 시스템에서 시스템 신뢰도는 언제나 가장 낮은 신뢰도를 갖는 부품과 동일하거나 낮은 것을 알 수 있다. 다음은 직렬 시스템의 신뢰도 산출 예제이다.

3개의 부품으로 구성된 직렬 시스템에서 부품 1, 2, 3의 정상 작동확률은 각각 0.9, 0.8, 0.75 라고 하자. 시스템의 신뢰도는 다음과 같이 계산할 수 있다.
고장이 독립적이라고 가정하면 식 (3.2)에 의해서 신뢰도는 다음과 같이 계산된다.

$$R=0.9\times0.8\times0.75=0.54$$

또한 식 (3.5)를 이용하면 다음과 같이 불신뢰도를 먼저 구한 후 신뢰도를 산출할 수 있다.

$$\begin{aligned} P_f = & \left[P(\overline{x_1})+P(\overline{x_2})+P(\overline{x_3})\right]-\left[P(\overline{x_1})P(\overline{x_2})+P(\overline{x_1})P(\overline{x_3})+P(\overline{x_2})P(\overline{x_3})\right] \\ & +\left[P(\overline{x_1})P(\overline{x_2})P(\overline{x_3})\right] \\ = & \ 0.55-0.095+0.005=0.46 \end{aligned}$$

$$R = 1 - P_f = 1 - 0.46 = 0.54$$

예제의 시스템 신뢰도는 0.54이고, 신뢰도가 가장 낮은 부품의 신뢰도 0.75보다 낮은 것을 알 수 있다.

3.1.2 병렬 시스템(Parallel Systems)

병렬 시스템은 부품들이 병렬로 연결된 것이며, 하나 또는 그 이상의 부품에 고장이 발생해도 남아있는 부품이 정상 기능을 발휘하면 정상 작동하는 시스템이다. n개의 부품이 병렬로 연결된 시스템 구조는 다음 〈그림 3.1〉과 같다.

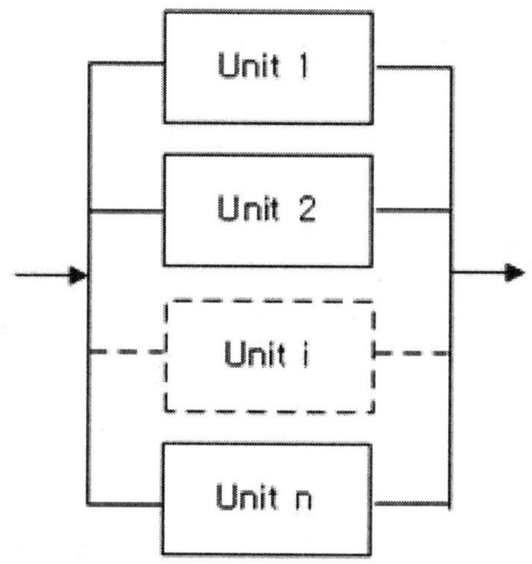

〈그림 3.1〉 병렬 시스템 구조

직렬 시스템과 유사하게 병렬 시스템 신뢰도는 다음 식 (3.6)과 같이 어느 한 부품이라도 정상 작동할 확률을 계산하거나, 다음 식 (3.7)과 같이 불신뢰도를 먼저 산출하여 계산한다.

$$R = P(x_1 + x_2 + \cdots + x_n)$$

$$R = [P(x_1) + P(x_2) + \cdots + P(x_n)] - [P(x_1 x_2) + P(x_1 x_3) + \cdots + P_{i \neq j}(x_i x_j)] + \cdots + (-1)^{n-1} P(x_1 x_2 \cdots x_n) \quad (3.6)$$

불신뢰도를 이용하여 산출한 신뢰도는 다음 식 (3.7)과 같다.

$$
\begin{aligned}
P_f &= P(\overline{x_1}\,\overline{x_2}\cdots\overline{x_n}) \\
R = 1 - P_f &= 1 - P(\overline{x_1})P(\overline{x_2}/\overline{x_1})P(\overline{x_3}/\overline{x_1}\,\overline{x_2})\cdots
\end{aligned}
\tag{3.7}
$$

만약 부품의 고장이 독립적이라면 식 (3.7)은 다음 식 (3.8)과 같이 나타낼 수 있다.

$$
\begin{aligned}
R &= 1 - P(\overline{x_1})P(\overline{x_2})\cdots P(\overline{x_n}) \\
R &= 1 - \prod_{i=1}^{n} P(\overline{x_i})
\end{aligned}
\tag{3.8}
$$

만약 모든 부품이 동일하다면 시스템 신뢰도는 다음 식과 같다.

$$R = 1 - (1-p)^n \tag{3.9}$$

여기서, p는 부품이 정상 작동할 확률이다.

다음은 병렬 시스템의 신뢰도 산출 예제이다. 3개의 부품으로 구성된 병렬 시스템에서 부품 1, 2, 3의 정상 작동확률은 각각 0.9, 0.8, 0.75 라고 하자. 시스템 신뢰도를 구하라.

식 (3.6)을 이용한 병렬 시스템 신뢰도는 다음과 같이 계산할 수 있다.

$$
\begin{aligned}
R = P(x_1 + x_2 + x_3) = &\ P(x_1) + P(x_2) + P(x_3) - \\
&[P(x_1)P(x_2) + P(x_1)P(x_3) + P(x_2)P(x_3)] + P(x_1)P(x_2)P(x_3)
\end{aligned}
$$

$$R = 2.450 - 1.995 + 0.540 = 0.995$$

또한 식 (3.8)을 이용하여 시스템 신뢰도를 다음과 같이 구할 수 있다.

$$R = 1 - \prod_{i=1}^{n} P(\overline{x_i})$$

$$R = 1 - (1-0.90)(1-0.80)(1-0.75) = 0.995$$

병렬 시스템 신뢰도는 시스템에서 신뢰도가 가장 높은 부품의 신뢰도보다 높게 산출된다. 많은 부품을 병렬로 연결하면 신뢰도가 높은 시스템을 만들 수 있으나 어느 정도의 부품이 필요한지는 다음 수식으로 최소 수량(n)을 구할 수 있다.

$$n \geq \frac{\ln(1-R_s)}{\ln(1-R_o)}$$

여기서, R_s : 시스템 신뢰도, 부품 신뢰도 $R_1 = R_2 = \cdot\cdot\cdot = R_0$ 가정

다음 그림은 직렬 시스템과 병렬 시스템의 특성을 보여주고 있다. 직렬 시스템의 경우는 부품 자체의 신뢰도와 직렬로 연결된 부품의 개수가 시스템 신뢰도에 영향을 미치는 것을 알 수 있고, 병렬 시스템의 경우는 병렬로 연결된 부품의 개수와 부품의 신뢰도가 시스템 신뢰도에 영향을 미치는 것을 알 수 있다.

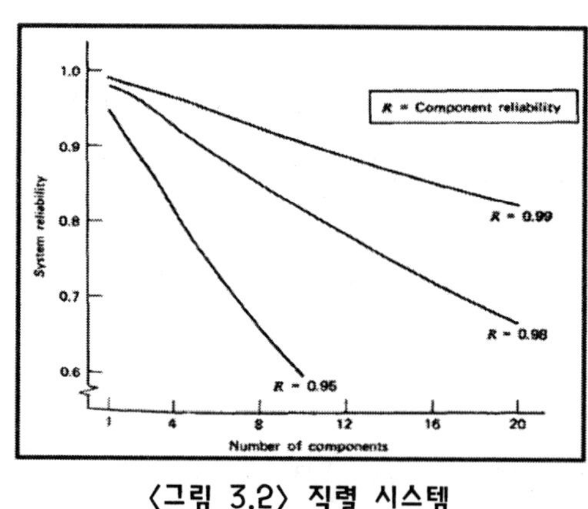

〈그림 3.2〉 직렬 시스템

〈그림 3.3〉 병렬 시스템

3.1.3 병렬-직렬 시스템, 직렬-병렬 시스템, 혼합-병렬 시스템

앞서 직렬 및 병렬 시스템을 살펴보았다. 시스템의 구조 설계에 있어 병렬 및 직렬 서브시스템의 조합으로 구성된 시스템이 많이 사용되고 있는데 여기서는 병

렬-직렬, 직렬-병렬, 혼합-병렬의 3개 시스템에 대해서 살펴본다.

3.1.3.1 병렬-직렬(Parallel-Series) 시스템

병렬-직렬 시스템은 다음 〈그림 3.4〉에서 보는 것과 같이 m개의 서브시스템이 병렬로 구성되어 있으며 각각의 서브시스템은 n개의 부품이 직렬로 연결된 시스템이다.

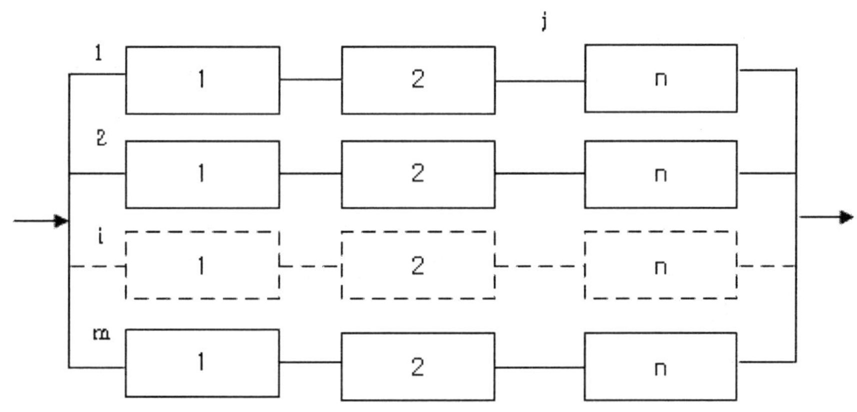

〈그림 3.4〉 병렬-직렬 시스템

$P(x_{ij})$를 서브시스템 $i(i=1,2,\cdots,m)$에서의 부품 $j(j=1,2,\cdots,n)$의 신뢰도라 하고, x_{ij}는 서브시스템 i에서 부품 j가 작동하는 것을 의미한다. 서브시스템 i의 신뢰도는 다음 식과 같이 계산할 수 있다.

$$P_i = \prod_{j=1}^{n} P(x_{ij}) \qquad i=1,2,\cdots,m \qquad j=1,2,\cdots,n \tag{3.10}$$

서브시스템 i의 불신뢰도는 $\overline{P_i}$이고, 불신뢰도를 이용한 시스템 신뢰도는 다음 식과 같이 계산한다.

$$R = 1 - \prod_{i=1}^{m} \overline{P_i}$$

$$R = 1 - \prod_{i=1}^{m} \left[1 - \prod_{j=1}^{n} P(x_{ij}) \right] \qquad (3.11)$$

만약 모든 서브시스템이 동일하고, 한 서브시스템의 신뢰도가 p이면 시스템 신뢰도는 다음 식 (3.12)와 같이 표현된다.

$$R = 1 - \left(1 - p^n\right)^m \qquad (3.12)$$

3.1.3.2 직렬-병렬(Series-Parallel) 시스템

일반적인 직렬-병렬 시스템은 다음 〈그림 3.5〉에서 보는 바와 같이 m개의 부품이 병렬로 구성되고 각각 서브시스템 n개가 직렬로 구성된 시스템이다.

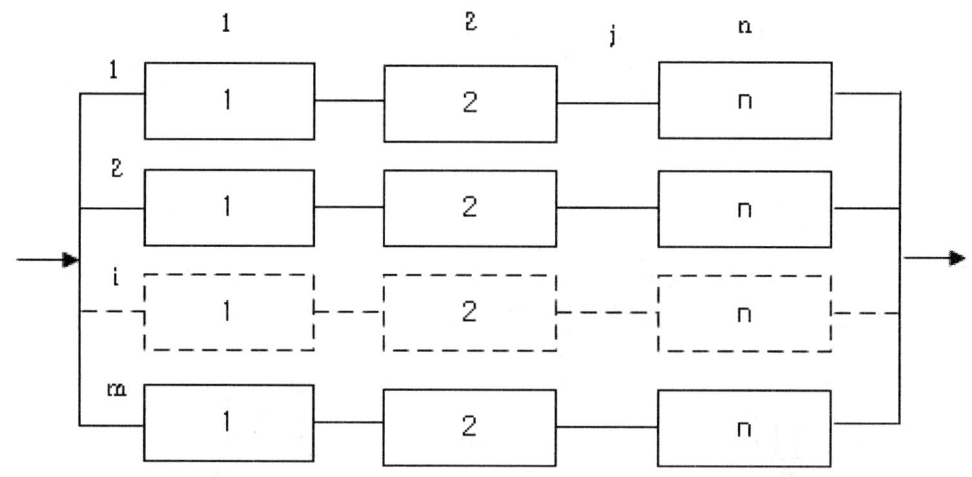

〈그림 3.5〉 직렬-병렬 시스템

직렬-병렬 시스템 신뢰도는 다음 식과 같이 구할 수 있다.

$$R = \prod_{i=1}^{n} \left[1 - \prod_{j=1}^{m} \left(1 - P(x_{ij})\right) \right] \qquad (3.13)$$

여기서, $i=1,2,\cdots,n$, $j=1,2,\cdots,m$이고, $P(x_{ij})$는 서브시스템 i에서 부품 j가 작동할 확률이다. 모든 부품이 동일하고, 부품의 신뢰도가 p라고 가정하면 직렬-병렬 시스템 신뢰도는 다음 식 (3.14)와 같이 계산한다.

$$R=\left[1-(1-p)^m\right]^n \tag{3.14}$$

일반적으로 직렬-병렬 시스템은 동일한 수의 부품을 사용하고, 각 부품의 신뢰도가 같을 때 병렬-직렬 시스템보다 높은 신뢰도를 갖는다.

3.1.3.3 혼합-병렬(Mixed-Parallel) 시스템

혼합-병렬 시스템은 병렬과 직렬 모양으로 연결된 부품이나 서브시스템의 특정 순서가 없다. 다음 〈그림 3.6〉은 8개의 부품을 이용하여 2개의 혼합-병렬 시스템을 구성한 것이다. 혼합-병렬 시스템의 신뢰도는 식 (3.2)와 식 (3.8)에 의해 계산할 수 있다.

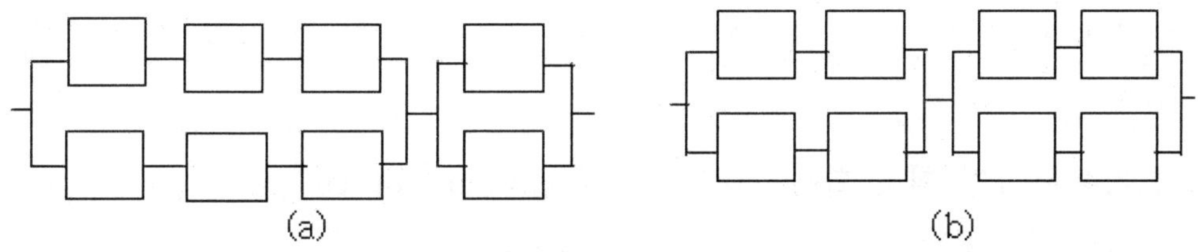

〈그림 3.6〉 혼합-병렬 시스템

신뢰도가 0.85인 6개의 동일한 부품으로 구성한 병렬-직렬, 직렬-병렬, 혼합-병렬의 3개 시스템 신뢰도를 구하라. 6개의 부품이 다음 〈그림 3.7〉과 같이 3개의 직렬과 병렬로 구성되어 있다고 가정하면 시스템의 신뢰도는 다음과 같이 계산할 수 있다.

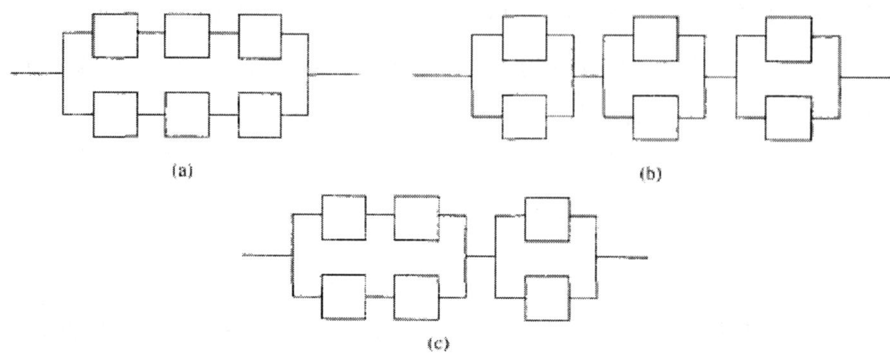

〈그림 3.7〉 (a) 병렬-직렬, (b) 직렬-병렬, (c) 혼합-병렬

· 병렬-직렬 시스템 : $R = 1-(1-p^n)^m$

$m=2$, $n=3$일 때 $R = 1-(1-0.85^3)^2 = 0.85110$

· 직렬-병렬 시스템 : $R = [1-(1-0.85)^2]^3 = 0.934007$

· 혼합-병렬 시스템 : $R = 1-(1-(0.85)^2)^2[1-(1-0.85)^2] = 0.924726$

이 예에서는 다른 구조에 비해 직렬-병렬 구조의 신뢰도가 가장 높음을 알 수 있다.

3.1.3.4 부품의 최적 할당(Optimal Assignment of Units)

시스템 신뢰도는 시스템의 구조적 형상에 어떻게 부품을 할당하는가에 의존한다. 부품이 동일하지 않을 때 병렬-직렬 시스템, 직렬-병렬 시스템, 혼합-병렬 시스템에서 할당 부품의 위치를 최적화하는 문제는 어려운 조합이 된다. p_{ij}를 위치 i에 할당된 부품 j의 신뢰도라 가정하면, $p_{ij}=p_j$ 를 갖는 병렬-직렬 시스템과 직렬-병렬 시스템에서 부품의 최적 할당 문제는 El-Neweihi, Proschan & Sethuraman[43]에 의해서 제시되었고, 최근에는 Prasad, Nair & Aneja[91]는 부품의 최적 할당을 구하기 위한 여러 알고리즘($p_{ij}=r_ip_j$, 여기서 r_i는 위치 i에 종속될 확률)을 제시하였다.

본 절에서는 비록 최적이 아니지만 신속하게 직렬-병렬 시스템에서 전체 시스템 신뢰도를 최대화하기 위하여 어떻게 부품을 할당할 것인가에 대한 방법을 소개한다.

앞서 직렬-병렬 시스템은 m개의 부품이 병렬로 연결된 각 서브시스템 n개가 직렬로 구성된 시스템이라고 하였다. $K_1, K_2, \cdots, K_n$을 서브시스템 $1, 2, \cdots, n$으로 표현하면 모든 서브시스템이 동일한 수의 부품 m을 가지고 있는 경우 전체 시스템에서 부품의 총 수는 $u = n \times m$이다. 직렬-병렬 시스템에서 부품 할당문제는 다음과 같다. 벡터 $p = (p_1, p_2, \cdots, p_u)$(여기서, p_i는 부품 C_i, $i = 1, 2, \cdots, u$의 작동 확률이다)에 의해 신뢰도를 갖는 u개의 부품으로 구성된 시스템으로 볼 수 있다. 부품 간 교환이 가능하다고 가정하고 시스템 신뢰도를 최대화 되도록 부품을 할당한다.

시스템 신뢰도 R은 다음 식 (3.15) 및 식 (3.16)에 의해 구할 수 있다.

$$R = \prod_{i=1}^{n} R_i \tag{3.15}$$

$$R_i = 1 - \prod_{j \in K_i} q_j \qquad q_j = 1 - p_j \qquad j = 1, 2, \cdots, u \tag{3.16}$$

여기서, 시스템 신뢰도는 R_i(서브시스템 i의 신뢰도)가 동일할 때 최대임을 알 수 있다. 부품의 최적 할당을 위하여 Baxter & Harche[24]는 다음과 같이 Top Down Heuristic(TDH) 절차를 제안하였다.

단계 1 : $p_1 \geq p_2 \geq \cdots \geq p_u$와 같이 부품 신뢰도를 내림차순으로 정렬한다.

단계 2 : 서브시스템 K_j에 부품 C_j를 할당한다($j = 1, 2, \cdots, n$).

단계 3 : 서브시스템 K_{2n+1-j}에 부품 C_j를 할당한다($j = n+1, \cdots, 2n$).

단계 4 : $\nu := 2$로 한다.

단계 5 : $R_i^{(\nu)} = 1 - \Pi_{j \in K_i} q_j (i = 1, 2, \cdots, n)$를 평가한다.

서브시스템 K_i에 부품 $C_{\nu n+i}$를 할당한다($R_i^{(\nu)}$는 j번째 최소, $j = 1, 2, \cdots, n$).

단계 6 : 만약 $\nu < m$이면 $\nu := \nu + 1$로 하고, 단계 5를 반복한다.

만약$\nu = m$이면 종료한다.

TDH와 대응하는 Bottom-Up Heuristic(BUH)은 최소 부품 신뢰도 n을 각 서

브시스템에 1개씩 할당하여 시작하고, 역순으로 다음 최소 신뢰도인 부품 n을 할당하는 방법이다. 다음은 TDH 휴리스틱에 대한 예제이다.

엔지니어가 동일한 저항 값을 갖는 6개의 저항기를 이용하여 중복 시스템을 설계하고자 한다. 저항기의 신뢰도는 0.95, 0.75, 0.85, 0.65, 0.40, 0.55이다. 저항기는 시스템 내에서 교환이 가능하다. 내부에는 (3, 2) 형태(2개의 서브시스템이 직렬로 연결되고, 각 서브시스템은 3개의 저항기가 병렬로 연결)의 직렬-병렬 시스템으로 저항기를 연결하기 위한 공간이 있다. TDH 휴리스틱을 이용하여 서브시스템에 부품을 할당하라.

서브시스템 K_1과 K_2에 부품을 할당하기 위한 TDH 휴리스틱 절차는 다음과 같다.

단계 1 : 저항기를 내림차순으로 정렬한다. 0.95, 0.85, 0.75, 0.65, 0.55, 0.40

단계 2 : K_1에 C_1, K_2에 C_2를 할당한다.

단계 3 : K_2에 C_3, K_1에 C_4를 할당한다.

단계 4 : $\nu := 2$

단계 5 : 서브시스템 K_1과 K_2의 신뢰도를 계산한다.

$$R_1^{(2)} = 1 - (1 - 0.95)(1 - 0.65) = 0.9825$$

$$R_2^{(2)} = 1 - (1 - 0.85)(1 - 0.75) = 0.9625$$

$R_2^{(2)} < R_1^{(2)}$이므로 K_2에 C_5를 할당한다.

단계 6 : $\nu := 3 = k$, K_1에 C_6를 할당하고, 종료한다.

저항기의 할당 결과는 다음 표와 같다.

〈표 3.1〉 할당결과

서브시스템 K_1	서브시스템 K_2
C_1 0.95	C_2 0.85
C_4 0.65	C_3 0.75
C_6 0.40	C_5 0.55

시스템의 신뢰도는 다음과 같다.

$$R_s = [1-(1-0.95)(1-0.65)(1-0.40)]\,[1-(1-0.85)(1-0.75)(1-0.55)]$$
$$= 0.972802$$

또한, BUH 휴리스틱을 이용하여 할당한 결과는 다음 표와 같다.

〈표 3.2〉 할당결과

서브시스템 K_1	서브시스템 K_2
C_6 0.40	C_5 0.55
C_3 0.75	C_4 0.65
C_2 0.85	C_1 0.95

시스템의 신뢰도는 다음과 같다.

$$R_s = [1-(1-0.40)(1-0.75)(1-0.85)]\,[1-(1-0.55)(1-0.65)(1-0.95)] = 0.9698$$

일반적으로 TDH 휴리스틱을 이용하여 서브시스템에 부품을 할당하는 것이 BUH 휴리스틱을 이용한 것보다 높은 신뢰도를 나타낸다.

3.1.4 $Consecutive-k-out-of-n:F$ 시스템

앞서 n개의 부품으로 구성된 직렬 시스템을 살펴보았다. 이러한 시스템은 하나 또는 그 이상의 부품에 고장이 발생하면 시스템의 고장으로 이어진다. 하지만 기존 시스템들은 k개의 부품이 시스템 내에서 연속적으로 정렬되어 있는 경우 적어도 k개의 부품이 고장 날 때 까지를 고려하지 않았다. 이러한 시스템을 $Consecutive-k-out-of-n:F$ 시스템 이라고 한다. Chiang & Niu[32]는 n개의 중계소(위성 또는 지상 기지)를 가진 $Consecutive-k-out-of-n:F$ 통신 시스템의 신뢰도를 다음과 같이 제안하였다. 기지들은 1부터 n까지 연속적으로 명명하고, 1번 기지에서 방사된 신호는 2번과 3번 기지에서 수신할 수 있고, 2번 기지에서 방사된 신호는 3번과 4번 기지에서 수신할 수 있다. 따라서 2번 기지에 고장이 발생하더라도 통신 시스템은 1번 기지에서 n번 기지까지 신호를 전달할 수 있다. 하지만 만약 2번과 3번 기지가 연속적으로 고장이 발생하면 1번 기지에서 4번 기지로 직접 신호를 전달할 수 없으므로 시스템 고장이 발생한다. 즉 만

약 2개의 연속된 기지에서 고장이 발생하면 시스템이 작동하지 못하게 된다. 여기서는 k=2인 경우를 살펴본다. $Consecutive-2-out-of-n:F$ 시스템 신뢰도를 구하기 위한 용어의 정의는 다음과 같다.

n=시스템의 부품 수량
k=시스템의 고장을 일으키는 연속적인 고장 부품의 최소 수량
p=부품의 정상 작동확률
(모든 부품은 동일하며, 독립인 수명분포를 갖는다)
$R(p,k,n)$=부품이 동일하고, 각 부품의 정상 작동확률이 p인 $Consecutive-2-out-of-n:F$ 시스템의 신뢰도
x_i=부품 i의 상태
X=부품 상태의 벡터값
Y=X에서 최초 0을 가리키는 확률변수
M=X에서 Y위치 뒤에 최초 1을 가리키는 확률변수
$\lfloor a \rfloor$=a와 동일하거나 작은 가장 큰 정수, $\cup_k p = 1-(1-p)^k$

3.1.4.1 $Consecutive-2-out-of-n:F$ 시스템

Chiang & Niu[32]의 연구에서 $Consecutive-2-out-of-n:F$ 시스템의 신뢰도는 다음 식 (3.17)과 같이 표현할 수 있다.

$$R(p,2,n) = P[\text{시스템 정상 작동}] = \sum_{j=1}^{\lfloor (n+1)/2 \rfloor} P[\text{부품 } j\text{가 고장이고, 시스템 정상 작동}] \tag{3.17}$$

만약 고장 부품의 수가 $\lfloor (n+1)/2 \rfloor$보다 많다면 시스템에 2개의 연속적인 고장 부품이 존재한다. 따라서 시스템 신뢰도의 위 표현은 $j > \lfloor (n+1)/2 \rfloor$를 포함하지 않음을 알 수 있다.

만약 부품 j가 고장이면 $j \le \lfloor (n+1)/2 \rfloor$이고, 모든 2개의 고장 부품 사이에 적어도 하나가 정상 작동한다면 시스템은 정상 작동한다. 정상 작동과 고장 부품 간의 조합의 수는 다음 식 (3.18)과 같다[47, 89].

$$\binom{(j+1)+(n-2j+1)-1}{n-2j+1}=\binom{n-j+1}{j} \tag{3.18}$$

식 (3.17)에 식 (3.18)을 대입하면 다음 식 (3.19)를 얻을 수 있다.

$$R(p,2,n)=\sum_{j=0}^{\lfloor (n+1)/2 \rfloor}\binom{n-j+1}{j}(1-p)^j p^{n-j} \tag{3.19}$$

직렬로 연결된 4개의 부품이 있다. 각 부품은 동일한 신뢰도 p를 갖고 있다. 만약 2개의 연속적인 부품 고장이 발생하면 시스템은 고장이 난다고 할 때 ($Consecutive-2-out-of-n:F$) 시스템 신뢰도를 구하라. 위의 식 (3.19)를 이용하면 신뢰도는 다음과 같이 계산할 수 있다.

$$\begin{aligned} R(p,2,4) &= \sum_{j=0}^{2}\binom{4-j+1}{j}(1-p)^j p^{4-j} \\ &= \binom{5}{0}(1-p)^0 p^4+\binom{4}{1}(1-p)p^3+\binom{3}{2}(1-p)^2 p^2 = 3p^2-2p^3 \end{aligned}$$

$p=0.95$일 때 시스템 신뢰도는 다음과 같다.

$$R(0.95,2,4)=3(0.95)^2-2(0.95)^3=0.992750$$

3.1.4.2 $Consecutive-k-out-of-n:F$ 시스템의 일반화

부품 i의 고장 여부에 따라 0과 1을 갖는 원소 i의 n벡터를 X라 하였다. 시스템 신뢰도를 구하기 위한 절차는 X벡터에서 연속적인 0의 첫 번째 순서를 관찰하는 것을 기초로 한다. 만약 적어도 k개의 연속적인 0가 X에서 나타나면 시스템은 고장이 발생된다. 정의에 의해 모든 $n<k$인 $Consecutive-k-out-of-n:F$ 시스템 신뢰도는 1이므로 $n \geq k$인 $Consecutive-k-out-of-n:F$ 시스템 신뢰도를 다음과 같이 계산할 수 있다[32].

$$\begin{aligned} R(p,k,n) &= P[\text{시스템 정상 작동}] \\ &= \sum_y \sum_m P[\text{시스템 정상 작동}/Y=y, M=m]\,P[Y=y, M=m] \\ &= \sum_{y=1}^{n-k+1} \sum_{m=y+1}^{y+k-1} P[\text{시스템 정상 작동}/Y=y, M=m]\,P^y \times (1-p)^{m-y} + p^{n-k+1} \end{aligned}$$

$Y > n-k+1$일 때 고장 부품이 k보다 적으므로 $P[\text{시스템 정상 작동}/Y=n-k+1]=1$이고, $P[Y>n-k+1]=p^{n-k+1}$ 이다. $m \geq y+k$일 때 시스템은 이미 k개의 고장 부품을 가지고 있다.

$y+1 \leq m \leq y+k-1$일 때 0의 첫 번째 순서는 절단집합을 구성하지 않는다. $x_m = 1$이므로 $Consecutive-k-out-of-n:F$ 시스템은 정상 작동하며, 이와 동등하게 $Consecutive-k-out-of-(n-m):F$ 시스템도 정상 작동한다. 따라서 $R(p,k,n)$을 구하기 위한 순환식은 다음 식과 같이 표현할 수 있다.

$$R(p,k,n) = \sum_{y=1}^{n-k+1} \sum_{m=y+1}^{y+k-1} R(p,k,n-m)p^y(1-p)^{m-y} + p^{n-k+1} \tag{3.20}$$

$$R(p,k,n) = \begin{cases} 1, & 0 \leq j < k \\ 0, & j < 0 \end{cases}$$

k개의 연속적인 부품의 고장은 시스템 고장의 결과를 초래한다. 그러므로 k개의 연속적인 부품은 최소의 절단집합이고, $Consecutive-k-out-of-n:F$ 시스템의 집합처럼 $n-k+1$개 이다. 만약 시스템이 정상 작동하면 모든 절단집합 중에서 적어도 하나는 정상 작동하는 것이다. 따라서 시스템 신뢰도의 하한은 다음 식 (3.21)과 같이 표현한다.

$$R_L(p,k,n) \geq \left(\cup_k p\right)^{n-k+1} \tag{3.21}$$

시스템 신뢰도의 상한은 다음 식 (3.22)와 같다.

$$R_U(p,k,n) \leq \left(\cup_k p\right)^{\lfloor n/k \rfloor} \tag{3.22}$$

3.1.4.3 $Consecutive-k-out-of-n:F$ 시스템의 신뢰도 추정

이전 절에서 모든 부품이 동일할 때와 부품의 신뢰도가 같지 않을 경우에 대한 $Consecutive-2-out-of-n:F$ 시스템의 신뢰도 추정 방법을 살펴보았다. 본 절에서는 p_i가 같지 않을 때 $Consecutive-k-out-of-n:F$ 시스템 신뢰도를 추정하기 위한 방법론을 소개한다.

시스템에 고장이 발생하는 부품 고장의 모든 조합을 구하는 것으로부터 신뢰도를 계산한다. 예를 들어 5개의 부품이 직렬로 연결된 한 시스템이 있다고 가정하자. 2개의 연속적인 부품에 고장이 발생하면 시스템은 고장이 발생한다. 시스템의 고장을 발생시키는 최소의 가능한 상태는 다음과 같이 표현할 수 있다.

$$\overline{x}_1\overline{x}_2,\ \overline{x}_2\overline{x}_3,\ \overline{x}_3\overline{x}_4,\ \overline{x}_4\overline{x}_5$$

이 상태들로부터 시스템 신뢰도를 추정한 식은 다음과 같다.

$$R=1-P\left[\overline{x}_1\overline{x}_2+\overline{x}_2\overline{x}_3+\overline{x}_3\overline{x}_4+\overline{x}_4\overline{x}_5\right]$$

$$\begin{aligned}R=1-[&P(\overline{x}_1\overline{x}_2)+P(\overline{x}_2\overline{x}_3)+P(\overline{x}_3\overline{x}_4)+P(\overline{x}_4\overline{x}_5)-P(\overline{x}_1\overline{x}_2\overline{x}_3)-P(\overline{x}_1\overline{x}_2\overline{x}_3\overline{x}_4)\\&-P(\overline{x}_1\overline{x}_2\overline{x}_4\overline{x}_5)-P(\overline{x}_2\overline{x}_3\overline{x}_4)-P(\overline{x}_2\overline{x}_3\overline{x}_4\overline{x}_5)-P(\overline{x}_3\overline{x}_4\overline{x}_5)+P(\overline{x}_1\overline{x}_2\overline{x}_3\overline{x}_4)\\&+P(\overline{x}_1\overline{x}_2\overline{x}_3\overline{x}_4\overline{x}_5)\\&+P(\overline{x}_1\overline{x}_2\overline{x}_3\overline{x}_4\overline{x}_5)+P(\overline{x}_2\overline{x}_3\overline{x}_4\overline{x}_5)-P(\overline{x}_1\overline{x}_2\overline{x}_3\overline{x}_4\overline{x}_5)]\end{aligned}$$

$$\begin{aligned}R=1-[&P(\overline{x}_1\overline{x}_2)+P(\overline{x}_2\overline{x}_3)+P(\overline{x}_3\overline{x}_4)+P(\overline{x}_4\overline{x}_5)\\&-P(\overline{x}_1\overline{x}_2\overline{x}_3)-P(\overline{x}_1\overline{x}_2\overline{x}_4\overline{x}_5)-P(\overline{x}_2\overline{x}_3\overline{x}_4)\\&-P(\overline{x}_3\overline{x}_4\overline{x}_5)+P(\overline{x}_1\overline{x}_2\overline{x}_3\overline{x}_4\overline{x}_5)]\end{aligned} \tag{3.23}$$

n이 크고 $1 \leq k \leq n$ 일 때 위의 방법을 적용하는 것은 매우 복잡하므로 효율적으로 신뢰도를 추정할 수 있는 많은 연구가 진행되어 왔다.

3.1.4.4 *Consecutive*$-2-$*out*$-$*of*$-n:F$ 시스템에서 부품의 최적 배치

부품이 서로 다른 고장확률을 가질 때 *Consecutive*$-2-$*out*$-$*of*$-n:F$ 시스템 신뢰도는 시스템에서 부품의 배치에 의존한다. 이러한 시스템의 설계자는 시스템의 신뢰도를 최대화하기 위하여 시스템 내부 n개의 위치에 n개의 부품을 동시에 할당하고자 할 것이다. 이를 위하여 먼저 부품의 신뢰도를 $p_1 < p_2 < \cdots < p_n$로 정렬한다. 최적의 배치를 위하여 Derman, Lieberman & Ross[41]는 다음과 같은 결과를 제안하였다.

$$(1, n, 3, n-2, \cdots, n-3, 4, n-1, 2)$$

교체방식은 가장 신뢰도가 높은 부품 쌍을 내부에 배치하고, 바깥쪽에 최소의 신뢰도를 갖는 부품 쌍을 위치시켜 구하였다. $\psi = (\psi(1), \cdots, \psi(n))$으로 정의하자(여기서 $\psi(1)$은 시스템에서 첫 번째 위치에 할당된 부품이고, $\psi(2)$는 두 번째 위치, $\psi(n)$은 n 번째 위치). $r(\psi)$를 ψ가 사용될 때의 시스템 신뢰도라 하자.

$n=2$일 때 최적의 배치는 (1, 2) 또는 (2, 1)이다.
$n=3$일 때 신뢰도 $r(\psi)$는 다음 식과 같다.

$$r(\psi) = 1 - q_{\psi(1)}q_{\psi(2)} - q_{\psi(2)}q_{\psi(3)} + \prod_{i=1}^{3} q_{\psi(i)} \tag{3.24}$$

여기서, $q_{\psi(i)}$는 $\psi(i)$의 불신뢰도를 의미한다. $r(\psi)$가 최대가 되기 위해서 $\left[q_{\psi(1)}q_{\psi(2)} + q_{\psi(2)}q_{\psi(3)}\right]$값은 최소가 된다. $\psi = (1,3,2)$의 배치일 때 최대 신뢰도를 산출하는 것으로 확인할 수 있다. $n=4$일 때 시스템 신뢰도는 다음과 같다.

$$\begin{aligned} r(\psi) = 1 - (&q_{\psi(1)}q_{\psi(2)} + q_{\psi(2)}q_{\psi(3)} + q_{\psi(3)}q_{\psi(4)} \\ &- q_{\psi(1)}q_{\psi(2)}q_{\psi(3)} - q_{\psi(1)}q_{\psi(2)}q_{\psi(3)}q_{\psi(4)} \\ &- q_{\psi(2)}q_{\psi(3)}q_{\psi(4)} + q_{\psi(1)}q_{\psi(2)}q_{\psi(3)}q_{\psi(4)}) \end{aligned}$$

$$r(\psi) = 1 - \left[q_{\psi(1)}q_{\psi(2)} + q_{\psi(3)}q_{\psi(4)} + q_{\psi(2)}q_{\psi(3)}\left(1 - q_{\psi(1)} - q_{\psi(4)}\right)\right] \tag{3.25}$$

$\psi^* = (1,4,3,2)$의 배치일 때 $r(\psi)$는 최대가 된다. ψ^*는 괄호 안의 처음 2개와 마지막의 합이 최소가 되는 것을 알 수 있다. $n \geq 1$일 때 배치 결과를 일반화하면 다음 식과 같다.

$$\psi^* = (1, n, 3, n-2, \cdots, n-3, 4, n-1, 2) \tag{3.26}$$

3.1.5 $k-out-of-n$ 시스템 신뢰도

앞서 k개의 연속적인 부품에 고장이 발생하면 시스템에 고장이 발생하는 $Consecutive-k-out-of-n : F$ 시스템을 살펴보았다. k개의 고장이 연속적이지 않고, 만약 k개 또는 그 이상의 부품에 고장이 발생하면 시스템에 고장이 발생하는 경우가 많다. 예를 들어 크레인이나 다리의 와이어는 수천 개의 와이어를 가지고 있지만 일부만으로도 부하를 감당할 수 있다. 모든 부품이 정상 작동할 확률이 p로 동일하고, 독립인 수명분포를 가진다고 가정하면 k개가 정상 작동할 확률은 다음 식 (3.27)과 같이 표현할 수 있다.

$$P(k;n,p) = \binom{n}{k} p^k (1-p)^{n-k} \qquad k = 0, 1, \cdots, n \tag{3.27}$$

만약 k, $k+1$, 또는 ⋯ $n-1$, n개의 부품이 정상 작동하면 시스템은 정상적으로 작동하므로 시스템 신뢰도는 다음 식 (3.28)과 같이 표현된다.

$$P(k;n,p) = \sum_{r=k}^{n} \binom{n}{r} p^r (1-p)^{n-r} \qquad k = 0, 1, \cdots, n \tag{3.28}$$

4개의 서로 다른 병렬 채널로 구성된 통신 시스템이 있다고 하자. 만약 3개의 채널이 정상 작동하면 시스템은 정상 작동한다. 이 시스템의 신뢰도를 구하라. 이 시스템은 $3-out-of-4$ 시스템으로 채널 1~4가 정상적으로 작동할 확률을 x_1, x_2, x_3, x_4라 하고, 고장이 발생할 확률은 $\overline{x_1}$, $\overline{x_2}$, $\overline{x_3}$, $\overline{x_4}$라 하자. 시스템 신뢰

도는 다음 식 (3.29)와 같다.

$$R = P(x_1x_2x_3 + x_1x_2x_4 + x_1x_3x_4 + x_2x_3x_4) \tag{3.29}$$

$$A_1 = x_1x_2x_3,\ A_2 = x_1x_2x_4,\ A_3 = x_1x_3x_4,\ A_4 = x_2x_3x_4$$

신뢰도를 추정하기 위해서 식 (3.29)에 $A_5 = x_1x_2x_3x_4$를 포함하고, 식 (3.29)를 다시 작성하면 다음 식 (3.30)과 같다.

$$\begin{aligned} R &= P(A_1 + A_2 + A_3 + A_4) \\ &= P(A_1) + P(A_2) + P(A_3) + P(A_4) - P(A_1A_2) - P(A_1A_3) - P(A_1A_4) \\ &\quad - P(A_2A_3) - P(A_2A_4) - P(A_3A_4) + P(A_1A_2A_3) + P(A_1A_2A_4) \\ &\quad + P(A_1A_3A_4) + P(A_2A_3A_4) - P(A_1A_2A_3A_4) \end{aligned} \tag{3.30}$$

$$\begin{aligned} &A_1A_2 = x_1x_2x_3x_4,\ A_1A_3 = x_1x_2x_3x_4,\ A_1A_4 = x_1x_2x_3x_4, \\ &A_2A_3 = x_1x_2x_3x_4,\ A_2A_4 = x_1x_2x_3x_4,\ A_3A_4 = x_1x_2x_3x_4 \\ &A_1A_2A_3 = A_1A_2A_4 = A_1A_3A_4 = A_1A_2A_3A_4 = x_1x_2x_3x_4 \end{aligned}$$

식 (3.30)에 대입하면 다음과 같다.

$$\begin{aligned} R &= P(x_1x_2x_3) + P(x_1x_2x_4) + P(x_1x_3x_4) + P(x_2x_3x_4) \\ &\quad - 6P(x_1x_2x_3x_4) + 4P(x_1x_2x_3x_4) - P(x_1x_2x_3x_4) \\ &= P(x_1x_2x_3) + P(x_1x_2x_4) + P(x_1x_3x_4) + P(x_2x_3x_4) - 3P(x_1x_2x_3x_4) \end{aligned}$$

만약 부품이 동일하고, 독립이면 신뢰도는 다음과 같다.

$$R = 4p^3 - 3p^4$$

위 표현을 식 (3.28)을 이용하면 다음 식과 같이 표현할 수 있다.

$$R = \sum_{r=3}^{4} \binom{4}{r} p^r (1-p)^{4-r} = \binom{4}{3} p^3 (1-p) + \binom{4}{4} p^4 (1-p)^0$$

$$R = 4p^3 - 3p^4$$

3.1.6 복합 신뢰도 시스템(Complex Reliability System)

통신 시스템, 컴퓨터 네트워크, 전력 설비 시스템, 물 분배 시스템은 복잡한 네트워크의 전형적인 사례이다. 일부 네트워크는 직접 연결되어 있고, 일부는 그렇지 않다. 본 절에서는 직접 연결 또는 그렇지 않은 네트워크의 사례를 살펴본다.

다음 〈그림 3.8〉과 같은 네트워크가 있다고 가정하자. 이 네트워크는 이전 절에서 보았던 시스템보다 더 복잡하다. 직렬, 병렬, 병렬-직렬, 직렬-병렬 또는 $k-out-of-n$ 시스템으로 모형화 할 수 없다. 이러한 시스템의 신뢰도는 다음의 방법론을 이용하여 구할 수 있다[99]. 여기서는 개략적인 설명만 하고 세부내용은 참고문헌을 참고 바란다.

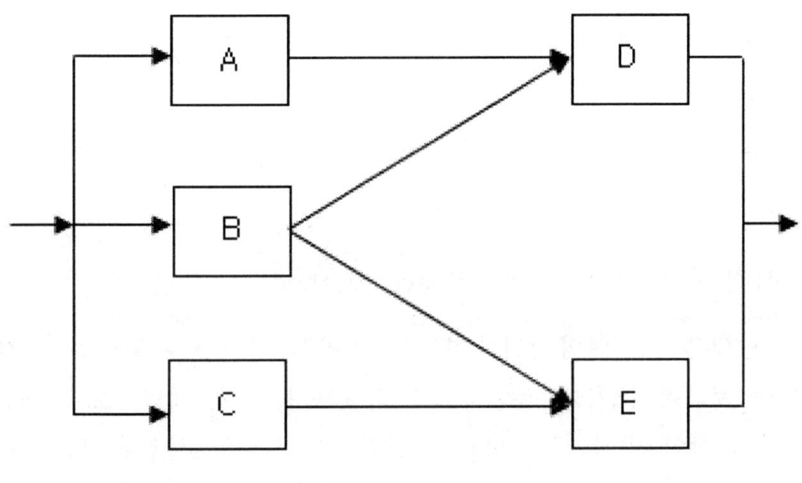

〈그림 3.8〉 복합 신뢰도 시스템

3.1.6.1 분해법(Decomposition Method)

분해법은 시스템 신뢰도 구조와 함께 연결된 핵심 부품(x)을 선정하는 것에 의해 시작한다. 시스템 신뢰도는 총 확률 정리에 의해 다음 식과 같이 계산할 수

있다.

$$R = P(system\ good/x)P(x) + P(system\ good/\overline{x})P(\overline{x}) \tag{3.31}$$

여기서, $P(system\ good/x)$는 x가 정상 작동할 때 시스템이 정상 작동할 확률이고, $P(system\ good/\overline{x})$는 x가 고장일 때 시스템이 정상 작동할 확률이다. 핵심 부품의 선정은 $P(system\ good/x)$과 $P(system\ good/\overline{x})$의 계산에 직접적인 영향을 준다.

3.1.6.2 묶음집합과 절단집합 방법(Tie-Set and Cut-Set Methods)

복합 시스템의 신뢰도를 구하기 위하여 두 번째 방법은 묶음집합과 절단집합의 개념을 기초로 한다. 묶음집합은 신뢰도 블록 선도를 통하여 완성된 경로이다. 몇 개의 묶음집합은 다른 묶음집합을 포함하고 있으므로 모든 묶음집합을 찾는 것은 필요하지 않다. 그러므로 내부에 다른 묶음집합을 포함하고 있지 않는 최소 묶음 집합을 찾는 것이 중요하다. 시스템 신뢰도는 모든 최소 묶음집합의 결합에 의해 산출된다.

절단집합은 신뢰도 블록 선도에서 제거될 때 입력 및 출력 끝의 모든 연결을 방해하는 블록(부품)의 집합이다. 최소 절단집합은 내부에 다른 절단집합을 포함하지 않는 것이다. 시스템 불신뢰도는 적어도 하나의 최소 절단집합이 고장일 확률이다.

3.1.6.3 사건-공간 방법(Event-Space Method)

사건-공간 방법은 시스템의 모든 가능한 논리적 사건을 목록화하는 것을 기초로 한다. 모든 부품은 초기에 정상적으로 작동하며, 이후 개별적으로 또는 2개씩, 3개씩 등으로 고장이 발생한다. 시스템 신뢰도는 성공한 사건을 모두 합하여 계산한다. 사건의 수는 시스템의 부품 수에 비례한다.

3.1.6.4 이항 진리표 방법(Boolean Truth Table Method)

이항 진리표 방법은 시스템의 이항 진리표를 구성하는 것을 기초로 한다. 이 방법은 계산량이 많아 손으로 계산하기 어려우며, 짧은 시간에 많은 수의 진리표를 작성할 수 있는 프로그램이 개발되어 있다. 진리표는 시스템의 매 가능한 상태(부품의 정상 작동 또는 고장)를 목록화하는 것에서 사건-공간 방법과 유사하다. 각 열에는 각 부품의 작동여부에 따라 0과 1을 입력한다. 각 행은 시스템의 상태를 나타낸다. 시스템 상태를 확인한 후 시스템 상태 열에 0과 1을 할당한다. 모든 정상 작동 열의 상태 확률이 계산되며, 시스템의 신뢰도는 모든 정상 작동 상태 확률을 더하여 산출한다.

3.1.6.5 감소법(Reduction Method)

감소법은 표준 이항 진리표를 기초로 하며, 부품의 합(Sum-of-Products, S-O-P)을 적용한다[28]. 2^n개(n은 시스템을 구성하는 부품 수)의 진리표를 구성하는 것에 의해 절차는 시작되고, 각 행은 시스템이 정상 작동하는 것에 의해 작성된다. 감소표는 첫 번째 열에서 정상 작동하는 모든 행을 목록화하는 것에 의해 구축된다. 비교에 의해 부품 항은 역문자와 다르게 첫 번째 열에 채워진다. 하나의 항은 모든 남아있는 항이 확정될 때까지 비교하여 사용된다. 이 절차는 비교대상이 없을 때까지 반복되고, 시스템 신뢰도는 더 이상 비교할 수 없을 경우의 모든 항의 합으로 산출한다.

3.1.6.6 경로-추적법(Path-Tracing Method)

경로-추적법은 복합 구조의 신뢰도 추정에 단순하고 효율적인 방법이다. 이 방법은 최초 버린 부품이 하나 또는 쌍, 3개씩 등으로 교체되는 초기에 빠트린 신뢰도 선도에서 모든 블록을 대상으로 한다. 최소의 부품을 사용한 정상 작동경로는 시스템 신뢰도를 계산하는데 사용된다.

3.1.6.7 인수분해 알고리즘(Factoring Algorithm)

이 절에서 소개한 복합 구조는 단순하지만 컴퓨터, 전화 통신 네트워크, 전력 설비 네트워크와 같이 거대한 구조와 비교할 때 제한된다. 이러한 네트워크의 신뢰도 추정은 일반적인 조합 최적화 문제보다 매우 어렵다. 그러나 많은 연구자들이 네트워크의 신뢰도를 효율적으로 추정할 수 있는 알고리즘을 개발하였다. 이 절에서는 인수분해 알고리즘을 살펴본다.

복합 구조는 신뢰도 네트워크 또는 그래프로 표현된다. 노드(여기서 노드는 위치 또는 점이다)와 호로 구성된 전형적인 그래프는 호를 경유하여 다른 노드들과 연결된다. 한 호는 부품, 케이블, 파이프와 같은 노드간의 연결을 의미한다.

인수분해 알고리즘은 이전에 살펴본 분해법을 기초로 한다. 분해법에서의 식

(3.31)에 따라, 만약 $R(G/e)$가 부품 e(호 또는 그래프의 가장자리 e)가 정상 작동하는 그래프 G의 신뢰도이고, $R(G/\bar{e})$가 부품 e에 고장이 발생한 그래프 G의 신뢰도이면 그래프 G의 신뢰도는 다음 식 (3.32)와 같이 표현된다.

$$R(G) = p_e R(G/e) + (1 - p_e) R(G/\bar{e}) \tag{3.32}$$

여기서, p_e는 부품 e의 신뢰도이다.

어떤 그래프 G의 신뢰도라도 식 (3.32)의 적용을 반복함으로써 계산할 수 있다. 무방향 그래프는 이 방법을 적용할 수 있는 몇 가지 특별한 성질을 가지고 있다. 만약 노드가 정상 작동한다고 가정하면 $R(G/e)$는 $R(G_e)$와 일치한다(여기서 G_e는 끝점에서 손실되거나 가장자리 e의 삭제에 의해 G로부터 얻어진 그래프이다). $R(G/\bar{e})$는 $R(G-e)$와 같다(여기서 $G-e$는 삭제된 노드가 없고, e가 삭제된 그래프이다). 인수분해 알고리즘은 최소의 경로집합을 모르더라도 그래프 표현에 사용할 수 있다. 확률 감소의 몇 종류(병렬 및 직렬 감소)가 가장자리의 제거 이후에 수행되더라도 인수분해 알고리즘은 가능한 모든 공간을 열거하는 것과 동등할 것이다[19].

3.1.7 중복(Redundancy)

중복은 신뢰도를 향상시킬 목적으로 시스템의 요구 성능을 만족하기 위하여 부품이나 서브시스템을 추가적으로 사용하는 것이다. 직렬 시스템은 어떤 부품이라도 고장이 발생하면 전체 시스템의 고장을 야기하므로 중복이 없는 시스템이다. 병렬 시스템은 하나 또는 그 이상의 부품에 고장이 발생하더라도 전체 시스템의 고장으로 나타나지 않으므로 중복이 있는 시스템이다. $Consecutive-k-out-of-n:F$ 시스템, $k-out-of-n$ 시스템, 병렬-직렬 시스템, 직렬-병렬 시스템은 중복이 있는 시스템이다.

병렬 시스템에서 중복은 병렬로 연결된 부품의 종류와 수량에 관한 함수이다. 만약 2개의 상태를 갖는 부품을 사용하면 병렬 부품의 수량이 증가함에 따라 시스템 신뢰도는 증가한다. 하지만 만약 2개 이상의 상태를 갖는 부품을 사용한다면 시스템 신뢰도를 최대화하기 위하여 최적의 부품 수량을 사용해야 한다. 다시 말해서 중복을 통한 시스템 신뢰도 향상은 2중, 3중 또는 그 이상의 부품이 병렬로 연결된 것처럼 간단하지 않다.

중복의 2가지 형태는 능동(Active)과 수동(Inactive)으로 구분된다. 능동 중복(Active Redundancy)은 모든 중복 부품이 작동중이고, 서브시스템의 부하를 공동 부담하는 것이다. 수동 중복(Inactive Redundancy)은 서브시스템의 부하를 중복 부품이 공동 분담하지 않으며, 하나 또는 그 이상의 부품에 고장이 발생하면 부품이 작동한다. 대기 부품의 고장률이 서브시스템과 같을 때를 능동 대기(Hot Standby)라 한다. 대기 부품의 고장률이 서브시스템보다 작으면 활성 대기(Warm Standby)라 하고, 대기 서브시스템이 작동하지 않을 때를 수동 대기(Cold Standby)라 하고 이때의 고장률은 0이다. 중복 형태의 응용은 시스템의 임계와 주요한 고장의 영향에 의존한다. 예를 들어 항공기는 일반적으로 3개의 엔진(가정하면) 중에서 2개의 정상 작동을 요구하므로 능동 중복이다. 컴퓨터 시스템은 주 전원 공급장치에 고장이 발생했을 때 필요한 전원을 공급하기 위하여 수동 중복의 자체 전원 공급기(Uninterrupted Power Supply, UPS)를 사용한다. 만약 스위치 시스템(수동 부품을 시스템에 연결하는)이 완벽하고, 중복 부품의 고장률이 동일하다면 시스템의 작동과 관련해서 능동 또는 수동 중복은 차이가 없다.

2개의 상태를 갖는 부품으로 구성된 시스템 신뢰도는 시스템의 주요 부품에 병렬의 부품을 추가함에 따라 증가한다. 엔지니어는 n개의 부품으로 구성된 직렬 시스템 신뢰도를 증가시키는데 관심을 갖고 있다. 이를 위하여 엔지니어는 시스템의 주요한 부품에 병렬의 부품을 할당해야 한다. 주어진 신뢰도 수준을 달성하기 위하여 직렬 구조의 시스템에 최소의 중복 부품 수량을 구하고자 한다.

여기서는 Barlow & Proschan[23]이 제안한 순차적인 탐색 방법(Sequential Search Method)을 소개한다. S를 초기의 직렬 구조라고 하고, S_i는 부품 x_i의 이중화에 의해 생성된 새로운 구조라고 하자. 이중화는 이중된 부품을 갖는 능동 중복에서 동일한 부품을 배치하는 것이다. 우선 S_i의 신뢰도를 최대화하기 위하여 부품 x_i를 사용한다. S_{ij}와 같이 부품 x_i의 이중화에 의해 새로운 구조를 구할 것이다. 부품 x_j는 S_{ij}의 신뢰도가 최대가 되도록 선택된다. 이 과정은 요구 신뢰도 수준이 달성될 때까지 반복된다. 이중화를 위한 부품의 선택은 각 부품의 신뢰도에 의존한다.

초기의 직렬 구조 S는 기대 신뢰도가 $p_1, p_2, \cdots, p_n$인 n개의 부품$(x_1, x_2, \cdots, x_n)$이 직렬로 연결되어 구성된다. 시스템 신뢰도는 다음 (식 3.33)과 같다.

$$R = p_1 p_2 \cdots p_n \tag{3.33}$$

만약 부품 x_i가 이중화이면 새로운 시스템의 신뢰도는 다음 식 (3.34)와 같다.

$$R_i = p_1 p_2 \cdots \left[1-(1-p_i)^2\right] \cdots p_n = p_1 p_2 \cdots p_i(2-p_i) \cdots p_n = (2-p_i) p_1 p_2 \cdots \tag{3.34}$$

따라서 신뢰도 R_i는 p_i가 최소일 때 최대가 된다. 그러므로 가장 낮은 신뢰도를 갖는 부품에 이중화를 통해 신뢰도의 향상을 얻을 수 있다. 즉 부품 x_i를 병렬로 추가하거나 x_i보다 낮은 신뢰도를 갖는 부품에 이중화를 통해 신뢰도 향상을 꾀할 수 있다[67].

3.1.8 부품의 중요도 척도

시스템은 일반적으로 많은 부품으로 구성되며, 설계자는 시스템 정상 작동에 중대한 부품의 결함이나 약점을 확인하는 문제에 직면하게 된다. 설계자는 전체 시스템의 신뢰도를 향상시키기 위하여 추가적인 자원이나 부품에 중복을 할당한다. 이 절에서는 시스템 신뢰도와 관련된 부품의 중요도를 측정하기 위한 방법을 소개한다. 부품의 중요도 평가에서 대부분의 방법들은 부품이 정상 작동 또는 고장일 때 시스템의 신뢰도(또는 불신뢰도) 관측을 기초로 하고 있다. 부품의 신뢰도와 관련된 이러한 신뢰도들은 다른 중요도 척도를 구하기 위해 대수적으로 다루어진다. 이 척도들의 계산을 단순화하기 위해 시스템의 구조 함수를 이용하여 어떻게 신뢰도를 관측할 수 있는지를 살펴본다.

$N = 1,2,\cdots,n$에서 n개의 부품으로 구성된 시스템을 고려하자. 시스템과 부품은 모두 정상과 고장의 2가지 상태를 갖고 0과 1로 표현한다. 시스템의 상태는 부품의 상태에 따라 결정된다. $X = (X_1, X_2, \cdots, X_n)$을 순간에서 부품의 상태를 표현하는 임의 벡터라 하자(여기서 X_i는 순간에서의 부품 상태를 나타내는 확률변수이고, 시스템 구조함수가 되는 부품 i, $i = 1,2,\cdots,n$의 작동 또는 실패에 따라 $X_i = 0$ 또는 1로 표현된다). 임의 변수 $\phi(X)$는 시스템이 정상일 때 $\phi(X) = 0$이고, 고장일 때 $\phi(X) = 1$인 시스템의 상태로, 즉 $P[\phi(X) = 1] = E[\phi(X)]$이다.

$X_1, X_2, \cdots, X_n$이 $P[X_i = 1] = q_i$를 갖는 독립적으로 분포된 이항확률변수라 가정하자. 이 경우 $E[\phi(X)]$는 $q = (q_1, q_2, \cdots, q_n)$의 함수이다. $G(q) = E[\phi(X)]$라 하면 $G(q)$를 시스템 불신뢰도 함수라 한다. 이 함수는 구조적인 중요도 척도를 평가하는데 사용된다[96].

3.1.8.1 Reliability Importance of Components

부품의 신뢰도 중요도(Reliability Importance)는 높은 신뢰도 중요도와 함께 부품의 신뢰도를 향상시키는 노력으로 정의한다. 신뢰도 중요도의 함수는 다음 식과 같다.

$$I_r(i) = \frac{\partial}{\partial p_i} r(\bar{p}) \tag{3.35}$$

여기서, $I_r(i)$는 부품 i의 신뢰도 중요도이고, $r(\bar{p})$는 신뢰도 함수, $\bar{p}$는 부품의 신뢰도(p_1, p_2, ... , p_n)를 의미한다.

두 개의 부품으로 구성된 직렬 시스템의 경우(p_1=0.8, p_2=0.9), 신뢰도 중요도를 계산하여 다음과 같이 시스템 신뢰도를 향상시킬 수 있는 부품을 선정한다.

$$r(\bar{p}) = \prod_{i=1}^{n} p_i$$

$$I_r(i) = \frac{\partial}{\partial p_i} r(\bar{p})$$

$$i = 1, \quad \frac{\partial}{\partial p_1} r(\bar{p}) = p_2 = 0.9$$

$$i = 2, \quad \frac{\partial}{\partial p_2} r(\bar{p}) = p_1 = 0.8$$

$$\therefore \quad I_r(1) \geq I_r(2)$$

이 직렬 시스템의 경우 부품 1의 신뢰도 중요도가 높으므로 시스템 신뢰도를 향상시키기 위해서는 부품 1의 신뢰도를 증가시키는 것이 바람직하다고 볼 수 있다.

두 개의 부품으로 구성된 병렬 시스템의 경우(p_1=0.7, p_2=0.8), 신뢰도 중요도를 계산하여 다음과 같이 시스템 신뢰도를 향상시킬 수 있는 부품을

선정한다.

$$
\begin{aligned}
& r(\bar{p}) = 1 - \prod_{i=1}^{n}(1-p_i) = 1-(1-p_1)(1-p_2) \\
& = 1-(1-p_1-p_2+p_1p_2) = p_1+p_2-p_1p_2 = 0.7+0.8-0.56 = 0.94 \\
& I_r(1) = \frac{\partial}{\partial p_1} r(\bar{p}) = 1-p_2 = 0.2 \\
& I_r(2) = \frac{\partial}{\partial p_2} r(\bar{p}) = 1-p_1 = 0.3 \\
& \therefore \ I_r(1) \le I_r(2)
\end{aligned}
$$

이 병렬 시스템의 경우 부품 2의 신뢰도 중요도가 높으므로 시스템 신뢰도를 향상시키기 위해서는 부품 2의 신뢰도를 증가시키는 것이 바람직하다.

다음은 $k-out-of-n$ 시스템의 경우로 $2-out-of-3$ 시스템을 살펴본다. $k-out-of-n$ 시스템의 경우 신뢰도 중요도는 다음과 같이 계산할 수 있다.

$$
\begin{aligned}
& r(\bar{p}) = p_1p_2p_3 + p_1p_2(1-p_3) + p_1(1-p_2)p_3 + (1-p_1)p_2p_3 \\
& \qquad = p_1p_2 + p_1p_3 + p_2p_3 - 2p_1p_2p_3 \\
& if\ p_1 = p_2 = p_3 = p,\ r(\bar{p}) = 3p^2 - 2p^3 \\
& I_r(1) = p_2 + p_3 + p_2p_3 - 2p_2p_3 \\
& I_r(2) = p_1 + p_3 + p_1p_3 - 2p_1p_3 \\
& I_r(3) = p_1 + p_2 + p_1p_2 - 2p_1p_2 \\
& if\ p_1 \le p_2 \le p_3 \le \frac{1}{2},\ then\ I_r(3) \le I_r(2) \le I_r(1) \\
& if\ \frac{1}{2} \le p_1 \le p_2 \le p_3,\ then\ I_r(3) \ge I_r(2) \ge I_r(1)
\end{aligned}
$$

$2-out-of-3$ 시스템의 경우 모든 부품의 신뢰도가 같으면 시스템 신뢰도는 $r(\bar{p}) = 3p^2 - 2p^3$와 같고 $p_1 \le p_2 \le p_3 \le \frac{1}{2}$ 이면 $I_r(3) \le I_r(2) \le I_r(1)$ 이 성립하고,

$\frac{1}{2} \le p_1 \le p_2 \le p_3$ 이면 $I_r(3) \ge I_r(2) \ge I_r(1)$ 이 성립함을 알 수 있다. 앞서 언급한 신뢰도 중요도(Reliability Importance) 외 다른 중요도 척도들은 다음과 같다.

3.1.8.2 Birnbaum's Importance

부품 i의 Birnbaum's Importance $I_B^i(t)$는 다음 식 (3.36) 및 식 (3.37)과 같이 시간 t에서 i번째 부품은 시스템이 정상 작동하기 위한 중요한 확률로 표현한다.

$$I_B^i(t) = \frac{\partial G(q(t))}{\partial q_i(t)} = G(1_i, q(t)) - G(0_i, q(t)) \tag{3.36}$$

$$I_B^i(t) = \triangle G_i(t) \tag{3.37}$$

여기서, $G(1_i, q(t))$는 부품 i가 고장일 때 시스템 불신뢰도이고, $G(0_i, q(t))$는 부품 i가 정상일 때 시스템 불신뢰도이다. $I_B^i(t)$는 다음 식 (3.38)과 같이 표현할 수 있다[57].

$$\begin{aligned} I_B^i(t) &= E[\phi(1_i, X(t)) - \phi(0_i, X(t))] \\ &= 1 \times P[\phi(1_i, X(t)) - \phi(0_i, X(t)) = 1] + 1 \times P[\phi(1_i, X(t)) - \phi(0_i, X(t)) = 0] \\ &= [\phi(1_i, X(t)) - \phi(0_i, X(t)) = 1] \end{aligned} \tag{3.38}$$

3.1.8.3 Criticality Importance

Criticality Importance는 시간 t에 부품 i가 중요하고, 동시에 고장이 발생하는 시스템에서 고장인 시스템의 조건부 확률을 따른다[49]. 이 Criticality Importance는 신뢰도가 낮은 부품을 향상시키는 것 보다 신뢰도가 높은 부품을 향상시키는 것이 더 어렵다는 사실에 근거한다. Criticality Importance는 다음 식 (3.39)와 같다.

$$I_{CR}^i(t) = \frac{\partial G(q(t))}{\partial q_i(t)} \times \frac{q_i(t)}{G(q(t))} = \frac{[G(1_i, q(t)) - G(0_i, q(t))]\, q_i(t)}{G(q(t))} \tag{3.39}$$

3.1.8.4 Fussell-Vesely Importance

부품 i의 Fussell-Vesely Importance I_{FV}^{i}는 부품 i를 포함하는 절단집합의 고장과 조화되는 시스템의 수명 확률을 대상으로 한다[26]. Fussell-Vesely Importance는 다음 식 (3.40)과 같다.

$$I_{FV}^{i}(t) = \frac{G_i(q(t))}{G(q(t))} \tag{3.40}$$

여기서, $G_i(q(t))$는 절단집합의 고장에 기여하는 부품 i의 확률이다.

3.1.8.5 Barlow-Proschan Importance

이 척도는 시스템이 같은 시기에 고장을 갖을 때 고장시간 간격 (t_0, t_F)에서 시스템의 고장을 야기하는 부품 i의 조건부 확률을 따르며[22], 다음 식 (3.41)과 같이 표현된다.

$$I_{BP}^{i} = \frac{\int_{t_0}^{t_F} \frac{\partial G(q(t))}{\partial q_i} \frac{dq_i}{dt} dt}{\sum_{k=1}^{N} \int_{t_0}^{t_F} \frac{\partial G(q(t))}{\partial q_k} \frac{dq_k}{dt} dt} \tag{3.41}$$

여기서, N은 시스템 부품의 총 수량이다.

3.2 동 신뢰도 모형

본 절에서는 수리 불능 및 수리 가능 시스템에 대한 시간 의존적 신뢰도를 소개하고 고장 의존적 시스템 신뢰도를 평가하는 방법을 소개한다. 또한 MTTF, MTBF, 가용도와 같은 시스템의 성능 요소에 대한 설명을 포함한다.

3.2.1 수리 불능 시스템

수리 불능 시스템과 제품들이 생겨난 이유는 노동비의 증가와 많은 제품들의 높은 기술적 진보화에 기인한다. 예를 들면, 컴퓨터 칩의 기술적 발전으로 2년 된 컴퓨터의 수리는 불필요하게 될지도 모른다. 왜냐하면 2년이란 기간동안 더 싸고 더 빠른 컴퓨터들이 생길 수 있기 때문이다. 또 다른 수리 불능 시스템으로는 위성 및 로켓 등과 같은 1회성 제품 등이 있다.

3.2.1.1 직렬 시스템

n개의 독립적 부품이 직렬로 정렬되어 있고, 각각의 부품이 시간 $t=0$에서 $R_i(0)=1(i=1,2,\cdots,n)$의 신뢰도를 갖는다고 가정하고, 시간 t에서의 시스템 신뢰도는 다음 식 (3.42)와 같이 모든 부품이 시간 t까지 생존할 확률로 표현한다.

$$R_s(t)=R_1(t)R_2(t)\ldots R_n(t)=\prod_{i=1}^{n}R_i(t) \tag{3.42}$$

각각의 부품이 일정 고장률(λ_i)을 갖는다고 하면, 시간 t에서 부품 i의 신뢰도는 다음 식 (3.43)과 같다.

$$R_i(t)=e^{-\lambda_i t} \tag{3.43}$$

여기서, $R_i(t)$는 시간 t에서 부품 i의 신뢰도이며, λ_i는 부품 i의 일정 고장률을 나타낸다. 식 (3.43)을 식 (3.42)에 대입하면 다음 식 (3.44)와 같다.

$$R_s(t)=\prod_{i=1}^{n}e^{-\lambda_i t}=e^{-\sum_{i=1}^{n}\lambda_i t} \tag{3.44}$$

그러므로 n개의 부품으로 구성된 직렬 시스템의 고장률은 각각 부품의 고장률의 합과 같다. 식 (3.44)는 모든 부품이 독립적으로 고장이 발생하고 각각의 부품은 일정 고장률을 갖는다는 가정 하에서만 유효하다. 만약에 부품 i의 고장률이 $h_i(t)$이고, 누적 고장률 함수 $H_i(t)=\int_0^t h_i(\zeta)d\zeta$ 라고 하면 직렬구조인 식 (3.44)는 다음 식 (3.45)와 같이 일반화된다.

$$R_s(t)=\prod_{i=1}^{n}e^{-H_i(t)}=e^{-\sum_{i=1}^{n}H_i(t)} \tag{3.45}$$

부품이 다음과 같은 고장률을 가질 때, 직렬 시스템 신뢰도를 평가하기 위한 식 (3.45)의 예를 살펴보면 다음과 같다.

- 선형적으로 증가하는 고장률($h_i(t)=k_i t$)을 갖는 부품에 대한 시스템 신뢰도

$$R_s(t)=\prod_{i=1}^{n}e^{-k_i t^2/2}=e^{-\sum_{i=1}^{n}\frac{k_i t^2}{2}} \tag{3.46}$$

- 와이블 고장률($h_i(t)=(\gamma_i/\theta_i)t^{\gamma_i-1}$)을 갖는 부품에 대한 시스템 신뢰도

$$R_s(t)=\exp[-\sum_{i=1}^{n}\frac{t^{\gamma_i}}{\theta_i}] \tag{3.47}$$

- r개의 부품은 일정한 고장률을 갖고, $n-r$개의 부품은 와이블 고장률을 갖는 경우의 시스템 신뢰도

$$\begin{aligned}R_s(t)&=\prod_{i=1}^{r}e^{-\lambda_i t}\prod_{i=r+1}^{n}e^{\frac{-t^{\gamma_i}}{\theta_i}}\\R_s(t)&=\exp[-\sum_{i=1}^{r}\lambda_i t-\sum_{i=r+1}^{n}\frac{t^{\gamma_i}}{\theta_i}]\end{aligned} \tag{3.48}$$

3.2.1.2 병렬 시스템

병렬 시스템은 모든 부품에 고장이 발생했을 경우에 시스템의 고장이 발생한다. n개의 부품으로 이루어진 병렬 시스템의 신뢰도는 다음 식 (3.49)와 같이 표현된다.

$$R_s(t) = P(x_1 + x_2 + \ldots + x_n) = 1 - P(\overline{x_1}\,\overline{x_2}\ldots\overline{x_n}) \quad (3.49)$$

일정한 고장률(λ_i)을 갖는 독립인 부품인 경우, 부품 i의 불신뢰도는 $1 - e^{-\lambda_i t}$이고, 식 (3.49)를 이용한 시스템 신뢰도는 다음 식 (3.50)과 같다.

$$R_s(t) = 1 - \prod_{i=1}^{n}(1 - e^{-\lambda_i t}) \quad (3.50)$$

$n=2$일 때 식 (3.50)을 이용하여 구한 시스템 신뢰도 $R_s(t)$는 다음 식 (3.51)과 같다.

$$R_s(t) = 1 - (1 - e^{-\lambda_1 t})(1 - e^{-\lambda_2 t}) = e^{-\lambda_1 t} + e^{-\lambda_2 t} - e^{-(\lambda_1 + \lambda_2)t} \quad (3.51)$$

$h(t) = f(t)/R(t)$이고 $f(t) = -dR(t)/dt$이므로, 식 (3.51)을 이용하면 다음 식 (3.52)를 구할 수 있다.

$$f(t) = \lambda_1 e^{-\lambda_1 t} + \lambda_2 e^{-\lambda_2 t} - (\lambda_1 + \lambda_2)e^{-(\lambda_1 + \lambda_2)t} \quad (3.52)$$

시스템 고장률은 다음 식 (3.53)과 같다.

$$h(t) = \frac{\lambda_1 e^{-\lambda_1 t} + \lambda_2 e^{-\lambda_2 t} - (\lambda_1 + \lambda_2)e^{-(\lambda_1 + \lambda_2)t}}{e^{-\lambda_1 t} + e^{-\lambda_2 t} - e^{-(\lambda_1 + \lambda_2)t}} \quad (3.53)$$

3.2.1.3 $k-out-of-n$ 시스템

이 유형의 시스템에서, n개인 독립적 부품 중 k개인 작동 부품의 조합은 시스템의 성공적 작동을 보장한다. 만약 부품들의 고장률이 동일하지 않을 시, 시스템 신뢰도를 정확히 측정하기 위해 모든 가능한 신뢰도 구조의 성공적 경로를 조사

해야 한다. 다행히 대부분의 $k-out-of-n$ 시스템은 독립적이고 동일한 부품을 갖고, 시스템의 신뢰도는 이항분포를 사용하므로 예측하기 쉽다. 동일한 고장률 (λ)을 갖는 부품의 전형적인 $k-out-of-n$ 시스템 신뢰도는 다음 식 (3.54)와 같다.

$$R_s(t)=\sum_{r=k}^{n}\binom{n}{r}(e^{-\lambda t})^r(1-e^{-\lambda t})^{n-r}$$
$$R_s(t)=\sum_{r=k}^{n}\binom{n}{r}e^{-r\lambda t}(1-e^{-\lambda t})^{n-r}=1-\sum_{r=0}^{k-1}\binom{n}{r}e^{-r\lambda t}(1-e^{-\lambda t})^{n-r} \tag{3.54}$$

부품이 선형이나 와이블 고장률을 가질 때, $k-out-of-n$ 시스템의 신뢰도는 각각 식 (3.55)와 식 (3.56)과 같이 주어진다.

$$R_s(t)=\sum_{r=k}^{n}\binom{n}{r}e^{-r\lambda t^2/2}(1-e^{-\lambda t^2/2})^{n-r} \tag{3.55}$$

$$R_s(t)=\sum_{r=k}^{n}\binom{n}{r}e^{\frac{-rt^\gamma}{\theta}}(1-e^{\frac{-t^\gamma}{\theta}})^{n-r} \tag{3.56}$$

3.2.2 평균고장시간(MTTF)

평균고장시간(MTTF)은 다음 식 (3.57)과 같이 고장시간 T의 기대값(평균값) $E[T]$로 정의한다.

$$MTTF=\int_0^\infty tf(t)dt \tag{3.57}$$

평균고장시간은 다음의 관계식을 식 (3.57)에 대입하면 다음 식 (3.58)과 같이 표현된다.

$$f(t) = -\frac{dR(t)}{dt}, \quad MTTF = -\int_0^\infty t\frac{dR(t)}{dt}dt$$

$$MTTF = -tR(t)\Big]_0^\infty + \int_0^\infty R(t)dt \tag{3.58}$$

여기서, $t \to 0$이면 $tR(t) \to 0$, $t \to \infty$이면 $tR(t) \to 0$이므로, 식 (3.58)은 다음 식 (3.59)와 같이 표현된다.

$$MTTF = \int_0^\infty R(t)dt \tag{3.59}$$

MTTF는 평균고장시간으로 고장까지 시간(TTF)의 분포에 대한 정보를 제공하진 않으므로 TTF의 표준편차를 결정할 필요가 있으며, TTF의 표준편차는 다음 식 (3.60)과 같다.

$$\sigma_{TTF} = \sqrt{\int_0^\infty t^2 f(t)dt - MTTF^2} \tag{3.60}$$

3.2.2.1 직렬 시스템

다음은 직렬 시스템에서 평균고장시간을 계산하는 방법을 설명한다. 고장률이 일정한 경우, 선형적으로 증가하는 경우, 와이블 고장률를 갖는 n개의 부품으로 이루어진 시스템의 평균고장시간은 다음과 같다.

일정한 고장률을 갖는 직렬 시스템의 평균고장시간은 다음 식과 같다.

$$MTTF = \int_0^\infty e^{-\sum_{i=1}^{n}\lambda_i t} dt = \frac{1}{\sum_{i=1}^{n}\lambda_i} \tag{3.61}$$

선형적으로 증가하는 고장률을 갖는 신뢰도는 다음 식과 같다.

$$R(t) = e^{-kt^2/2}$$

이에 따른 평균고장시간은 다음 식과 같다.

$$MTTF = \int_0^\infty e^{-kt^2/2} dt = \frac{\Gamma(1/2)}{2\sqrt{k/2}} = \sqrt{\frac{\pi}{2k}} \tag{3.62}$$

n개의 부품이 직렬로 연결되어 있고, 각각 선형적으로 증가하는 고장률을 갖는 시스템의 평균고장시간은 다음 식 (3.63)과 같다.

$$MTTF = \sqrt{\frac{\pi}{2\sum_{i=1}^{n} k_i}} \tag{3.63}$$

와이블 고장률을 갖는 1개 부품으로 이루어진 시스템의 평균고장시간은 다음 식 (3.64)와 같다.

$$MTTF = \int_0^\infty R(t) dt = \int_0^\infty e^{\frac{-t^\gamma}{\theta}} dt \tag{3.64}$$

$x = \frac{1}{\theta} t^\gamma$, $dt = \frac{\theta^{1/\gamma}}{\gamma} x^{1/\gamma - 1} dx$라 하고, 식 (3.64)에 대입하면 다음 식 (3.65)와 같다.

$$\begin{aligned} MTTF &= \frac{\theta^{1/\gamma}}{\gamma} \int_0^\infty e^{-x} x^{1/\gamma - 1} dx \\ MTTF &= \theta^{1/\gamma} \frac{1}{\gamma} \Gamma\left(\frac{1}{\gamma}\right) = \theta^{1/\gamma} \Gamma\left(1 + \frac{1}{\gamma}\right) \end{aligned} \tag{3.65}$$

만약 n개의 부품이 직렬 구조를 이루고, 모든 부품들이 동일한 와이블 고장률 γ를 가지면 식 (3.65)는 다음 식 (3.66)과 같이 표현할 수 있다.

$$MTTF = \left(\sum_{i=1}^{n} \theta^{i}\right)^{\frac{1}{\gamma}} \Gamma\left(1 + \frac{1}{\gamma}\right) \tag{3.66}$$

3.2.2.2 병렬 시스템

병렬 시스템에서의 평균고장시간 계산은 직렬 시스템과 유사하다. 고장률이 일정한 경우, 선형적으로 증가하는 경우, 와이블 고장률를 갖는 n개의 부품으로 이루어진 시스템의 평균고장시간은 다음과 같이 계산할 수 있다.

고장률이 λ_i인 n개의 독립적인 부품으로 이루어진 병렬 시스템이 있다. 이 시스템의 평균고장시간은 다음 식 (3.67)과 같다.

$$MTTF = \int_0^{\infty} R(t)dt = \int_0^{\infty} \left[\sum_{i=1}^{n} e^{-\lambda_i t} - \sum_{i=1}^{n} \sum_{j=i+1}^{n} e^{-(\lambda_i + \lambda_j)t} + \cdots \right] dt$$

$$MTTF = \sum_{i=1}^{n} \frac{1}{\lambda_i} - \sum_{i=1}^{n-1} \sum_{j=i+1}^{n} \frac{1}{\lambda_i + \lambda_j} + \sum_{i=1}^{n-2} \sum_{j=i+1}^{n-1} \sum_{k=j+1}^{n} \frac{1}{\lambda_i + \lambda_j + \lambda_k} - \cdots + (-1)^{n+1} \frac{1}{\sum_{i=1}^{n} \lambda_i} \tag{3.67}$$

만약 모든 부품이 동일하고, 각각의 부품은 동일한 고장률 λ를 가지면 이 시스템의 평균고장시간은 다음 식 (3.68)과 같다.

$$R_s(t) = 1 - (1 - e^{-\lambda t})^n$$

$$MTTF = \frac{1}{\lambda}\left[1 + \frac{1}{2} + \cdots + \frac{1}{n}\right] \tag{3.68}$$

부품들이 선형적으로 증가하는 고장률($k_i t$)을 갖는다고 가정하자. 시스템의 평균고장시간은 다음 식 (3.69)와 같다.

$$MTTF=\int_0^\infty\left[\sum_{i=1}^{n}e^{-1/2k_it^2}-\sum_{i=1}^{n-1}\sum_{j=i+1}^{n}e^{-1/2(k_i+k_j)t^2}+\sum_{i=1}^{n-2}\sum_{j=i+1}^{n-1}\sum_{k=j+1}^{n}e^{-1/2(k_i+k_j+k_k)t^2}+\cdots\right]dt$$

$$MTTF=\sum_{i=1}^{n}\sqrt{\frac{\pi}{2k_i}}-\sum_{i=1}^{n-1}\sum_{j=i+1}^{n}\sqrt{\frac{\pi}{2(k_i+k_j)}}+\sum_{i=1}^{n-2}\sum_{j=i+1}^{n-1}\sum_{k=j+1}^{n}\sqrt{\frac{\pi}{2(k_i+k_j+k_k)}}-\cdots \tag{3.69}$$

만약 모든 부품이 동일 고장률 kt를 갖고 동일하면 시스템의 평균고장시간은 다음 식 (3.70)과 같다.

$$MTTF=\sqrt{\frac{\pi}{2k}}\left[n-\binom{n}{2}\sqrt{\frac{1}{2}}+\binom{n}{3}\sqrt{\frac{1}{3}}-\binom{n}{4}\sqrt{\frac{1}{4}}+\cdots\right] \tag{3.70}$$

병렬인 n개 부품으로 이루어지고 각 부품은 $(\gamma/\theta_i)t^{\gamma-1}$인 와이블 고장률을 갖는 활동적 중복 시스템의 평균고장시간은 다음 식 (3.71)과 같다. 여기서, θ_i는 부품 i에 대해 일정하고 γ는 모든 부품에 대해 동일한 형상모수이다.

$$MTTF=\Gamma(1+\frac{1}{\gamma})\left[\sum_{i=1}^{n}\theta_i^{\frac{1}{\gamma}}-\sum_{i=1}^{n-1}\sum_{j=i+1}^{n}(\theta_i+\theta_j)^{\frac{1}{\gamma}}+\cdots+(-1)^{n+1}\left\{\sum_{i=1}^{n}\theta_i\right\}^{\frac{1}{\gamma}}\right] \tag{3.71}$$

3.2.2.3 $k-out-of-n$ 시스템

다음은 독립적이고 같은 유형인 부품으로 이루어진 $k-out-of-n$ 시스템 신뢰도는 다음 식 (3.72)와 같다. 다음의 예제를 통해 $k-out-of-n$ 시스템에 대한 평균고장시간을 구하는 절차를 살펴본다.

$$R_s(t)=\sum_{r=k}^{n}\binom{n}{r}[p(t)]^r\,[1-p(t)]^{n-r} \tag{3.72}$$

독립적이고 같은 유형인 부품으로 이루어진 $k-out-of-n$ 시스템을 가정하자. 각 부품은 동일한 고장률 λ를 갖는다. 이 시스템의 평균고장시간은 식 (3.72)에 $p(t)=e^{-\lambda t}$를 대입하면 다음 식 (3.73)과 같이 구할 수 있다.

$$MTTF = \int_0^\infty \sum_{r=k}^{n} \binom{n}{r} (e^{-\lambda t})^r (1-e^{-\lambda t})^{n-r} dt \qquad (3.73)$$

모든 부품이 독립이고 같은 유형이며, 선형적으로 증가하는 고장률을 갖는 $k-out-of-n$ 시스템의 평균고장시간은 시스템 신뢰도를 얻기 위해 $p(t)=e^{-kt^2/2}$ 를 식 (3.72)에 대입하여 얻을 수 있다.

선형적으로 증가하는 고장률과 유사하게 와이블 고장률을 갖는 독립적이고 같은 유형의 부품으로 이루어진 $k-out-of-n$ 시스템의 평균고장시간도 계산이 가능하다.

3.2.2.4 다른 시스템

어떠한 시스템의 평균고장시간을 측정하기 위해서는 시스템 신뢰도에 대한 표현이 필요하다. 이러한 표현은 시간 t에 대하여 0부터 ∞까지 적분된 형식을 통하여 유도할 수 있다. 시스템 구조가 직렬 시스템, 병렬 시스템, $k-out-of-n$ 시스템과 같은 표준 형식이 아닐 때, $R_s(t)$를 얻기 위한 복합 구조의 신뢰도 측정은 앞서 설명한 절차와 동일하다. 앞서 설명한 서로 다른 구조와 고장률에 대한 평균고장시간의 요약은 다음 〈표 3.3〉과 같다.

3.2.3 수리 가능 시스템

수리 가능 시스템은 고장시 수리할 수 있는 시스템이다. 수리 가능 시스템은 자동차, 항공기, 냉·난방 시스템, 컴퓨터, 전화 네트워크 등 거대하고 복잡한 시스템을 포함한다. 앞서 전반적인 시스템 신뢰도를 향상시키기 위해 중복적인 부품의 사용에 대해 살펴보았다. 시스템의 신뢰도를 향상시키는 다른 방법은 높은 신뢰도를 갖는 부품의 사용(제조결함이 없는 원자재), 효과적인 수리 및 정비 시스템의 사용 등이 있다. 수리 가능 시스템의 가장 중요한 성능기준의 2가지는 가용도(Availability)와 평균고장시간(MTBF)이다. 가용도는 시스템이 사용 요구시까지 적절하게 작동할 수 있는 확률로 정의한다.

본 절에서는 시간 의존적 신뢰도와 수리 가능 시스템의 가용도에 관한 교대재생과정(Alternating Renewal Process)과 마코프 과정(Markov Process)에 대해 살펴본다.

〈표 3.3〉 서로 다른 구조 및 고장률에 대한 평균고장시간

구조	고장률	평균고장시간(MTTF)
직렬시스템	λ_i	$\dfrac{1}{\sum_{i=1}^{n}\lambda_i}$
	$k_i t$	$\sqrt{\dfrac{\pi}{2\sum_{i=1}^{n}k_i}}$
	$\dfrac{1}{\theta_i}t^{\gamma-1}$	$(\sum_{i=1}^{n}\theta_i)^{\frac{1}{\gamma}}\Gamma\left(1+\dfrac{1}{\gamma}\right)$
병렬시스템	λ_i	$\sum_{i=1}^{n}\dfrac{1}{\lambda_i}-\sum_{i=1}^{n-1}\sum_{j=i+1}^{n}\dfrac{1}{\lambda_i+\lambda_j}+\sum_{i=1}^{n-2}\sum_{j=i+1}^{n-1}\sum_{k=j+1}^{n}\dfrac{1}{\lambda_i+\lambda_j+\lambda_k}-\cdots$
	$k_i t$	$\sum_{i=1}^{n}\sqrt{\dfrac{\pi}{2k_i}}-\sum_{i=1}^{n-1}\sum_{j=i+1}^{n}\sqrt{\dfrac{\pi}{2(k_i+k_j)}}$ $+\sum_{i=1}^{n-2}\sum_{j=i+1}^{n-1}\sum_{k=j+1}^{n}\sqrt{\dfrac{\pi}{2(k_i+k_j+k_k)}}-\cdots$
	$\dfrac{1}{\theta_i}t^{\gamma-1}$	$\Gamma(1+\dfrac{1}{\gamma})[\sum_{i=1}^{n}\theta_i^{\frac{1}{\gamma}}-\sum_{i=1}^{n-1}\sum_{j=i+1}^{n}(\theta_i+\theta_j)^{\frac{1}{\gamma}}+\cdots+(-1)^{n+1}[\sum_{i=1}^{n}\theta_i]$
k-out-of-n 시스템	λ	$\int_0^{\infty}\sum_{r=k}^{n}\binom{n}{r}(e^{-\lambda t})^r(1-e^{-\lambda t})^{n-r}dt$

3.2.3.1 교대재생과정(Alternating Renewal Process)

수리 가능 시스템의 확률밀도함수가 $w(t)$인 고장시간 분포와 확률밀도함수가 $g(t)$인 수리시간 분포를 갖는다고 가정하자. 시스템 고장시 초기 작동상태로 복귀하기 위해 수리되며, 이러한 고장과 수리과정이 반복되는 과정 또는 프로세스를 교대재생과정이라 한다. 재생과정의 밀도함수 $f(t)$는 w와 g의 컨벌루션(Convolution)으로 다음 식 (3.74)와 같다.

$$f^*(s)=w^*(s)g^*(s) \tag{3.74}$$

여기서, $f^*(s)$, $w^*(s)$, $g^*(s)$는 각각의 확률밀도함수에 대응하는 라플라스 변환식이다. 재생밀도함수의 라플라스 변환은 다음 식 (3.75)와 같다.

$$m^*(s) = \frac{f^*(s)}{1-f^*(s)} \tag{3.75}$$

식 (3.74)를 식 (3.75)에 대입하면 다음 식 (3.76)과 같다.

$$m^*(s) = \frac{w^*(s)g^*(s)}{1-w^*(s)g^*(s)} \tag{3.76}$$

만약 부품이 확률 $R(t)$로 $(0,t]$의 시간 동안 고장이 발생하지 않거나 마지막 수리가 시간 $x(0<x<t)$에 발생하였고, 확률 $\int_0^t R(t-x)m(x)dx$로 그 시간 동안 부품(시스템)이 적절하게 작동한다면 부품(시스템)은 시간 t에 작동할 것이다. 따라서 시간 t에서 부품(시스템)의 가용도는 두 확률 값의 합으로 다음 식 (3.77)과 같이 표현할 수 있다.

$$A(t) = R(t) + \int_0^t R(t-x)m(x)dx \tag{3.77}$$

위의 식 (3.77)의 라플라스 변환식은 다음 식과 같다.

$$A^*(s) = R^*(s)[1+m^*(s)] \tag{3.78}$$

식 (3.76)을 식 (3.78)에 대입하면 다음 식(3.79)와 같다.

$$A^*(s) = R^*(s)\left[1+\frac{w^*(s)g^*(s)}{1-w^*(s)g^*(s)}\right] = \frac{R^*(s)}{1-w^*(s)g^*(s)} \tag{3.79}$$

$R(t)=1-w(t)$이므로 $R^*(s)$는 다음과 같으며, $A^*(s)$는 다음 식 (3.80)과 같다.

$$R^*(s) = \frac{1-w^*(s)}{s}$$

$$A^*(s) = \frac{1-w^*(s)}{s[1-w^*(s)g^*(s)]} \tag{3.80}$$

$A^*(s)$의 라플라스 역(Inverse)을 점 가용도 $A(t)$라 한다. $A^*(s)$의 역의 표현은 종종 구하기 쉽지 않아서 대수적 해나 근사법으로 $A(t)$를 얻을 수 있다. 안정상태 가용도 A는 다음과 같이 계산된다.

$$A = \lim_{t\to\infty} A(t) = \lim_{s\to 0} sA^*(s)$$

s가 작을 때 $e^{-st} \cong 1-st$이 성립하며, $w^*(s)$는 다음 식과 같다.

$$w^*(s) = \int_0^\infty e^{-st} w(t)dt \cong \int_0^\infty w(t)dt - s\int_0^\infty tw(t)dt$$

$$w^*(s) = 1 - \frac{s}{\alpha}$$

여기서, $1/\alpha$는 MTBF(Mean Time Between Failure)를, $g^*(s) = 1-\frac{s}{\beta}$에서 $1/\beta$은 MTTR(Mean Time To Repair)를 각각 의미한다. 따라서 안정상태 가용도 A는 다음 식 (3.81)과 같이 $s\to 0$에 따른 극한값으로 구할 수 있다.

$$A = \lim_{s\to 0} \frac{1-(1-\frac{s}{\alpha})}{1-(1-\frac{s}{\alpha})(1-\frac{s}{\beta})} = \frac{\frac{1}{\alpha}}{\frac{1}{\alpha}+\frac{1}{\beta}} = \frac{MTBF}{MTBF+MTTR} \tag{3.81}$$

3.2.3.2 마코프 모델(Markov Models)

다음은 시스템에 대한 시간 의존적 신뢰도를 예측하기 위한 두 번째 접근방법이다. 마코프 모델을 이용한 접근법은 고장률과 수리율이 모두 일정할 때 유효하다. 고장률과 수리율이 시간 의존적일 때, 마코프 과정은 몇 개의 특별한 경우를 제외하고 분석이 가능하다. 본 절에서의 마코프 모델은 일정한 고장률과 수리율로 제한한다.

마코프 모델을 공식화하기 위해선 첫 번째 시스템의 모든 상호 배반적 상태의 정의가 필요하다. 예를 들면, 수리 불능 시스템이 2개의 상태를 가지는 경우 : 상태 $s_0 = x$, 시스템은 정상 작동하고, 상태 $s_1 = \overline{x}$, 시스템은 정상작동 하지 않음을 의미한다. 여기서, x는 시스템의 정상작동을, $\overline{x}$는 시스템의 부작동을 의미한다. 두 번째 시스템의 초기와 최종 상태를 정의하는 것이다. 예를 들면, 시스템의 초기상태는 $t=0$에서 신뢰도 $R_s(0)=1$를 갖고 정상 작동을 가정한다. 시스템은 시간이 무한대에 접근하면 결국 $R_s(\infty)=0$로 된다. 세 번째 시스템의 확률적 전이를 묘사하는 마코프 상태 방정식의 발전과 연관되어 있다. 그렇게 하기 위해서는, 시간간격 Δt에서 하나에서 다른 상태로의 전이확률은 $h(t)\Delta t$이다. 여기서 $h(t)$는 두 상태와 관련된 비율이고, $h(t)$는 고장률이 될 수 있다.

고장률 λ를 갖는 수리 불능 부품을 생각하자. 우리는 부품에 대한 시간-의존적 신뢰도에 관심이 있다. $P_0(t)$와 $P_1(t)$를 각각 부품이 시간 t에서 상태 s_0(정상작동)와 상태 s_1(부작동)인 확률로 정의하자. 시간 $t+\Delta t$에서 부품의 상태를 알아본다. 부품이 시간 $t+\Delta t$에서 상태 s_0에 있을 확률은 시간 t에서 상태 s_0에 있을 확률, $P_0(t)$ 곱하기 부품이 시간 Δt에서 고장나지 않을 확률, $1-\lambda\Delta t$ 더하기 부품이 시간 t에서 상태 s_1에 있을 확률, $P_1(t)$ 곱하기 부품이 Δt 동안 수리될 확률이다. 상태-전이 방정식을 정리하면 다음 식 (3.82)와 같이 표현할 수 있다.

$$P_0(t+\Delta t) = [1-\lambda\Delta t]\,P_0(t) + 0\,P_1(t) \tag{3.82}$$

마찬가지로, 부품이 시간 $t+\Delta t$에서 상태 s_1에 있을 확률은 다음 식 (3.83)과 같다.

$$P_1(t+\Delta t) = \lambda\Delta t P_0(t) + 1\,P_1(t) \tag{3.83}$$

전이확률 $\lambda\Delta t$는 시간 Δt(상태 s_0에서 s_1까지 변화)에서 고장확률이고, 상태 s_1에 남아있을 확률은 유일하다. 식 (3.82)와 식 (3.83)을 재정열하고, Δt로 나누

면 다음 식과 같다.

$$\frac{P_0(t+\Delta t)-P_0(t)}{\Delta t}=-\lambda P_0(t)$$

$$\frac{P_1(t+\Delta t)-P_1(t)}{\Delta t}=\lambda P_0(t)$$

위 방정식에서 $\Delta t \rightarrow 0$의 극한값을 취하면 다음 식 (3.84) 및 식 (3.85)를 얻을 수 있다.

$$\frac{dP_0(t)}{dt}+\lambda P_0(t)=0 \tag{3.84}$$

$$\frac{dP_1(t)}{dt}-\lambda P_0(t)=0 \tag{3.85}$$

초기상태 $P_0(t=0)=1$과 $P_1(t=0)=0$을 사용하면, 식 (3.84)는 다음과 같이 유도된다.

$$\frac{dP_0(t)}{dt}=-\lambda P_0(t)$$

$$\ln P_0(t)=-\int_0^t \lambda d\xi+c$$

$$P_0(t)=c_1\exp[-\int_0^t \lambda d\xi]$$

$P_0(t=0)=1$이고, $c_1=1$이므로 다음 식 (3.86)이 유도된다.

$$P_0(t)=e^{-\int_0^t \lambda d\xi} \tag{3.86}$$

λ가 일정하다고 가정하면 식 (3.86)은 다음과 같이 표현된다.

$$P_0(t) = e^{-\lambda t}$$

즉, 시간 t에서 부품의 신뢰도는 다음 식 (3.87)과 같이 정리된다.

$$R(t) = P_0(t) = e^{-\lambda t} \tag{3.87}$$

$P_1(t)$의 값은 $P_0(t) + P_1(t) = 1$인 조건으로 부터 다음 식 (3.88)을 얻을 수 있다.

$$P_1(t) = 1 - e^{-\lambda t} \tag{3.88}$$

다음은 수리 가능 부품에 대한 마코프 모델에 대해 알아본다. 부품은 일정한 고장률 λ를 갖고 부품 고장이 발생했을 때 수리율 μ로 수리된다고 가정하고, 수리 불능 부품과 유사하게 수리 가능 부품에 대한 2개의 상호 배반적 상태를 정의한다. 상태 s_0는 부품이 가동상태임을 나타내고, 상태 s_1은 부품이 불가동 상태를 나타낸다. 부품의 상태-전이 방정식은 다음 식 (3.89) 및 식 (3.90)으로 표현할 수 있다.

$$P_0(t + \Delta t) = [1 - \lambda \Delta t] P_0(t) + \mu \Delta t \, P_1(t) \tag{3.89}$$

$$P_1(t + \Delta t) = [1 - \mu \Delta t] P_1(t) + \lambda \Delta t \, P_0(t) \tag{3.90}$$

식 (3.89)와 식 (3.90)을 다시 표현하면 다음 식 (3.91)과 식 (3.92)와 같이 표현할 수 있다.

$$\frac{dP_0(t)}{dt} = \dot{P}_0(t) = -\lambda P_0(t) + \mu P_1(t) \tag{3.91}$$

$$\frac{dP_1(t)}{dt} = \dot{P}_1(t) = -\mu P_1(t) + \lambda P_0(t) \tag{3.92}$$

이 방정식들의 해는 라플라스 변환과 초기조건 $P_0(0)=1$을 이용하여 다음 식 (3.93)과 식 (3.94)를 얻을 수 있다.

$$sP_0(s)-P_0(0)=-\lambda P_0(s)+\mu P_1(s) \tag{3.93}$$

$$sP_1(s)=-\mu P_1(s)+\lambda P_0(s) \tag{3.94}$$

식 (3.94)로부터 $P_1(s)$는 다음 식과 같이 표현할 수 있다.

$$P_1(s)=\frac{\lambda}{s+\mu}P_0(s)$$

$P_0(s)$를 구하기 위해 식 (3.93)을 대입하면 다음 식 (3.95)를 유도할 수 있다.

$$P_0(s)=\frac{s+\mu}{s(s+\lambda+\mu)} \tag{3.95}$$

식 (3.95)는 다음 식 (3.96)과 같이 유도되고,

$$P_0(s)=\frac{\frac{\mu}{\lambda+\mu}}{s}+\frac{\frac{\lambda}{\lambda+\mu}}{(s+\lambda+\mu)} \tag{3.96}$$

식 (3.96)을 변환하면 다음 식 (3.97)과 같다.

$$P_0(t)=\frac{\mu}{\lambda+\mu}+\frac{\lambda}{\lambda+\mu}e^{-(\lambda+\mu)t} \tag{3.97}$$

물론, $P_0(t)$는 시간 t에서 부품의 가용도이다. 비가용도 $\overline{A}(t)$는 다음 식 (3.98)과 같다.

$$\overline{A}(t) = 1 - P_0(t) = P_1(t) = \frac{\lambda}{\lambda+\mu} - \frac{\lambda}{\lambda+\mu} e^{-(\lambda+\mu)t} \tag{3.98}$$

라플라스 변환을 이용한 상태 전이 방정식의 해를 얻기는 어려울 수 있으나, 대수적으로 계산이 가능하다. 다음 일반적인 라플라스 변환에 대한 내용이다.

참고로 일반적인 라플라스 변환식은 다음 식과 같이 정의된다.

$$L\{f(t)\} = \int_0^\infty e^{-st} f(t)dt = f^*(s) \tag{3.99}$$

일반적으로 많이 사용되는 예는 다음과 같고,

$$L\{1\} = \int_0^\infty e^{-st} \cdot 1dt = -\frac{1}{s} e^{-st}]_0^\infty = \frac{1}{s}$$

$$L\{c\} = \int_0^\infty e^{-st} \cdot cdt = -\frac{c}{s} e^{-st}]_0^\infty = \frac{c}{s}$$

$$L\{cf(t)\} = \int_0^\infty e^{-st} \cdot cf(t)dt = c\int_0^\infty e^{-st} \cdot f(t)dt = c\, f^*(s)$$

$$L\{ct\} = \int_0^\infty e^{-st} \cdot ctdt = \int_0^\infty cte^{-st}\, dt = -\frac{ct}{s} e^{-st}]_0^\infty + \int_0^\infty \frac{c}{s} e^{-st}\, dt = -\frac{c}{s^2} e^{-st}]_0^\infty = \frac{c}{s^2} = f^*(st)$$

$$L\{e^{-\lambda t}\} = \int_0^\infty e^{-st} \cdot e^{-\lambda t}\, dt = \int_0^\infty e^{-(\lambda+s)t}\, dt = -\frac{1}{\lambda+s} e^{-(\lambda+s)t}]_0^\infty = \frac{1}{\lambda+s}$$

계산을 위해 주로 많이 사용되는 편리한 식과 이를 증명한 내용은 다음과 같다.

$$L\{\int_0 f(t-u)g(u)du\} = \int_0^\infty e^{-st} \int_0 f(t-u)g(u)dudt \tag{3.100}$$

$$let,\ e^{-st} \to e^{-s(t+u-u)} \to e^{-su-s(t-u)}$$

$$let,\ y = t-u, \quad t \to u,\ then\ y \to 0,\ t \to \infty,\ then\ y \to \infty,\ dy = dt$$

$$= \int_0^\infty e^{-su} g(u) \int_0^\infty e^{-s(t-u)} f(t-u)dtdu$$

$$= \int_0^\infty e^{-su} g(u)[\int_0^\infty e^{-sy} f(y)dy]du = f^*(s)\int_0^\infty e^{-su} g(u)du = f^*(s) \cdot g^*(s)$$

$$\therefore \quad L\{\int_0 f(t-u)g(u)du\} = f^*(s) \cdot g^*(s)$$

3.2.4 가용도

가용도는 신뢰도와 정비도를 포함하고 있기 때문에 시스템의 가장 중요한 측정치 중의 하나이다. 가용도의 중요성은 제조업자와 시스템 규격에서 가용도 값을 설명하기 위해 시스템의 사용자를 고무시켜 왔다. 예를 들면, 은행이나 재무기관을 이용하는 컴퓨터 플레임 제조업자는 그들의 시스템에 대한 가용도 값을 보장해야 한다. 본 절에서는 서로 다른 가용도 형태와 추정치를 얻기 위한 방법론을 소개한다.

가용도는 시간 간격 또는 비가동시간(수리와 정비)의 유형에 따라 분류된다. 시간-간격 가용도는 순간 가용도, 평균 가동시간 가용도, 안정 상태 가용도를 포함하며, 비가동시간에 따른 가용도의 분류는 고유 가용도, 성취 가용도, 운용 가용도로 분류할 수 있다[78].

3.2.4.1 순간 가용도(Instantaneous Availability), $A(t)$

순간 가용도는 임의의 시간 t에서 시스템이 작동할 확률이다. 순간 가용도는 다음 식 (3.101)을 이용한 교대 재생 과정에 의해 생성된 상태를 갖는 시스템으로 추정할 수 있다.

$$A^*(s) = \frac{1-w^*(s)}{s[1-w^*(s)g^*(s)]} \tag{3.101}$$

여기서, $w^*(s)$와 $g^*(s)$는 각각 고장시간과 수리시간 분포의 라플라스 변환 값이다.

고장률과 수리율이 일정할 때, 가용도는 상태 전이 방정식을 이용하여 얻을 수 있다. 고장률과 수리율이 시간 의존적일 경우, $A(t)$는 Semi-Markov 상태-전이 방정식이나 근사법을 이용하여 추정할 수 있다.

3.2.4.2 평균 가동시간 가용도(Average Up-Time Availability), $A(t)$

많은 응용사례를 살펴보면, 시스템이 작동 가능한 특정시간구간 $(0, T)$에서 시간에 비례한 기간을 요구하는 가용도를 분류하는데, 이와 같은 가용도를 평균 가동시간 가용도라 정의하고, 다음 식 (3.102)와 같이 표현된다.

$$A(T) = \frac{1}{T}\int_{0}^{T} A(t)dt \tag{3.102}$$

$A(T)$는 식 (3.102)를 이용하여 $A(t)$를 시간의 함수로 표현하여 구하거나, 상태 전이 방정식을 대수적으로 풀고 시간구간 T에 대해 상태 확률을 모두 더하여 구하거나, 모든 상태들의 확률에 대한 함수를 만들고 이 함수들을 위의 식에 대입하여 구할 수 있다.

3.2.4.3 안정상태 가용도(Steady-State Availability), $A(\infty)$

안정상태 가용도는 시간 구간이 매우 광범위할 때 사용되는 가용도로 다음 식과 같이 주어진다.

$$A(\infty) = \lim_{T \to \infty} A(T) \tag{3.103}$$

안정상태 가용도는 $P_i(t) = 0$, $i = 0, 1, \cdots$로 가정한 시스템의 상태 전이 방정식으로부터 구할 수 있다.

다음은 가용도 계산에 대한 예제이다. 우선 고장시간 분포는 모수 λ인 지수분포 w(t) = λ exp(λt)를 따르고, 수리시간 분포는 모수 μ인 지수분포 g(t) = μ exp(μt)를 따른다고 가정하자. 이들 분포함수의 라플라스 변환식은 다음과 같다.

$$w^*(s) = \frac{\lambda}{\lambda + s}, \quad g^*(s) = \frac{\mu}{\mu + s}$$

가용도 A(t)의 라플라스 변환식 $A^*(s)$은 다음과 같다.

$$A^*(s)=\frac{1}{s}\frac{1-w^*(s)}{1-w^*(s)g^*(s)}=\frac{1}{s}\frac{1-\dfrac{\lambda}{\lambda+s}}{1-\dfrac{\lambda}{\lambda+s}\cdot\dfrac{\mu}{\mu+s}}=\frac{1}{s}\frac{s}{\lambda+s-\lambda\cdot\dfrac{\mu}{\mu+s}}=\frac{\mu+s}{(\lambda+s)(\mu+s)-\lambda s}=\frac{\mu+s}{s\mu+s\lambda+s^2}$$

$$=\frac{1}{s}\frac{\mu+s}{(\mu+\lambda)+s}:\ [\frac{a}{s}+\frac{b}{(\mu+\lambda)+s}]=\frac{\dfrac{\mu}{\lambda+\mu}}{s}+\frac{\dfrac{\lambda}{\lambda+\mu}}{(\mu+\lambda)+s}$$

위의 라플라스 변환식을 원래 가용도 A(t)로 변환하면 다음 식과 같다.

$$A(t)=\frac{\mu}{\lambda+\mu}+\frac{\lambda}{\lambda+\mu}e^{-(\lambda+\mu)t}$$

여기서, t → 0로 접근시키면 A(t)=1 이 성립하고, t → ∞로 접근시키면 다음 〈그림 3.9〉와 같이 A(t)= $\frac{\mu}{\lambda+\mu}$로 수렴함을 알 수 있다.

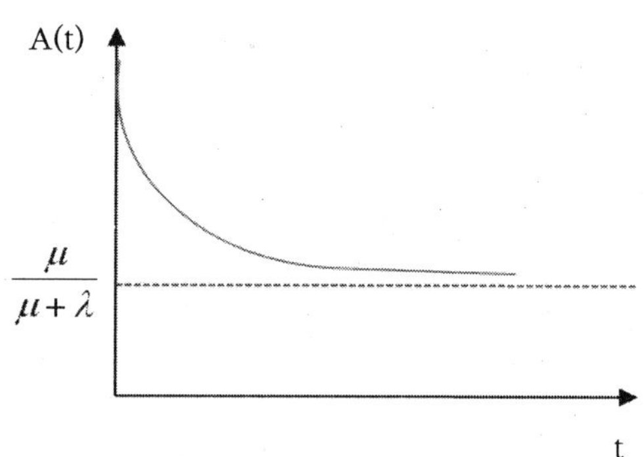

〈그림 3.9〉 가용도 A(t)

3.2.4.4 고유 가용도(Inherent Availability), A_i

고유 가용도는 단지 교정정비(고장난 부품의 수리 및 교환에 소요된 시간)만 고려하고, 준비시간, 예방정비로 인한 불가동 시간, 보급기간, 대기시간 및 행정기간 등은 제외하며, 다음 식 (3.104)와 같이 표현된다.

$$A_i = \frac{MTBF}{MTBF + MTTR} \tag{3.104}$$

고유 가용도는 안정상태에서 수리시간이 교정정비시간인 경우에 안전상태 가용도와 동일하다.

3.2.4.5 성취 가용도(Achieved Availability), A_a

성취 가용도는 교정정비와 예방정비로 인한 불가동 시간을 포함하는데 정비주기와 평균정비시간의 함수로 표현되며, 다음 식 (3.105)와 같다.

$$A_a = \frac{MTBM}{MTBM + M} \tag{3.105}$$

여기서, MTBM은 정비간 평균시간이고, M은 교정정비와 예방정비로 인한 평균정비대기 시간이다[78].

3.2.4.6 운용 가용도(Operational Availability), A_o

수리시간은 대기시간, 보급시간, 대기 및 행정시간 등을 포함한 정비와 수리에 대한 직·간접 시간 등 많은 요소들을 포함하므로 운용 가용도는 가용도 측정에 더욱 적절하며, 다음 식 (3.106)과 같이 표현된다.

$$A_o = \frac{MTBM + readytime}{(MTBM + readytime) + MDT} \tag{3.106}$$

여기서, ready time = operational cycle - (MTBM + MDT)이고, 평균 지연시간 MDT는 M + 지연시간과 같다.

3.2.5 중복과 예비

앞서 종속결합을 갖는 시스템에 대한 신뢰도 분석 접근법을 설명하였다. 부품 중 하나가 병렬 결합으로 연결되었을 때, 살아남은 부품의 고장률은 영향을 받게 된다. 고장 의존성의 다른 종류로, 부품 결합이 발생하고 예비 부품이 고장률의

영향 없이 고장난 부품을 대체하는 것이다.

시스템(또는 부품)의 신뢰도는 중복이나 예비 시스템(또는 부품)을 사용하여 향상시킬 수 있다. 공학적으로 안전이라는 측면에서 중복 개념은 많이 활용된다. 안전수준이 높을수록 중복수준도 많아지는데, 이 개념의 예로 교량용 지지 케이블을 들 수 있다. 케이블은 특정 패턴으로 구성된 수천개의 와이어로 구성된다. 와이어의 수는 교량의 정적 하중, 바람 효과, 최대 동적 하중 등으로 결정된다. 만일 2배의 안전수준이 요구될 경우, 와이어의 수는 최대설계하중의 2배로 결정될 것이다. 이는 시스템의 중복 설계를 의미한다. n개의 와이어를 갖는 케이블의 신뢰도는 $k-out-of-n$ 시스템에 설명된 절차에 따라 계산할 수 있다.

부품이 병렬로 연결되거나 대형트럭의 타이어 수와 같은 명백한 중복의 예는 많다. 이 경우에 하나 이상 부품(또는 타이어)의 결함이 시스템 전체의 고장을 야기하지는 않는다. 중복은 또한 시스템 중복(자동차 제동장치가 항상 작동하는 2개의 중복 제동시스템인 것처럼 같은 기능을 수행하는 하나 이상의 시스템을 갖는 것)에 의해서도 이룰 수 있다. 이처럼 중복은 활성과 비활성으로 구분하는데, 중복 시스템이 계속적으로 동력을 받아 부하의 일부를 공유할 때 활성 중복이라 하고, 주요 시스템이 고장나지 않는 한 중복 시스템이 어떠한 기능도 수행하지 않는 경우를 예비 중복이라 한다. 고장유형에 따라 다음과 같이 분류한다.

- Hot Standby : 예비 부품은 주요 부품과 동일한 고장률을 갖는다. 한 부품의 결함율은 다른 부품에 영향을 미치지 않으므로, Hot Standby 중복은 독립 부품으로 이루어진다[57].
- Cold Standby : 예비 부품은 대기상태일 때 고장나지 않는다. 주요 부품의 고장은 예비 부품이 주요 부품이 되게 하고 결함율은 비영(nonzero)이 된다.
- Warm Standby : 예비 부품은 주요 부품 보다 작은 고장률을 갖지만 0 보다는 크다.

주요 부품의 고장률이 λ이면, Hot Standby 부품의 고장률은 $\lambda_{hot}=\lambda$, Cold Standby의 고장률은 $\lambda_{\text{cold}}=0$, Warm Standby의 고장률은 $\lambda_{warm}<\lambda$이 성립한다.

중복과 예비 시스템을 또한 수리가능과 수리불능으로 분류할 수 있다. 수리불능 시스템은 위성과 집적회로의 장치 등이, 수리가능 시스템은 전력 발전기, 자동차 제동시스템, 항공기 제트엔진 등이 있다. 수리가능 예비 시스템에서, 주요 부품이 고장났을 때 수리가 행해지고 예비 부품은 주요 부품의 기능을 수행하게 된다. 예비 중복의 결정은 제품 신뢰도를 보장해야 하므로 개발 초기에 이루어지는데 세가지 중요한 가정사항으로는 제공 가능한 예비부품의 수, 활성 과정의 효율성, 비사용시 예비 부품의 상태를 들 수 있다[95].

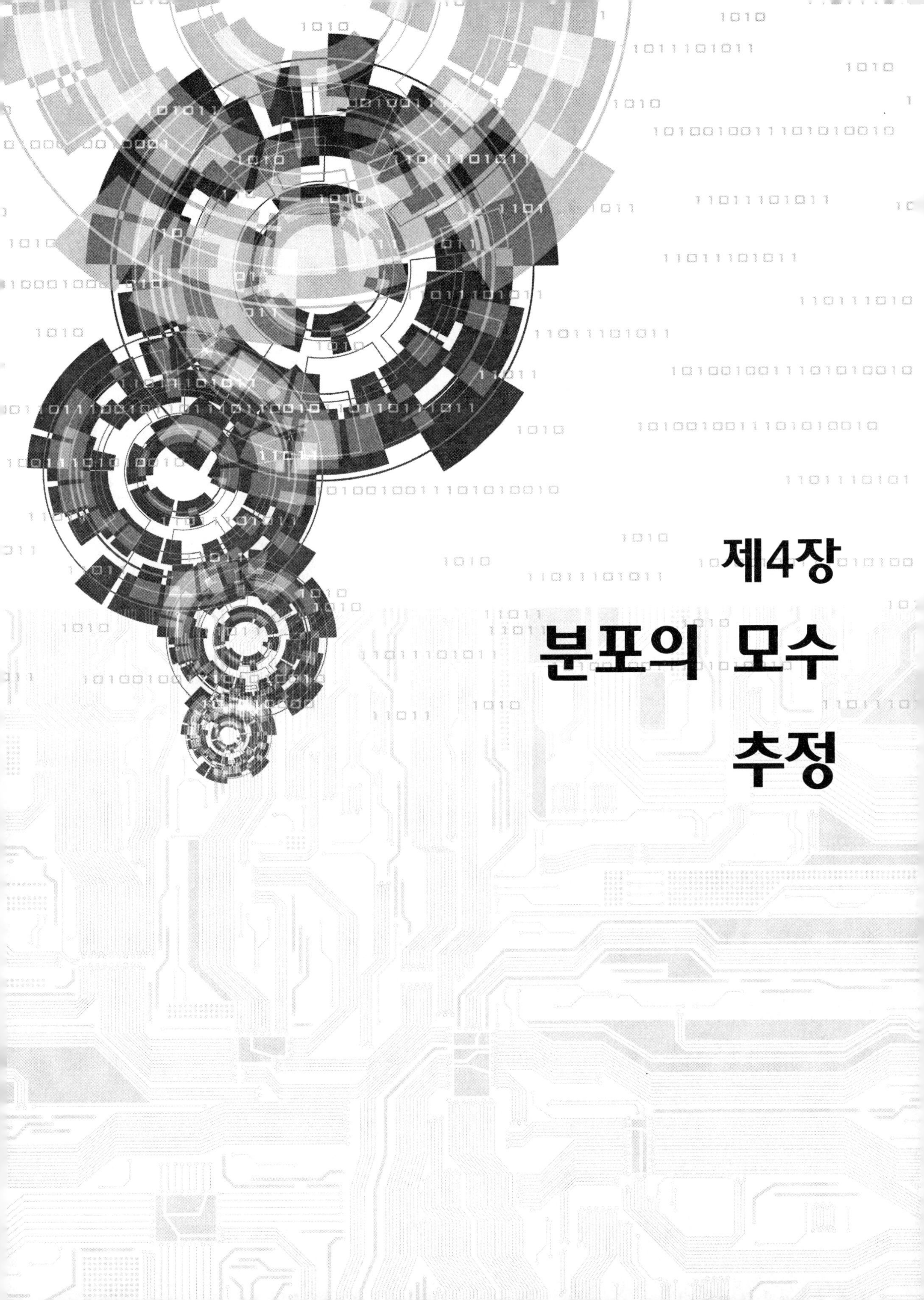

제4장

분포의 모수 추정

제4장 분포의 모수 추정

System Reliability

신뢰도 추정시 시스템이나 부품의 고장시간 분포에 대한 지식이 필요하다. 또한 가속수명시험에 관련된 시스템이나 부품의 평균고장시간이나 신뢰도를 예측하기 위해서는, 실험에 관계된 모집단의 고장시간에 대한 확률분포의 모수를 추정해야 한다. 모수 추정의 정확성은 표본크기와 모수추정에 사용되는 방법론에 좌우된다. 모집단의 모수를 추정하기 위해 사용되는 표본으로부터 계산되는 통계량을 추정량이라 한다. 좋은 추정량은 다음의 특성을 갖는다.

- 불편성 : $E[\hat{\theta}]=\theta$이면 추정량 $\hat{\theta}$은 모수 θ에 대한 불편 추정량이다. 즉, 불편 추정량은 모수의 가치를 과소 또는 과대 추정하면 안된다.
- 일치성 : 일치 추정량은 불편하고 표본크기가 증가함에 따라 점점 모집단의 모수에 근접한 값을 갖게 된다. 즉, 표본크기(n)이 무한대로 갈수록 에러 ϵ가 0에 근접하면, 추정량 $\hat{\theta}$은 θ에 대한 일치 추정량이다.
  $P[|\hat{\theta}-\theta|>\epsilon]\to 0 \; as \; n\to\infty$, for any fixed positive ϵ
- 유효성 : 유효 추정량은 표준편차가 같은 모집단의 모수에 대한 다른 추정량은 표준편차 보다 적은 일치 추정량이다. 상대 유효성은 $V(\hat{\theta}_2)/V(\hat{\theta}_1)$, 여기서 $V(\hat{\theta}_1)$과 $V(\hat{\theta}_2)$는 같은 모집단의 모수에 대한 두 추정량 $\hat{\theta}_1$, $\hat{\theta}_2$의 분산이다. 좋은 추정량은 작은 분산을 갖는다.
- 충분성 : 충분 추정량은 표본이 가지고 있는 모수에 대한 모든 정보를 이용하는 추정량이다.

모집단의 모수를 추정하는 통계량을 θ에 대한 점 추정량이라 하고 $\hat{\theta}$으로 표기한다. 가장 보편적으로 모집단의 모수를 추정하는 방법은 모멘트법, 최대우도법, 최소자승법이다. 이것은 데이터의 질에 상관없이 모수의 추정이 가능하다. 이는 엔지니어가 비정상적인 단락이나 비정상적으로 긴 고장 시간과 같은 이상치를 체크해야 함을 의미한다. 모수추정방법에 앞서 먼저 데이터를 수집하는 형태에 대

하여 알아본다. 데이터의 수집 방법 중 여기서는 정시중단(Type I Censoring)과 정수중단(Type II Censoring)의 두가지 방법을 소개하고 모수추정방법, 최대우도법에 의한 각종분포에 대한 모수추정방법을 제시한다.

4.1 중단의 종류(Type of Censoring)

4.1.1 정시중단(Type I Censoring)

일정시간 T동안 n개의 unit이 시험에 투입되어 시험을 실시하여 결함이 발생한 고장시간(t_1, t_2, …, t_r $\le$ T)을 기록한다. 여기서 t_i는 i번째 unit의 결함이 발생한 시간을 의미한다. 시험은 시간 T에서 종료되고 여기까지 r개의 unit의 결함이 관측되었다고 하면 n-r개 unit은 결함이 발생하지 않음을 의미한다. 다음 그림은 정시중단의 경우를 보여주고 있다.

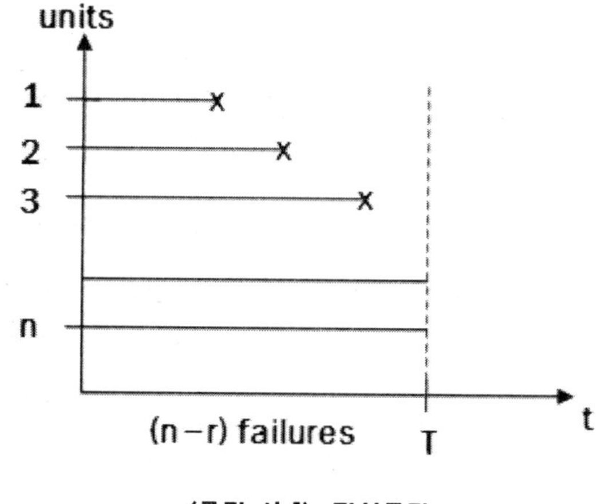

〈그림 4.1〉 정시중단

여기서, r은 고장 발생회수를 나타내는 확률변수이고 시험시간에 영향을 받는다. 만일 고장 발생이 없다면 실제로 분석은 불가하고 적어도 시험기간 중 약간의 고장이 발생하여야 분석이 가능하다.

4.1.2 정수중단(Type II Censoring)

n개의 unit이 시험에 투입되어 시험을 실시하여 결함이 발생한 unit의 고장시간을 기록한다. 이 경우 시험은 다음 그림에서 보는 바와 같이 r개의 고장이 발생

하면 t_r(r번째 고장이 발생한 시간)에서 시험을 중단한다.

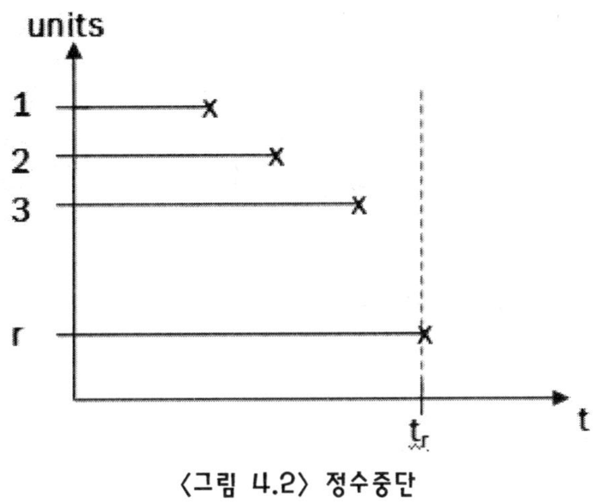

〈그림 4.2〉 정수중단

이러한 중단의 종류에 따라 다음에 설명 할 분포의 모수를 추정하는데 차이가 발생하므로 데이터 기록 및 방법에 따라 추정치가 다를 수 있다.

4.2 모수추정방법

4.2.1 모멘트법(The Method of Moments)

모멘트법은 평균과 분산과 같은 특정 표본 성질과 상응하는 모집단의 기대값을 같게 한 후에 알지 못하는 모수값의 추정치를 얻기 위해 결과 방정식을 푸는 것이다.

$x_1, x_2, \cdots, x_n$이 데이터 집합을 나타내면, k번째 표본 모멘트는 다음 식과 같다.

$$M_k = \frac{1}{n}\sum_{i=1}^{n} x_i^k \tag{4.1}$$

$\theta_1, \theta_2, \ldots, \theta_m$이 모집단의 모수라고 하면, 모멘트 추정량 $\widehat{\theta_1}, \widehat{\theta_2}, \ldots, \widehat{\theta_m}$은 처음 m개 모집단 모멘트에 상응하는 처음 m개 표본 모멘트를 등식화하고 $\theta_1, \theta_2, \ldots, \theta_m$에 대해 풀면 구할 수 있다.

x_1, x_2, …, x_n이 모수 λ를 갖는 지수분포의 임의 표본을 나타낸다고 가정할 때 지수분포의 모수 λ의 추정치를 구하면 다음과 같다.

지수분포의 확률밀도함수 및 확률변수의 기대값은 다음과 같다.

$$f(x) = \lambda e^{-\lambda x}$$
$$E[X] = \frac{1}{\lambda}$$

표본의 모멘트를 사용하면 다음 식과 같고,

$$M_1 = \frac{\sum_{i=1}^{n} x_i}{n} = E[X] = \frac{1}{\lambda}$$

그러므로 지수분포의 모수 λ의 추정치는 다음과 같이 계산할 수 있다.

$$\hat{\lambda} = \frac{n}{\sum_{i=1}^{n} x_i}$$

모멘트법은 분포를 알고 있을 때, 고장시간 분포의 모수를 추정하는 간단한 방법이다. 분포가 치우침이 없이 대칭이고 고장시간이 중단됨이 없을 때 모수 추정에 대한 오차는 최소화된다.

분포의 모수를 점 추정한 후에 추정된 모수가 모집단의 참값에 얼마나 근사했는지 알기 위해 신뢰구간을 결정해야 한다. 이는 모수의 참값이 $1-\alpha$ 구간에 있을 확률을 형성하는 낮은 신뢰한계(LCL)와 높은 신뢰한계(UCL)로 구분하여 정의한다. 여기서, α는 유의순준을 나타낸다. 모수 θ가 이 구간에 포함될 확률은 다음 식과 같이 표현할 수 있다.

$$P[LCL \le \theta \le UCL] = 1-\alpha \tag{4.2}$$

임의 추출한 표본인 x_1, x_2, …, x_n 이 평균 μ와 분산 σ^2을 갖는 모집단으로부터 얻어진다고 가정하자. $\bar{x}$를 μ의 점 추정량이라 하자. n이 충분이 크다면

$(n \geq 30)$, $\overline{x}$는 평균 μ와 분산 σ^2/n을 갖는 정규분포나 표준정규분포를 따르게 된다.

$$Z = \frac{\overline{x} - \mu}{\sigma/\sqrt{n}}$$

표준정규분포 표를 이용하여 모든 α에 대해 $Z_{\alpha/2}$의 값을 구할 수 있다.

$$P[-Z_{\alpha/2} \leq Z \leq + Z_{\alpha/2}] = 1 - \alpha$$

위의 수식을 다시 정리하면 다음과 같다.

$$\begin{aligned} 1 - \alpha &= P\left[-Z_{\alpha/2} \leq \frac{\overline{x} - \mu}{\sigma/\sqrt{n}} \leq + Z_{\alpha/2}\right] \\ &= P\left[-Z_{\alpha/2}\frac{\sigma}{\sqrt{n}} \leq \overline{x} - \mu \leq + Z_{\alpha/2}\frac{\sigma}{\sqrt{n}}\right] \\ &= P\left[\overline{x} - Z_{\alpha/2}\frac{\sigma}{\sqrt{n}} \leq \mu \leq \overline{x} + Z_{\alpha/2}\frac{\sigma}{\sqrt{n}}\right] \end{aligned}$$

그러므로 유의수준 α가 주어지면, 다음 식과 같이 μ의 신뢰구간을 계산할 수 있다.

$$\left(\overline{x} - Z_{\alpha/2}\frac{\sigma}{\sqrt{n}}\ ,\ \overline{x} + Z_{\alpha/2}\frac{\sigma}{\sqrt{n}}\right)$$

4.2.2 우도함수(The Likelihood Function)

확률분포의 모수를 추정하는 방법 중 널리 사용되는 방법은 우도함수에 기초한 것이다. 이 방법은 통계적 추론의 기본적 역할을 하고 많은 실제 문제에 적용된다. 먼저 우도함수의 개념에 대해 알아보고, 최대우도법에 대한 설명을 한다.

15개 임의 제품에 대한 표본으로 결함품을 검사하고 제품의 품질을 관리하는 제조업자를 생각해 보자. 모수 θ가 전 제품에 대한 결함품의 비율이라 가정하고, 표본 내 x개 결함품을 가질 확률은 다음과 같이 이항분포를 따르게 된다.

$$P(x) = \binom{15}{x} \theta^x (1-\theta)^{15-x} \qquad x = 0, 1, ..., 15$$

표본 내 2개의 결함품을 가질 확률은 다음 식과 같다.

$$P(2) = \binom{15}{2} \theta^2 (1-\theta)^{13}$$

이 확률은 θ의 함수이고 다양한 θ값에 따른 확률 P(2)의 도해는 우도함수를 나타내는 것으로 다음 〈그림 4.3〉과 같다. 확률 P(2)와 모수 θ값은 다음 〈표 4.1〉과 같다. 우도함수는 미지의 모수에 대한 함수로서 관측된 표본의 결합확률이라 추론할 수 있다.

〈표 4.1〉 θ 와 P(2) 값

θ	P(2)	θ	P(2)
0.02	0.0323	0.22	0.2010
0.04	0.0988	0.24	0.1707
0.06	0.1691	0.26	0.1416
0.08	0.2273	0.28	0.1150
0.10	0.2669	0.30	0.0916
0.12	0.2870	0.32	0.0715
0.14	0.2897	0.34	0.0547
0.16	0.2787	0.36	0.0411
0.18	0.2578	0.38	0.0303
0.20	0.2309	0.40	0.0219

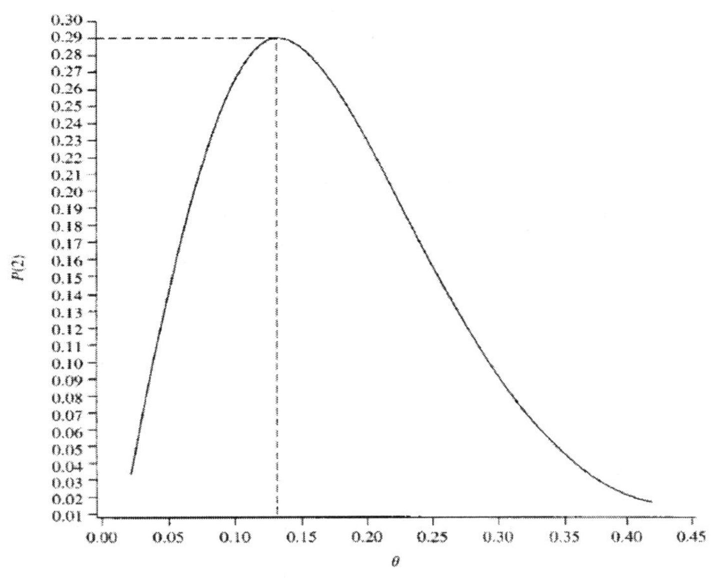

〈그림 4.3〉 θ 에 따른 P(2) 값 도해

표본크기가 매우 큰 상황에서, 함수 자체를 계산하는 것 보다 우도함수의 로그 값을 계산하는 것이 더 편리하다. 그러므로 우도는 독립인 이벤트의 확률을 곱하고 로그의 상수 부분을 제거한 함수의 로그를 고려함으로써 구할 수 있다.

위의 예는 우도함수가 이산확률분포의 경우이고, 연속확률분포로부터 얻은 관측치에 대한 우도함수는 이산확률분포의 경우와 같은 방식을 사용한다.

단일 모수 θ인 p.d.f $f(x, \theta)$를 갖는 분포가 있고, 관측된 결과는 $x_1, x_2, ..., x_n$이라 가정하자. 연속인 임의 변수에 대해, 모든 x에 대해 정확히 x를 얻을 확률은 0이다. 하지만, 관측치 x가 x를 중심으로 구간 dx 내에 발생할 확률은 $f(x, \theta)dx$이다. 만약 $x_1, x_2, ..., x_n$이 독립이면, 우도함수는 다음 식과 같다[104].

$$l(\theta) = \prod_{i=1}^{n} f(x_i, \theta)\, dx_i \qquad (4.3)$$

$dx_1, dx_2, ..., dx_n$ 항의 곱은 θ에 독립이므로, 식 (4.3)을 다시 쓰면 다음 식을 얻을 수 있다.

$$l(\theta) = K\prod_{i=1}^{n} f(x_i, \theta) \tag{4.4}$$

다음은 최대 우도법(The Method of Maximum Likelihood)에 대한 설명이다. 일반적으로 우도함수는 분포 모수의 특정값에서 최대값을 갖는 특성이 있다. 모수에 대한 이러한 값은 다른 값들 보다 좀 더 관측 데이터에 근사하게 된다. 만일 분포에 대한 추정치로서 모수에 대한 단일값이 요구된다면, 우도의 최대값을 주는 모수의 값은 가장 좋은 추정치가 될 것이다.

다음은 우도함수를 사용하여 모수의 가장 좋은 추정치를 찾는 절차이다. 우선 관측치에 대하여 우도함수를 만들고 이에 대한 로그 방정식을 구하면 된다. 이 방정식을 찾고자 하는 모수에 대해 미분하여 결과값을 0로 하는 모수를 찾으면 된다. 이 방정식을 풀면 우도함수를 최대화하는 모수의 가장 좋은 추정치를 얻을 수 있다.

주의할 점은 우도함수의 로그 방정식을 얻기 위해 모든 경우가 필요한 것은 아니다. 가능하다면 우도함수 그 자체는 로그 방정식으로 재분류 없이 최대화가 가능하다.

또한 최대 우도 추정치를 찾기 위해 모수에 대한 우도함수의 로그값의 미분을 구해 0으로 놓고 결과식을 계산하였지만. 불행히도, 모수를 추정하는데 가끔 폐쇄형의 표현식을 얻을 수 없으므로 다음과 같은 다른 방법론을 적용해야 한다[104].

1) 우도법의 변화도 : 이 방법론은 미지의 모수(θ)가 1개일 때 매우 유효하다. 다양한 θ값에 대해 $dL/d\theta$를 계산하고 θ의 추정치에 θ축과 교차($dL/d\theta = 0$)하는 직선을 구하기 위해 θ에 따른 $dL/d\theta$값을 도시한다. 이러한 직선을 그리기 위해 3회 또는 4회 이상의 계산이 요구된다. 직선의 기울기는 θ에 대한 우도함수의 2차 미분($d^2L/d\theta^2$)이고, 이는 추정량의 분산에 대한 추정치가 된다.
2) 뉴톤의 반복법 : 뉴톤의 반복법은 $f(x) = 0$의 근을 찾기 위한 방법론이다. 이 방법론은 θ에 대한 우도함수 로그값의 미분값을 계산하기 위하여 다음과 같이 활용할 수 있다.

$$f(x) = \left\{\frac{dL}{d\theta}\right\}_{\theta=0} = 0 \tag{4.5}$$

만약 $\widehat{\theta_1}$이 θ의 개략적인 추정치이면, $\widehat{\theta_1}$에 대한 식 (4.5)의 테일러 전개를 이용하면 다음 식과 같으며,

$$\left\{\frac{dL}{d\theta}\right\}_{\hat{\theta}} = \left\{\frac{dL}{d\theta}\right\}_{\widehat{\theta_1}} + (\hat{\theta} - \widehat{\theta_1})\left\{\frac{d^2L}{d\theta^2}\right\}_{\widehat{\theta_1}} + \dots = 0 \tag{4.6}$$

만약 $\widehat{\theta_1}$이 $\hat{\theta}$에 충분히 근접했다면, 식 (4.6) 전개식의 고차항은 무시할 수 있으므로,

$$\left\{\frac{dL}{d\theta}\right\}_{\widehat{\theta_1}} + (\hat{\theta} - \widehat{\theta_1})\left\{\frac{d^2L}{d\theta^2}\right\}_{\widehat{\theta_1}} \cong 0 \tag{4.7}$$

새로운 $\widehat{\theta_2}$의 추정치는 다음과 같이 구할 수 있다.

$$\widehat{\theta_2} = \widehat{\theta_1} - \left\{\frac{dL}{d\theta}\right\}_{\widehat{\theta_1}} / \left\{\frac{d^2L}{d\theta^2}\right\}_{\widehat{\theta_1}} \tag{4.8}$$

위 표현식을 모수의 추정치가 수렴할 때까지 반복적으로 사용할 수 있다. 수렴율은 $\widehat{\theta_1}$의 초기값에 대한 선택에 좌우된다. 불행히도, 우수한 $\hat{\theta}$의 초기 추정량을 제공하는 일반적 방법론은 없지만 로그 우도함수의 개략적인 도해는 $\widehat{\theta_1}$에 대한 적절한 초기값을 제공할 수 있다.

최대 우도 추정량은 일치성, 유효성, 불편성을 갖는다. 추정량의 치우침은 관측수가 많으면 줄어든다. 이 방법론은 단일 모수의 분포에 대한 간단한 계산을 요구하지만 2개 이상의 모수 분포에 대해서는 복잡한 계산을 요구한다.

최대 우도 추정량(MLE)의 주요 장점 중에 하나는 피셔 정보행렬(또는 헤르시안 행렬)을 구성하는데 사용되는 우도함수의 로그값을 구할 수 있다는 것이다. 역행

렬은 잘 알려진 분산-공분산 행렬이다.

정보행렬을 만드는 절차를 소개하기 전에, 분산-공분산 행렬(또는 간단히 공분산 행렬)의 정의가 필요하다. $X_1, X_2, ..., X_k$ 가 확률밀도함수 $f(x, \theta_0)$ 내의 k개의 서로 동일하고 독립인 임의의 변수라 하면, 공분산 행렬을 다음과 같이 정의된다(여기서, θ_0는 k개의 부품을 갖는 θ의 참값이다).

$$\begin{bmatrix} Var(\theta_1) & Cov(\theta_1,\theta_2) & Cov(\theta_1,\theta_3) \ldots & Cov(\theta_1,\theta_k) \\ Cov(\theta_1,\theta_2) & Var(\theta_2) & Cov(\theta_2,\theta_3) \ldots & Cov(\theta_2,\theta_k) \\ \vdots & & & \vdots \\ Cov(\theta_1,\theta_k) & Cov(\theta_2,\theta_k) & \ldots \quad \ldots & Var(\theta_k) \end{bmatrix}$$

여기서, $Cov(\theta_i,\theta_j)$는 θ_i와 θ_j의 공분산이고, $Var(\theta_i)$는 θ_i의 분산이다. 이 공분산 행렬은 다음과 같은 정보행렬로부터 구할 수 있다.

본 장에서 언급했듯이, 데이터의 표본크기가 증가할수록 MLE의 변의도 줄어들고, 점근적으로 불편의 해지게 된다. 즉,

$$\lim_{n\to\infty} E\left[\hat{\theta}_i\right] = \theta_i, \qquad i = 1, 2, ..., k$$

추정량의 점근적 분산과 공분산을 찾기 위해, 먼저 주어진 표본에서 관측된 임의 변수의 우도함수로 간주되는 정보행렬 I를 생성한다. 정보행렬 I의 (i j)번째 요소는 다음 식과 같다.

$$I_{ij} = E\left[-\frac{\partial^2 L(\theta; X)}{\partial\theta_i\,\partial\theta_j}\right] \tag{4.9}$$

I^{ij}로 표기되는 (i j)번째 요소의 역행렬 I^{-1}는 $\hat{\theta}$의 분산-공분산 행렬이다[44].

$$Var(\hat{\theta}_i) = I^{ii} \ \text{그리고}\ Cov(\hat{\theta}_i, \hat{\theta}_j) = I^{ij} \tag{4.10}$$

4.2.3 최소자승법

최소자승법은 분포 모수에 대한 유효 및 불편 추정량을 제공한다. 이 방법은 관측된 데이터와 피팅된 분포 사이에 자승 오차의 합을 최소화하는 것으로 정의된다[46]. 이것은 일반적으로 단순 선형, 다중 선형, 비선형 회귀 모델에 모두 사용되지만, 여기서는 선형모델로 제한한다.

극단점(노이즈)을 포함한 데이터 집합을 고려해 보자. 데이터의 패턴을 반영하고 오차를 최소화하는 함수를 찾는 것이 주요 관심사항이며, 데이터의 단순 도해를 통해 다음과 같은 선형모델로서 표현한다.

$$f(x) = \alpha + \beta x + \epsilon_x \tag{4.11}$$

여기서,

$f(x)$ = x에 대한 함수의 관측값

α, β = 절편과 기울기

x = 시간과 같은 독립변수

ϵ_x = 시간 x에서 임의의 노이즈

ϵ_x은 평균 $\overline{\epsilon_x} = 0$, 분산 $Var(\epsilon_x) = \sigma^2$을 갖는 정규분포이고 서로 동일하고 독립이라고 가정한다. 선형과정의 가정 하에 모델을 피팅하면 다음 식과 같다.

$$\hat{f}(x) = \hat{\alpha} + \hat{\beta} x \tag{4.12}$$

여기서,

$\hat{f}(x)$ = x에 대한 함수의 추정치

$\hat{\alpha}, \hat{\beta}$ = α와 β의 추정치

$e(x) = \hat{f}(x) - f(x)$ 은 제시된 다항식 $\hat{f}(x)$와 실제 데이터 $f(x)$ 사이의 오차값이라고 하면 오차 자승의 합인 SS_E는 다음 식과 같다.

$$SS_E = \sum_{x=1}^{n} e^2(x) \tag{4.13}$$

여기서, n은 $\hat{f}(x)$를 추정하는데 사용된 모든 데이터 수이다. 식 (4.13)을 다시 쓰면 다음 식과 같다.

$$SS_E = \sum_{x=1}^{n} \left[\hat{f}(x) - f(x)\right]^2 \tag{4.14}$$

SS_E의 최소값은 $\hat{\alpha}$과 $\hat{\beta}$에 대해 SS_E를 편미분하고 그 결과식을 0으로 놓으면 다음과 같이 구할 수 있다.

$$SS_E = \sum_{x=1}^{n} \left[f(x) - \hat{\alpha} - \hat{\beta}x\right]^2$$

$$\frac{\partial SS_E}{\partial \hat{\alpha}} = 2\sum_{x=1}^{n} \left[f(x) - \hat{\alpha} - \hat{\beta}x\right] = 0 \tag{4.15}$$

$$\frac{\partial SS_E}{\partial \hat{\beta}} = 2\sum_{x=1}^{n} \left[f(x) - \hat{\alpha} - \hat{\beta}x\right]x = 0 \tag{4.16}$$

식 (4.15)와 (4.16)을 다시 정리하면 다음과 같다.

$$\sum_{x=1}^{n} f(x) = n\hat{\alpha} + \hat{\beta}\sum_{x=1}^{n} x \tag{4.17}$$

$$\sum_{x=1}^{n} xf(x) = \hat{\alpha}\sum_{x=1}^{n} x + \hat{\beta}\sum_{x=1}^{n} x^2 \tag{4.18}$$

이것을 풀면 추정치는 다음 식과 같이 유도할 수 있다.

$$\hat{\alpha} = \frac{\Sigma x^2 \Sigma f(x) - \Sigma x \Sigma x f(x)}{n\Sigma x^2 - (\Sigma x)^2} \tag{4.19}$$

$$\hat{\beta} = \frac{n\Sigma xf(x) - \Sigma x \Sigma f(x)}{n\Sigma x^2 - (\Sigma x)^2} \tag{4.20}$$

모델의 모수를 추정한 후에, 제시된 모델이 얼마나 데이터를 잘 표현했는지 관심이 있을 것이다. 결정계수(r^2)와 상관계수(ρ)는 이러한 목적을 위해 사용한다. 결정계수는 다음 식과 같고,

$$r^2 = \frac{\Sigma(\hat{f}(x) - \bar{f}(x))^2}{\Sigma(f(x) - \bar{f}(x))^2} \tag{4.21}$$

상관계수는 다음 식과 같다.

$$\rho = \frac{\sigma_{x,\, f(x)}}{\sigma_x \sigma_{f(x)}} \tag{4.22}$$

여기서,

r^2 = 결정계수 $0 \le r^2 \le 1$

ρ = 상관계수 $0 \le \rho \le 1$

$\sigma_{x,\, f(x)}$ = x와 f(x)의 공분산 $= \sum_{x=1}^{n} (x - \bar{x})(f(x) - \bar{f}(x))$

$\sigma_x = \sum_{x=1}^{n} (x - \bar{x})^2$

$\sigma_{f(x)} = \sum_{x=1}^{n} (f(x) - \bar{f}(x))^2$

결정계수가 0이면 모델이 데이터를 잘 반영하지 않는다는 것이고, 반면 $r^2 = 1$ 이면 모델이 이상적으로 잘 맞는다는 것이다. $r = 1$이나 -1 이면 모델은 각각 완벽하게 양의 상관관계, 음의 상관관계임을 의미한다. $r = 0$ 이면 $f(x)$와 x 사이에 아무 상관관계도 없다는 것이다. 그러므로 $r^2 = 1$ 또는 $r = \pm 1$ 이면 모델은 데이터를 잘 반영한다는 것을 의미한다.

최소자승법은 분포 모수에 대해 유효, 일치, 불편 추정치를 제공한다. 최소자승법은 단순하고 계산하기 효과적이며, 단순 선형, 다중 선형, 비선형 모델링에 모두 사용할 수 있다. 또한 많은 비선형 형태는 단순한 전환관계식을 이용하여 선형적 형태로 전환이 가능하다. 예를 들면,

$$f(x) = ax^b \tag{4.23}$$

위 방정식의 양변에 로그값을 취하면 선형화가 가능하고, 그 결과는 다음과 같다.

$$\log f(x) = \log a + b\log x \tag{4.24}$$

$Y = \log f(x)$, $X = \log x$, $A = \log a$ 라 하면, 식 (4.24)는 다음과 같은 선형식으로 표현 가능하다.

$$Y = A + bX \tag{4.25}$$

요약하면, 선형모델에 대한 최소자승 추정량은 불편성이 있고, 선형 불편 추정량 사이에 가장 분산이 작으며, 잔차와 추정량은 상관관계가 없는 값을 얻을 수 있다[104].

4.3 최대 우도법에 의한 분포의 모수추정

다음은 최대우도법을 이용하여 지수분포, Rayleigh 분포, 와이블 분포, 정규분포 및 관측자료에 의한 모수를 추정한다. 두가지 중단된(Type I and II Censoring) 데이터를 기준으로 살펴본다.

4.3.1 지수분포

- Type I Censoring

  모수 λ를 갖는 지수분포의 확률밀도함수와 분포함수는 다음과 같다.

$$f(t, \lambda) = \lambda e^{-\lambda t}$$

$$F(t, \lambda) = 1 - \lambda e^{-\lambda t}$$

n개의 item이 시험에 투입되고 시간 T까지 발생한 고장 관측치를 $t_1, t_2, \ldots, t_n$ 이라고 하면 우도함수 $L(t_1, t_2, \ldots, t_n ; \lambda)$는 다음 식과 같다.

$$L(t_1, t_2, \ldots, t_n ; \lambda) = f(t_1, \lambda) f(t_2, \lambda) \ldots f(t_n, \lambda)$$
$$= \prod_{i=1}^{n} f(t_i, \lambda) = \lambda^n \prod_{i=1}^{n} e^{-\lambda t_i} = \lambda^n e^{-\lambda \sum_{i=1}^{n} t_i} \qquad (4.26)$$

우도함수의 양변에 로그를 취하면 다음 식과 같다.

$$L(t_1, t_2, \ldots, t_n ; \lambda) = n \log \lambda - \lambda \sum_{i=1}^{n} t_i$$

아래식을 만족하는 λ의 추정치를 구하면,

$$\frac{\partial L(t_1, t_2, \ldots, t_n ; \lambda)}{\partial \lambda} = \frac{n}{\lambda} - \sum_{i=1}^{n} t_i = 0$$

λ의 추정치는 다음과 같다.

$$\hat{\lambda} = \frac{n}{\sum_{i=1}^{n} t_i} \qquad (4.27)$$

· Type II Censoring
모수 λ를 갖는 지수분포의 확률밀도함수, 분포함수 및 신뢰도 함수는 다음과 같다.

$$f(t,\lambda) = \lambda e^{-\lambda t}$$

$$F(t,\lambda) = 1 - \lambda e^{-\lambda t}$$

$$R(t) = e^{-\lambda t}$$

n개의 item이 시험에 투입되고 r개의 고장이 시간 t_r에 발생하면 시험은 중단되고, n-r개 item은 시간 t_r에서 중단된다고 하면 우도함수는 다음 식과 같다.

$$\begin{aligned} L(\lambda,t) &= \prod_{i=1}^{r} f(t,\lambda) \prod_{i=r+1}^{n} R(t,\lambda) = \prod_{i=1}^{r} \lambda e^{-\lambda t_i} \prod_{i=r+1}^{n} e^{-\lambda t_i} \\ &= \lambda^r \exp(-\lambda \sum_{i=1}^{r} t_i) \exp(-\lambda (n-r) t_i) = \lambda^r \exp(-\lambda (\sum_{i=1}^{r} t_i + (n-r) t_i)) \end{aligned} \quad (4.28)$$

우도함수의 양변에 로그를 취하면 다음 식과 같다.

$$\ln L(\lambda,t) = l(\lambda,t) = r \ln \lambda - \lambda(\sum_{i=1}^{r} t_i + (n-r) t_i)$$

아래식을 만족하는 λ의 추정치를 구하면,

$$\frac{dl}{d\lambda} = \frac{r}{\lambda} - (\sum_{i=1}^{r} t_i + (n-r) t_i) = 0$$

λ의 추정치는 다음과 같다.

$$\hat{\lambda} = \frac{r}{\sum_{i=1}^{r} t_i + (n-r) t_i} \quad (4.29)$$

4.3.2 Rayleigh 분포

Rayleigh 분포는 선형적으로 증가하는 고장률을 갖는 부품의 고장시간 분포를 나타내는데 사용한다.

· Type I Censoring

Rayleigh 분포의 확률밀도함수와 분포함수는 다음과 같다.

$$f(t) = \lambda t e^{-\frac{1}{2}\lambda t^2}$$

$$F(t) = 1 - e^{-\frac{1}{2}\lambda t^2}$$

n개의 item이 시험에 투입되고 시간 T까지 발생한 고장 관측치를 $t_1, t_2, \ldots, t_n$ 이라고 하면 우도함수 $L(\lambda, t)$는 다음 식과 같다.

$$L(\lambda,t) = \prod_{i=1}^{n} \lambda t_i e^{-\frac{1}{2}\lambda t^2} = \lambda^n [\prod_{i=1}^{n} t_i] \exp(-\frac{1}{2}\lambda \sum_{i=1}^{n} t_i^2) \qquad (4.30)$$

우도함수의 양변에 로그를 취하면 다음 식과 같다.

$$\ln L(\lambda,t) = l(\lambda,t) = n \ln \lambda + \sum_{i=1}^{n} \ln t_i - \frac{1}{2}\lambda \sum_{i=1}^{n} t_i^2$$

아래식을 만족하는 λ의 추정치를 구하면,

$$\frac{dl}{d\lambda} = \frac{\lambda}{n} - \frac{1}{2}\sum_{i=1}^{n} t_i^2 = 0$$

λ의 추정치는 다음과 같다.

$$\hat{\lambda} = \frac{2n}{\sum_{i=1}^{n} t_i^2} \qquad (4.31)$$

· Type II Censoring

Rayleigh 분포의 확률밀도함수, 분포함수 및 신뢰도 함수는 다음과 같다.

$$f(t) = \lambda t e^{-\frac{1}{2}\lambda t^2}$$

$$F(t) = 1 - e^{-\frac{1}{2}\lambda t^2}$$

$$R(t) = 1 - F(t) = e^{-\frac{1}{2}\lambda t^2}$$

n개의 item이 시험에 투입되고 r개의 고장이 시간 t_r에 발생하면 시험은 중단되고, n-r개 item은 시간 t_r에서 중단된다고 하면 우도함수는 다음 식과 같다.

$$\begin{aligned} L(\lambda, t) &= \prod_{i=1}^{r} f(t, \lambda) \prod_{i=r+1}^{n} R(t, \lambda) = \prod_{i=1}^{r} \lambda t_i e^{-\frac{1}{2}\lambda t_i^2} \prod_{i=r+1}^{n} e^{-\frac{1}{2}\lambda t_i^2} \\ &= \lambda^r [\prod_{i=1}^{r} t_i] \exp(-\frac{1}{2}\lambda \sum_{i=1}^{r} t_i^2) \cdot \exp(-\frac{1}{2}\lambda(n-r)t_r^2) \\ &= \lambda^r [\prod_{i=1}^{r} t_i] \exp(-\frac{1}{2}\lambda(\sum_{i=1}^{r} t_i^2 + (n-r)t_r^2)) \end{aligned} \quad (4.32)$$

우도함수의 양변에 로그를 취하면 다음 식과 같다.

$$\ln L(\lambda, t) = l(\lambda, t) = r \ln \lambda + \ln \sum_{i=1}^{r} t_i - \frac{1}{2}\lambda(\sum_{i=1}^{r} t_i^2 + (n-r)t_r^2)$$

아래 식을 만족하는 λ의 추정치를 구하면,

$$\frac{dl}{d\lambda} = \frac{r}{\lambda} - \frac{1}{2}(\sum_{i=1}^{r} t_i^2 + (n-r)t_r^2) = 0$$

λ의 추정치는 다음과 같다.

$$\hat{\lambda} = \frac{2r}{\sum_{i=1}^{r} t_i^2 + (n-r)t_r^2} \quad (4.33)$$

4.3.3 와이블 분포

계산과정의 복잡성으로 인하여 여기서는 two-parameter 와이블 분포의 경우만 소개한다.

- Type I Censoring

  two-parameter 와이블 분포의 확률밀도함수와 분포함수는 다음과 같다.

$$f(t) = \frac{\beta}{\theta}\left(\frac{t}{\theta}\right)^{\beta-1} e^{-\left(\frac{t}{\theta}\right)^{\beta}}$$

$$F(t) = 1 - e^{-\left(\frac{t}{\theta}\right)^{\beta}}$$

n개의 item이 시험에 투입되고 시간 T까지 발생한 고장 관측치를 $t_1, t_2, \dots, t_n$ 이라고 하면 우도함수 L(β,θ,t)는 다음 식과 같다.

$$L(\beta,\theta,t) = \prod_{i=1}^{n} \frac{\beta}{\theta^{\beta}} t_i^{\beta-1} e^{-(t_i/\theta)^{\beta}} = \frac{\beta^n}{\theta^{n\beta}}\left[\prod_{i=1}^{n} t_i\right]^{\beta-1} \exp\left(-\frac{1}{\theta^{\beta}}\sum_{i=1}^{n} t_i^{\beta}\right) \qquad (4.34)$$

우도함수의 양변에 로그를 취하면 다음 식과 같다.

$$\ln L(\beta,\theta,t) = n\ln\beta - n\beta\ln\theta + (\beta-1)\sum_{i=1}^{n}\ln t_i - \frac{1}{\theta^{\beta}}\sum_{i=1}^{n} t_i^{\beta}$$

위의 식에서 우선 아래식을 만족하는 θ의 추정치를 구하면,

$$\frac{dl}{d\theta} = -\frac{n\beta}{\theta} + \beta\frac{1}{\theta^{\beta+1}}\sum_{i=1}^{n} t_i^{\beta} = 0$$

θ의 추정치는 다음과 같다.

$$\frac{n\beta}{\theta}=\frac{\beta}{\theta^{\beta+1}}\sum_{i=1}^{n}t_i^{\beta},\quad \theta(\beta\sum_{i=1}^{n}t_i^{\beta})=n\beta\theta^{\beta+1},\quad \beta\sum_{i=1}^{n}t_i^{\beta}=n\beta\theta^{\beta}$$

$$\hat{\theta}=\left(\frac{\sum_{i=1}^{n}t_i^{\beta}}{n}\right)^{1/\beta} \tag{4.35}$$

β의 추정치를 구하기 위해서는 위의 식에서 우선 아래 식을 만족하는 β의 추정치를 구한다.

$$\frac{dl}{d\beta}=\frac{n}{\beta}-n\ln\theta+\sum_{i=1}^{n}\ln t_i-\frac{1}{\theta^{\beta}}\sum_{i=1}^{n}t_i^{\beta}\ln t_i+\sum_{i=1}^{n}t_i^{\beta}\frac{1}{\theta^{\beta}}\ln\theta=0$$

$$=\frac{n}{\beta}-n\ln\theta+\sum_{i=1}^{n}\ln t_i-n\frac{\sum_{i=1}^{n}t_i^{\beta}\ln t_i}{\sum_{i=1}^{n}t_i^{\beta}}+n\ln\theta\frac{\sum_{i=1}^{n}t_i^{\beta}}{\sum_{i=1}^{n}t_i^{\beta}}=0$$

β의 추정치는 다음과 같다.

$$D(\beta)=\frac{n}{\beta}+\sum_{i=1}^{n}\ln t_i-n\frac{\sum_{i=1}^{n}t_i^{\beta}\ln t_i}{\sum_{i=1}^{n}t_i^{\beta}}=0,$$

$$\hat{\beta}=\{\beta:D(\beta)=0\},\quad \hat{\theta}=\left(\frac{\sum_{i=1}^{n}t_i^{\beta}}{n}\right)^{1/\beta} \tag{4.36}$$

위의 식에서 보듯이 β의 추정치는 계산과정이 매우 복잡하므로 여기서 풀이 과정은 생략한다.

- Type II Censoring

  two-parameter 와이블 분포의 확률밀도함수, 분포함수 및 신뢰도 함수는 다음과 같다.

$$f(t)=\frac{\beta}{\theta}(\frac{t}{\theta})^{\beta-1}e^{-(\frac{t}{\theta})^{\beta}}$$

$$F(t)=1-e^{-(\frac{t}{\theta})^{\beta}}$$

$$R(t)=1-F(t)=e^{-(\frac{t}{\theta})^{\beta}}$$

n개의 item이 시험에 투입되고 r개의 고장이 시간 t_r에 발생하면 시험은 중단되고, n-r개 item은 시간 t_r에서 중단된다고 하면 우도함수는 다음 식과 같다. 본 저서에서 와이블 분포의 Type II Censoring의 경우 우도함수만 제공한다. 우도함수는 다음과 같다.

$$L(\beta,\theta,t)=\prod_{i=1}^{r}\frac{\beta}{\theta^{\beta}}t_{i}^{\beta-1}e^{-(t_{i}/\theta)^{\beta}}\cdot\prod_{i=r+1}^{n}\frac{\beta}{\theta^{\beta}}e^{-(t_{i}/\theta)^{\beta}}$$

$$=\frac{\beta^{n}}{\theta^{n\beta}}[\prod_{i=1}^{r}t_{i}]^{\beta-1}\exp(-\frac{1}{\theta^{\beta}}\sum_{i=1}^{r}t_{i}^{\beta})\exp(-\frac{1}{\theta^{\beta}}(n-r)t_{r}^{\beta}) \qquad (4.37)$$

$$=\frac{\beta^{n}}{\theta^{n\beta}}[\prod_{i=1}^{r}t_{i}]^{\beta-1}\exp[-\frac{1}{\theta^{\beta}}(\sum_{i=1}^{r}t_{i}^{\beta}+(n-r)t_{r}^{\beta})]$$

θ, β의 추정치는 앞서 언급한 방법으로 풀 수 있으나 계산과정이 매우 복잡하므로 여기서 풀이 과정은 생략한다.

4.3.4 정규분포

정규분포의 경우 정시중단의 경우만 언급하기로 한다. 미지의 평균 μ와 분산 σ^2을 갖는 정규분포로부터 관측된 t의 확률밀도함수는 다음과 같다.

$$f(t)=\frac{1}{\sigma\sqrt{2\pi}}e^{-\frac{1}{2}(\frac{t-\mu}{\sigma})^{2}}$$

n개 관측치에 대한 우도함수는 다음 식과 같다.

$$l(t_1, t_2, \ldots, t_n; \mu, \sigma) = \left(\frac{1}{\sigma\sqrt{2\pi}}\right)^n \prod_{i=1}^{n} e^{-\frac{1}{2}\left(\frac{t_i-\mu}{\sigma}\right)^2} \tag{4.38}$$

위 함수에 로그를 취하면 다음 식과 같다.

$$L(t_1, t_2, \ldots, t_n; \mu, \sigma) = n\log\frac{1}{\sigma\sqrt{2\pi}} - \frac{1}{2}\sum_{i=1}^{n}\left(\frac{t_i-\mu}{\sigma}\right)^2$$

위 식을 μ에 대해 미분하면 다음 식과 같이 추정치를 계산할 수 있다.

$$\frac{\partial L(t_1, t_2, \ldots, t_n; \mu, \sigma)}{\partial \mu} = \frac{1}{\sigma^2}\left(\sum_{i=1}^{n} t_i - n\mu\right) = 0$$

$$\hat{\mu} = \frac{1}{n}\sum_{i=1}^{n} t_i \tag{4.39}$$

위의 절차와 동일하게 우도함수를 σ에 대해 미분하면 다음 식과 같이 추정치를 계산할 수 있다.

$$\begin{aligned}\frac{\partial L(t_1, t_2, \ldots, t_n; \mu, \sigma)}{\partial \sigma} &= \frac{\partial}{\partial \sigma}\left[n\log\frac{1}{\sigma\sqrt{2\pi}} - n\log\sigma - \frac{1}{2}\sum_{i=1}^{n}\left(\frac{t_i-\mu}{\sigma}\right)^2\right] \\ &= -\frac{n}{\sigma} - \sum_{i=1}^{n}\frac{(t_i-\mu)^2}{2\sigma^3}(-2) = \frac{1}{\sigma}\left[-n + \sum_{i=1}^{n}\frac{(t_i-\mu)^2}{\sigma^2}\right] = 0\end{aligned}$$

$$\sigma^2 = \frac{1}{n}\sum_{i=1}^{n}(t_i-\mu)^2$$

σ^2의 추정치는 다음과 같다.

$$\hat{\sigma}^2 = \frac{1}{n}\sum_{i=1}^{n}(t_i-\hat{\mu})^2 \tag{4.40}$$

4.3.5 관측자료에 의한 모수추정

다음은 실제 관측한 자료(Actual Test Data)에 의한 모수의 추정 예제를 소개한다.

· Type I Censoring
  n개의 샘플이 시험에 투입되었고 발생하는 고장시간을 t_1, t_2, … , t_n이라고 하고 시험은 t^T에서 종료된다고 가정하자. 이때 우도함수는 다음과 같다.

$$L(\hat{\theta}) = \prod_{i=1}^{n} [f(t_i)]^{\delta_i} [(1 - F(t_i))^T]^{1-\delta_i} \tag{4.41}$$

여기서, δ_i 를 다음과 같이 0/1 두 개의 값을 갖는 변수로 정의한다.

$$\begin{aligned} \delta_i &= 1, \quad t_i \le t^T \\ &= 0, \quad otherwise \end{aligned}$$

· Type II Censoring
  n개의 샘플이 시험에 투입되었고 발생하는 고장시간을 t_1, t_2, … , t_n이라고 하고 시험은 r번째 고장이 발생하면 시험이 종료된다고 가정하자. 이때 우도함수는 다음과 같다.

$$L(\hat{\theta}) = f(t_1, \theta) \cdot f(t_2, \theta) \cdot f(t_3, \theta) \quad \cdots \quad \cdot f(t_r, \theta)[1 - F(t_r, \theta)]^{n-r} \tag{4.42}$$

다음은 실제 관측한 자료에 의한 모수 추정에 대한 예제이다.

10개의 샘플(1, 2, … , 10)이 시험에 투입되었고 각각의 고장시간이 다음 그림과 같이 기록되었고 이들 고장시간(300, 500, 1300, 2000, 2700, 3500, 4600, 5700, 6800, 8200)은 지수분포를 가정한다. Type I Censoring 과 Type II Censoring의 경우 모수를 추정하여라.

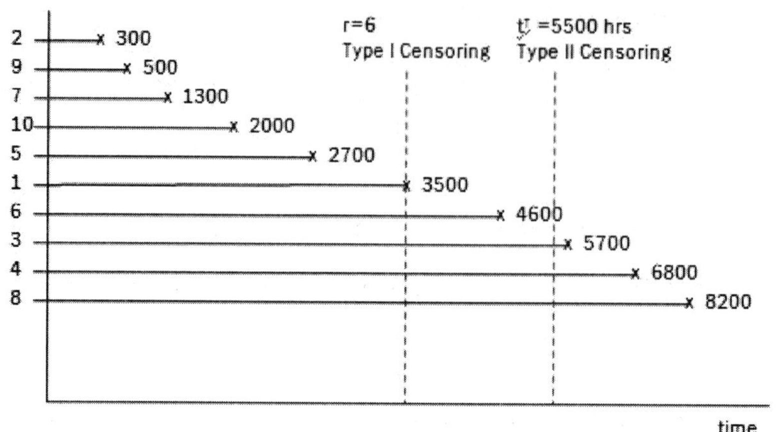

〈그림 4.4〉 관측 데이터

$$Type\ I \quad L(\hat{\lambda}) = f(300)f(500)f(1300)\cdot \ \cdots \ \cdot f(4600)[1-F(5500)]^3$$

$$= \lambda e^{-300\lambda}\cdot \lambda e^{-500\lambda}\cdot \lambda e^{-1300\lambda}\cdot \ \cdots \ \cdot \lambda e^{-4600\lambda}\cdot[1-(1-\lambda e^{-5500\lambda}\cdot)]^3$$

$\dfrac{dL}{d\lambda}=0$ 만족하는 $\hat{\lambda}$ 추정

$$Type\ II \quad L(\hat{\lambda}) = f(300)f(500)f(1300)\cdot \ \cdots \ \cdot f(3500)[1-F(3500)]^4$$

$$= \lambda e^{-300\lambda}\cdot \lambda e^{-500\lambda}\cdot \lambda e^{-1300\lambda}\cdot \ \cdots \ \cdot \lambda e^{-3500\lambda}\cdot[1-(1-\lambda e^{-3500\lambda}\cdot)]^4$$

$\dfrac{dL}{d\lambda}=0$ 만족하는 $\hat{\lambda}$ 추정

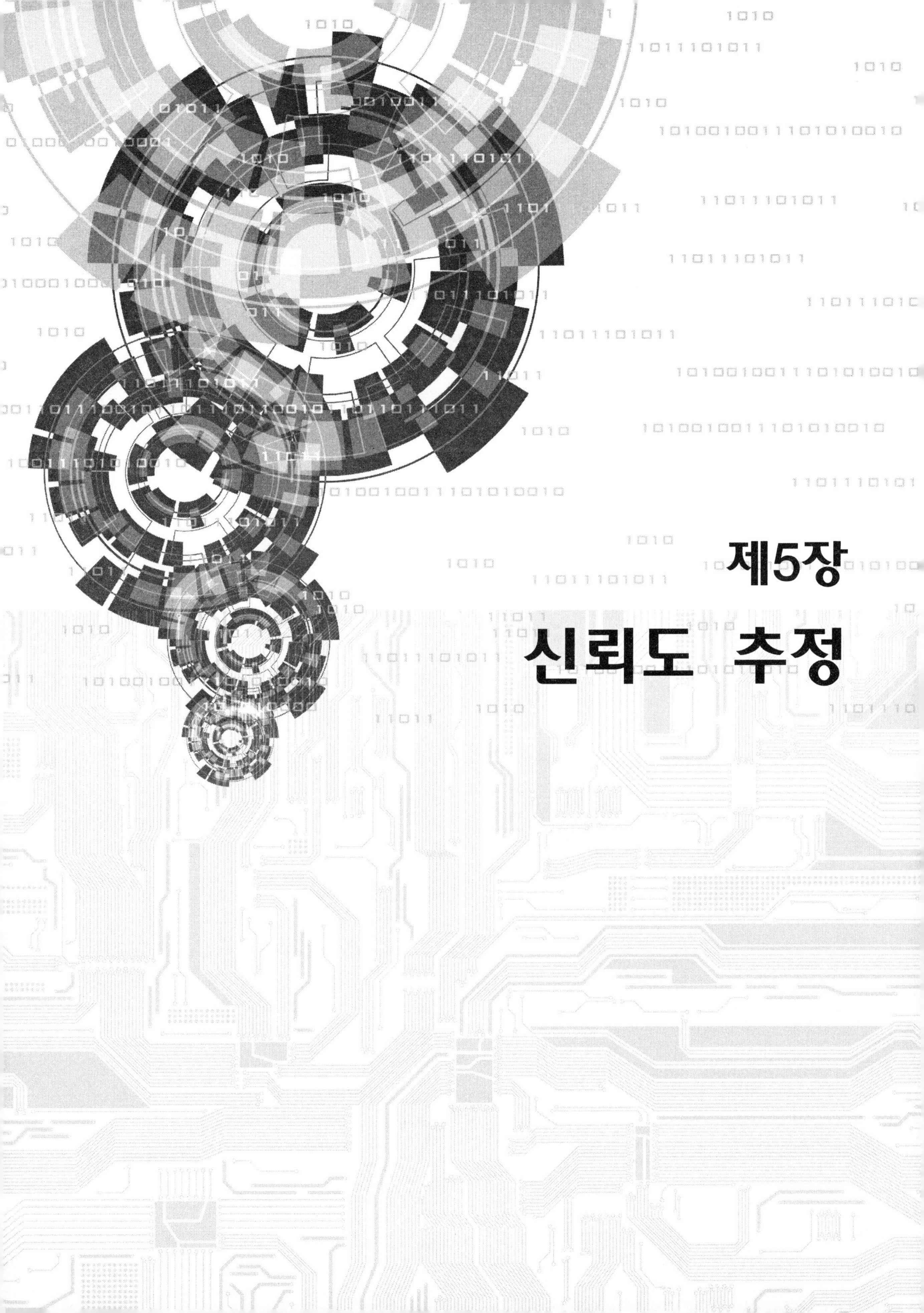

제5장

신뢰도 추정

제5장 신뢰도 추정

본 장에서는 부품 또는 시스템의 고장분포로 가장 널리 사용되고 있는 지수분포와 와이블 분포의 통계적 추정방법에 대하여 알아본다. 지수분포의 경우 유효성을 검증하기 위한 통계량, 평균수명 추정, 신뢰구간, 가설검정 등을 포함하고, 와이블 분포의 경우 분포의 통계적 특성, 모수의 신뢰구간, 적합도 검정 등을 포함한다.

5.1 지수 분포

본 절에서는 부품 또는 시스템의 고장시간을 기초로 지수분포의 유효성을 검증하는 통계량과 이에 대한 다양한 예제를 소개하고 지수분포 모수의 평균과 신뢰구간에 대하여 논한다. 또한 two-parameter 지수분포의 경우 최소수명에 대하여 알아보고, 지수분포 모수에 대한 여러가지 형태의 가설 검정에 대하여 설명한다.

5.1.1 지수분포의 유효성 검증

본 절에서는 지수분포의 타당성을 검증하기 위한 기본적 검정 통계량의 예를 제시한다. 검정을 위한 여러 가지 통계량이 존재하나 본 절에서 제시하는 통계량이 어느 다른 통계량보다 유용하다고 할 수 있다[66]. 다음 표는 1/2톤 트럭의 고장시간을 나타내고 있다.

〈표 5.1〉 Vibration simulation : failure time data on a half truck
(Data is in cumulative hours; total test time = 245 hr)

21.2	74.7	108.6	157.4
47.9	76.8	112.9	164.7
59.2	84.3	127.0	196.8
62.0	91.0	143.9	214.4
74.6	93.3	151.6	218.9

지수분포의 검증을 위한 기본 통계량, Barlett's 통계량 B_r, 은 다음과 같다.

$$B_r = \frac{2r[\ln(\frac{t_r}{r}) - \frac{1}{r}(\sum_{i=1}^{r} \ln x_i)]}{1+(r+1)/6r} \tag{5.1}$$

여기서, x_i : 고장시간을 나타내는 확률변수

r : 고장회수

t_r : $\sum_{i=1}^{r} x_i$

지수분포 가정하에 Barlett's 통계량 B_r은 자유도 r-1을 갖는 카이제곱 분포를 따른다(a two-tailed chi-square). 양측검정이므로 유의수준 α가 주어지면 구간내 B_r 통계량 값을 포함하면 가설을 수락한다. 즉, 데이터가 지수분포를 따른다는 가설을 수락한다. 다음은 이에 대한 다양한 예제를 보여주고 있다.

위의 고장시간 데이터를 검증하기 위하여 우선 다음 표와 같이 고장간 시간으로 이를 정리한다. 다음은 위의 누적고장시간을 고장간 시간(Time Between Failures)으로 바꾸어 놓은 표이다.

〈표 5.2〉 Time between failures for half-ton truck data

21.2	0.1	15.3	5.8
26.7	2.1	4.3	7.3
11.3	7.5	14.1	32.1
2.8	6.7	16.9	17.6
12.6	2.3	7.7	4.5

이로서 위의 수식에서 B_r 값과 유의수준 α가 주어지면 해당하는 카이제곱의 값을 다음과 같이 계산할 수 있다.

$$\sum_{i=1}^{r} \ln x_i = 38.80, \quad t_r = 218.9, \quad r = 20$$

$$B_r = \frac{2(20)[\ln(\frac{218.9}{20}) - \frac{1}{20}(38.80)]}{1 + (20+1)/6(20)} = 15.42$$

$$\chi^2_{0.95,19} = 10.12 \quad and \quad \chi^2_{0.05,19} = 30.14$$

카이제곱 값과 통계량 값을 비교한 결과로서 주어진 고장 데이터가 지수분포를 따른다는 것을 알 수 있다.

다음은 20개의 히터 스위치의 수명실험 결과로부터 획득한 고장 데이터이다. 이 실험에서는 고장 사이클을 수집하여 기록하였다.

〈표 5.3〉 Cycle to failure for 20 heater switches

100	7,120	24,110	36,860
340	12,910	28,570	38,540
1,940	13,670	31,620	42,110
5,670	19,490	32,800	43,970
6,010	23,700	34,910	64,730

이 경우도 위의 통계량을 이용하여 정리하면 다음과 같이 계산할 수 있다.
여기서,

$$\sum_{i=1}^{20} \ln x_i = 188.22, \quad t_r = \sum_{i=1}^{20} \ln x_i = 469{,}170, \quad r = 20$$

$$B_{20} = \frac{2(20)[\ln(\frac{469{,}170}{20}) - \frac{1}{20}(188.22)]}{1 + (20+1)/6(20)} = 22.19$$

$$\chi^2_{0.95,19} = 10.12 \quad and \quad \chi^2_{0.05,19} = 30.14$$

결과로서 주어진 고장 데이터가 지수분포를 따른다는 것을 알 수 있다.

다음 표는 위의 표와는 다소 다른 데이터 환경을 보여 주고 있다. 총 9개의 동일환경에서 스위치 실험이 이루어졌으며, 스위치 고장 발생시 교환하였으며, 각각의 동일 실험환경에서 총 20,000회(사이클)를 실험한 결과이다.

〈표 5.4〉 Heater switch cycle test

실험환경	cycle failure occurred
1	6,700
2	4,600
3	4,100; 18,100; 18,950
4	5,400
5	3,100; 8,100
6	2,600
7	no failure
8	4,700
9	no failure

위의 표 또한 분포의 적합성 검증을 위하여 사이클 간 간격으로 다음 표와 같이 나타낼 수 있다.

〈표 5.5〉 Heater switch cycle test : cycle to failure

실험환경	cycle to failure
1	6,700
2	4,600
3	4,100; 14,000; 850
4	5,400
5	3,100; 5,000
6	2,600
7	-
8	4,700
9	-

위의 데이터로 부터 다음을 계산할 수 있다.

$$\sum_{i=1}^{r} \ln x_i = 83.32, \quad t_r = 51{,}050, \quad r = 10$$

$$B_{10} = \frac{2(10)[\ln(\frac{51{,}050}{10}) - \frac{1}{10}(83.32)]}{1 + (10+1)/6(10)} = 4.11$$

$$\chi^2_{0.95,9} = 3.32 \quad and \quad \chi^2_{0.05,9} = 16.92$$

결과로서 주어진 고장 데이터가 지수분포를 따른다는 것을 알 수 있다.

다음 표는 자동차 주행기록계의 고장 데이터이다. 실험에 총 7대의 차량이 실험에 투입되었으며 차량 간 총 주행기록이 모두 상이한 경우이다.

〈표 5.6〉 Automobile fleet data

Car No.	Odometer at failure(km)	Total Odometer(km)
1	2,467; 3,128; 3,283; 7,988	8,012
2	None	6,147
3	1,870; 6,121; 6,175	9,002
4	3,721; 4,393; 5,848; 6,425; 6,535	11,000
5	498	4,651
6	184; 216; 561; 2,804	5,012
7	2,342; 4,213	12,718

위의 고장 데이터의 경우 다음과 같은 개념의 고장간 킬로미터를 계산함으로 분포의 적합성 검증이 가능하다.

τ_i을 i번째 고장까지의 총거리(Km)라 하면, 고장간 거리는 τ_1, τ_2-τ_1, τ_3-τ_2로 표현할 수 있다. 이 예제에서는 고장간 거리를 이용하여 검정을 한다. 다음은 고장간 거리를 나타내는 그림이다.

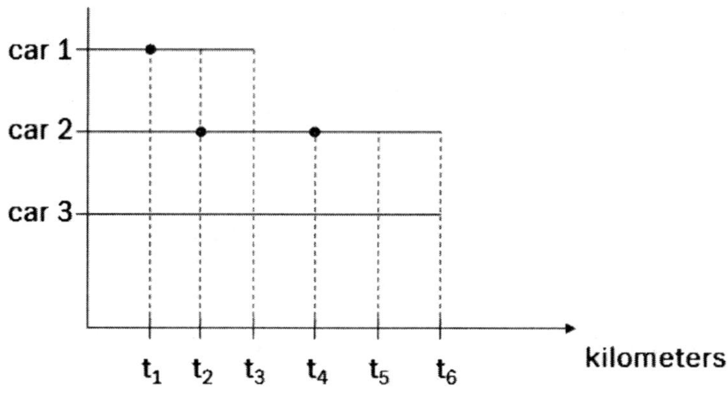

〈그림 5.1〉 Suspension at different kilometers

다음 표는 위의 표를 기초로 고장간 킬로미터로 환산한 표이다.

〈표 5.7〉 Automobile fleet data calculation

Kilometer Points	No. Car Operating	Total Kilometers	Kilometers Between Failures
184	7	1,288	1,288
216	7	1,512	224
498	7	3,486	1,974
561	7	3,927	441
1,870	7	13,090	9,163
2,342	7	16,394	3,304
2,467	7	17,269	875
2,804	7	19,628	2,359
3,128	7	21,896	2,268
3,283	7	22,981	1,085
3,721	7	26,047	3,066
4,213	7	29,491	3,444
4,393	7	30,751	1,260
4,651(suspend)	7	32,557	-
5,012(suspend)	6	34,723	-
5,848	5	38,903	8,152
6,121	5	40,268	1,365
6,147(suspend)	5	40,398	-
6,175	4	40,510	242

6,425	4	41,510	1,000
6,535	4	41,950	440
7,988	4	47,762	5,812
8,012(suspend)	3		
9,002(suspend)	2		
11,000(suspend)	1		

위의 데이터로부터 다음을 계산할 수 있다.

$$\sum_{i=1}^{r} \ln x_i = 139.42, \quad t_r = 47{,}762, \quad r = 19$$

$$B_{19} = 15.89$$

$$\chi^2_{0.95,18} = 9.39 \quad and \quad \chi^2_{0.05,18} = 28.87$$

결과로서 주어진 고장 데이터가 지수분포를 따른다는 것을 알 수 있다.

다음 표는 3대의 자동차 시험 기록으로부터의 고장 자료를 나타낸다. 이 시험은 100,000km의 기계획 주행으로 구성되어 있다. 이 표에서 보는 바와 같이 고장자료 보고 체계로부터 한 대의 차량으로부터 고장시간 간격을 얻는데 애로가 있다. 이 경우는 이론적으로 시간간격 당 고장의 개수를 다음 식을 통해 측정할 수 있다.

$$f_{ti} = \frac{total\ number\ of\ failures}{total\ number\ of\ intervals} = \frac{75}{25} = 3 \tag{5.2}$$

위의 이론적 고장개수는 시간간격 당 다음의 관측된 고장개수와 비교가 되고, 카이제곱 검정을 통하여 쉽게 알 수 있다.

$$\chi^2_c = \sum_{i=1}^{k} \frac{(f_{oi} - f_{ti})^2}{f_{ti}} \tag{5.3}$$

여기서,

f_{oi} : i번째 시간 간격에서 관측된(observed) 고장의 개수

f_{ti} : i번째 시간 간격에서 이론적(theoretical) 고장의 개수

k : 시간간격의 개수

〈표 5.8〉 Test track data reported by kilometer intervals

Kilometer interval($x10^3$)	Failures	$(f_o - f_t)$	$(f_o - f_t)^2$
≤ 4	0	-3	9
8	3	0	0
12	8	5	25
16	4	1	1
20	8	5	25
24	1	-2	4
28	1	-2	4
32	6	3	9
36	5	2	4
40	0	-3	9
44	8	5	25
48	5	2	4
52	0	-3	9
56	2	-1	1
60	0	-3	9
64	1	-2	4
68	7	4	16
72	0	0	0
76	4	1	1
80	2	-1	1
84	3	0	0
88	2	-1	1
92	2	-1	1
96	2	-1	1
100	1	-2	4

위의 표에서 계산된 χ_c^2는 $\chi_{\alpha,k-2}^2$와 비교하여 다음을 만족하면 지수분포를 가

정할 수 있다.

$$\chi_c^2 > \chi_{\alpha,k-2}^2$$

위의 예제의 경우, $\chi_c^2 = 55.67$ 이며 $\chi_{0.05,23}^2 = 35.2$ 이므로 고장자료가 지수분포에 적합하다는 결론을 내릴 수 없다.

5.1.2 비정상적 조기 또는 장기 결함시간에 대한 검정

비정상적으로 발견된 조기 결함 또는 장기 결함 자료에 대해서는 다음과 같이 분석이 가능하다.

x_1, x_2, …, x_r을 연속적인 독립적이고 동일한 r개의 지수분포를 갖는 확률변수라고 하면, 통계량 $\frac{2\chi_i}{\theta}$은 자유도가 2인 카이제곱 분포를 갖는다. 또한, 2개 또는 그 이상의 독립적인 카이제곱 확률변수들의 합은 또 다른 카이제곱 분포를 따른다는 것은 잘 알려진 사실이다. 그러므로 통계량 $\left(\frac{2}{\theta}\right)\sum_{i=2}^{r}\chi_i$은 자유도 (2r-2)인 카이제곱 분포를 따른 다는 것을 알 수 있고, 다음과 같이 F 분포로 조기 또는 장기 결함시간에 대한 평가가 가능하다.

$$F_{2,2r-2} = \frac{(r-1)x_1}{\sum_{i=2}^{r} x_i} \tag{5.4}$$

여기서, x_1은 비정상적 조기 결함시간을 의미한다.

비정상적 조기 결함시간은 다음 식을 이용하여 평가가 가능하다.

$$F_{1-\alpha,2r-2} > \frac{(r-1)x_1}{\sum_{i=2}^{r} x_i} \quad \text{또는} \quad F_{\alpha,2r-2,2} < \frac{\sum_{i=2}^{r} x_i}{(r-1)x_1} \tag{5.5}$$

좌측의 식은 F분포 테이블에 없으므로 우측의 식인 F분포의 역수를 이용하여 기각역을 결정한다.

다음 표는 20개 터빈 블레이드의 고장 사이클을 나타낸다. 최초 발생한 193 사이클 결함은 조기 결함으로 예상된다. 다음은 이 조기 결함에 대한 평가이다.

〈표 5.9〉 Kilocycles to failure for turbine blades

193	1,793	3,479	5,310
1,582	2,028	4,235	6,809
1,637	2,260	4,264	8,317
1,658	2,272	4,635	9,728
1,786	2,700	4,919	10,700

위의 표의 경우,

$$\sum_{i=2}^{20} x = 80{,}112,\ \ x_1 = 193$$

$$F_{\alpha,2r-2,2} = F_{0.05,38,2} = 19.47 < \frac{\sum_{i=2}^{r} x_i}{(r-1)x_1} = \frac{80{,}112}{(20-1)193} = 21.8$$

위와 같이 계산되므로 기각역내에 포함되므로 최초 결함인 193 사이클은 위의 자료를 대표한다고 볼 수 없다. 즉, 비정상적인 수치라는 결론을 내릴 수 있다.

추가로 장기 고장 결함자료 분석시 기각역은 조기 결함시의 식을 이용하여 장기 결함 자료인지 여부를 판단한다.

여기서, x_1은 비정상적 장기 결함시간을 의미한다.

다음 표는 고장에 의한 머플러 교체 자료로 장기 결함자료에 대한 기각 여부를 결정한 예제이다.

〈표 5.10〉 Muffler replacement data(in Km)

43,850	65,324	83,541	89.950
47,737	67,105	84,543	100,791
49,111	67,549	84,899	102,431
61,900	69,291	88,191	104,343
64,511	81,154	88,901	105,062

위의 데이터에서 43,850km에 발생한 교체 자료가 비정상 수치인지를 분석한다. 이 자료의 경우,

$$\sum_{i=2}^{20} x_i = 1,55,184$$

$$F_{0.05,2,2r-2} = 19.47 > F_c = \frac{(r-1)x_1}{\sum_{i=2}^{r} x_i} = \frac{(19)(43,850)}{1,550,184} = 0.54$$

위와 같이 계산되므로 최초 결함시간 43,850km는 비정상 수치라고 결론 내릴 수 없다.

5.1.3 평균수명 추정

지수분포의 경우 평균수명(Mean Life)은 쉽게 추정이 가능하다. 평균수명 추정치 $\hat{\theta}$은 다음 식과 같이 계산 할 수 있다.

$$\hat{\theta} = \frac{T}{r} \tag{5.6}$$

여기서, T : 고장이 났거나 나지 않은 items 들의 모든 총 테스트 시간
r : 총 결함발생 회수

추정치 $\hat{\theta}$은 최대우도추정치(Maximum Likelihood Estimator)를 의미하며, 이 추정치를 추정하기 위한 공식은 다음 두가지 경우를 생각한다. 먼저, 다음과 같이

n개의 item이 동시에 시험 중이고, 시험은 n개중 r개가 발생하면 중단하며 고장난 items은 교체를 하지 않는다. 이 경우를 Type II Censoring이라고 하고 추정치는 다음 식과 같다.

$$\hat{\theta} = \frac{\sum_{i=1}^{r} x_i + (n-r)x_r}{r} \tag{5.7}$$

여기서, x_i : i번째 item의 고장시간

다음은 추정치를 추정하기 위한 두 번째 상황으로 n개의 test stand를 수행하고 각각의 test stand를 τ사이클 한다. Item 고장이 발생하면 교체한다. 이 경우를 Type I Censoring 이라고 하고 추정치는 다음 식과 같다.

$$\hat{\theta} = \frac{n\tau}{r} \tag{5.8}$$

5.1.4 평균수명의 신뢰구간

평균수명에 대한 신뢰구간은 고장시간분포가 지수분포인 경우에 해당하고 Zero Minimum Life(단일모수 지수분포의 경우)를 가정하고 양측검정을 고려한다. 지수분포의 신뢰한계는 고장자료를 어떻게 기록하는가에 따라 다음의 두가지 시험 상황에 기초한다.

먼저 고장시간을 기록하는 경우로 x_1, x_2, …, x_r을 관측한 고장시간이라고 하면 이 경우 $\frac{2r\hat{\theta}}{\theta}$는 자유도 2r을 갖는 카이제곱 분포를 따른다. 이를 확률식으로 표현하면 다음 식과 같다.

$$P[\chi^2_{1-\frac{\alpha}{2},2r} \le \frac{2r\hat{\theta}}{\theta} \le \chi^2_{\frac{\alpha}{2},2r}] = 1-\alpha \tag{5.9}$$

이를 변형하면 다음 식과 같이 된다.

$$\frac{2T}{\chi^2_{\frac{\alpha}{2},2r}} \le \theta \le \frac{2T}{\chi^2_{1-\frac{\alpha}{2},2r}} \tag{5.10}$$

여기서, $T = r\hat{\theta}$ 를 의미한다.

위의 신뢰구간 추정에 대한 예로 8개의 스프링의 가속수명시험 결과 다음과 같은 사이클에 고장이 발생하였다. 평균수명의 95% 신뢰구간을 구하면 다음과 같다.

8,712, 21,915, 39,400, 54,613, 79,000, 110,200, 151,208, 204,312

$$\hat{\theta} = \frac{\sum_{i=1}^{8} x_i}{r} = \frac{669{,}360}{8} = 83{,}670$$

$$\chi^2_{1-\frac{\alpha}{2},2r} = \chi^2_{0.975,16} = 6.91 \quad and \quad \chi^2_{\frac{\alpha}{2},2r} = \chi^2_{0.025,16} = 28.84$$

$$\frac{2T}{\chi^2_{\frac{\alpha}{2},2r}} = \frac{2(669{,}360)}{28.84} \le \theta \le \frac{2T}{\chi^2_{1-\frac{\alpha}{2},2r}} = \frac{2(669{,}360)}{6.91}$$

$$46{,}419 \le \theta \le 193{,}736$$

위에서 보는 바와 같이 평균수명의 추정치는 83,670 사이클이며, 평균수명의 95% 신뢰구간의 하한은 46,419 사이클이며 상한은 193,736 사이클이다.

다음은 또 다른 상황으로 주어진 시간간격에서 고장 발생개수를 기록하는 방법으로 평균수명의 신뢰구간을 계산한다. 이 경우는 다음 식을 이용하여 신뢰구간을 계산한다.

$$\frac{2T}{\chi^2_{\frac{\alpha}{2},2(r+1)}} \le \theta \le \frac{2T}{\chi^2_{1-\frac{\alpha}{2},2r}} \tag{5.11}$$

이 경우 평균수명의 상한은 이전의 것과 같음을 알 수 있다. 다음은 이 경우에

대한 예제이다. 6대의 차량이 각각 100,000km 주행 시험을 수행한 결과 84번의 고장이 발생하였을 경우 평균수명의 90% 신뢰구간을 구하시오. 평균수명의 추정치를 구하기 위하여 $\chi^2_{0.05,170}$값과 $\chi^2_{0.95,168}$값이 필요하다. 그런데 이 경우 이들 값은 F 분포표에서 구할 수 없으므로 통계량 $\sqrt{2\chi^2} \sim N(\mu = \sqrt{2\nu - 1}, \sigma^2 = 1)$이 정규분포(평균 $\sqrt{2\nu - 1}$, 분산 1)에 근사한다는 성질을 이용하여 추정한다[66].

$$\mu = \sqrt{2\nu - 1} = \sqrt{2(168) - 1} = 18.30$$

$$z_{0.95} = -1.645 = \frac{\sqrt{2\chi^2} - 18.30}{1.0}$$

$$\chi^2_{0.95,168} = 138.69, \chi^2_{0.05,168} = 201.10$$

$$\frac{2(600,000)}{201.10} = 5,967 \le MTBF \le \frac{2(600,000)}{138.69} = 8,652$$

위에서 보는 것과 같이 이 경우 평균은 18.30, 분산은 1 에 해당하는 정규분포의 z 값은 -1.645이므로 각각의 카이제곱 값을 근사할 수 있으므로 평균수명의 하한 5,967km와 상한 8,652km를 구할 수 있다.

5.1.5 최소수명이 비음인 경우의 상황

다음은 지수분포의 최소수명이 비음인 경우인데 일반적인 two-parameter 지수분포의 확률밀도함수는 다음과 같다.

$$f(x;\theta,\delta) = \frac{1}{\theta}\exp[-(x-\delta)/\theta],\ x \ge \delta \ge 0, \theta \ge 0$$

여기서, θ는 평균수명(Mean Life)을 의미하고, δ는 최소수명(Minimum Life)을 의미한다. 위의 식을 기초로 신뢰도 함수는 다음과 같다.

$$R(x) = \exp[-(x-\delta)/\theta]$$

이 경우 Type II Censoring 기준으로 한 지수분포의 모수 추정치는 각각 다음 식과 같다.

$$\hat{\theta} = \frac{\sum_{i=2}^{r}(x_i - x_1) + (n-r)(x_r - x_1)}{r-1}$$
$$\hat{\delta} = x_1 - \frac{\hat{\theta}}{n} \tag{5.12}$$

위의 추정치로부터 신뢰도 추정치는 다음 식과 같이 표현할 수 있다.

$$\hat{R}(x) = \exp[-(x-\hat{\delta})/\hat{\theta}] \tag{5.13}$$

다음은 스프링의 고장 사이클을 나타내는 자료이다. 20개의 스프링을 시험하였으며 시험은 10번째 고장에서 중단되었다. 이 자료로부터 two-parameter 지수분포의 추정치를 구하고 신뢰도 함수를 구하시오.

〈표 5.11〉 Throttle return spring data

cycles to failure(x_i)	(x_i-x_1)
190,437	0
245,593	55,156
277,761	87,324
432,298	241,861
530,100	339,663
626,300	435,863
1,043,307	852,870
1,055,528	865,091
1,221,393	1,030,956
2,099,199	1,908,762

$$\hat{\theta} = \frac{\sum_{i=2}^{r}(x_i - x_1) + (n-r)(x_r - x_1)}{r-1} = \frac{5,817,546 + (10)(1,908,762)}{9} = 2,767,241 cycles$$

$$\hat{\delta} = x_1 - \frac{\hat{\theta}}{n} = 190,437 - \frac{2,767,241}{20} = 52,075 cycles$$

$$\hat{R}(x) = \exp[-(x-\hat{\delta})/\hat{\theta}] = \exp[-\frac{(x-52,075)}{2,767,241}],\ x \geq 52,075$$

앞서 언급한 수식을 이용하여 평균수명, 최소수명 및 신뢰도 함수의 추정치를 구할 수 있다.

다음은 평균수명, 최소수명 및 신뢰도 함수의 신뢰구간에 관한 내용이다. 평균수명의 신뢰구간은 $\frac{2(r-1)\hat{\theta}}{\theta}$ 값이 자유도 2r-2를 갖는 카이제곱 분포를 따른다는 점을 이용한다. 유의수준 α가 주어진 경우 확률식은 다음과 같다.

$$P[\chi^2_{1-\frac{\alpha}{2},2r-2} \leq \frac{2(r-1)\hat{\theta}}{\theta} \leq \chi^2_{\frac{\alpha}{2},2r-2}] = 1-\alpha \qquad (5.14)$$

100(1-α)% 양측검정의 경우, 신뢰구간은 다음과 같이 표현할 수 있다.

$$\frac{2(r-1)\hat{\theta}}{\chi^2_{\frac{\alpha}{2},2r-2}} \leq \theta \leq \frac{2(r-1)\hat{\theta}}{\chi^2_{1-\frac{\alpha}{2},2r-2}}$$

최소수명의 신뢰구간은 최소수명 δ의 상한을 최소 관측 고장 개수로 하고 여기서 최소시간을 x_1이라고 부른다. 이 경우 2개 값들에 대한 비율을 나타내는 다음 통계량을 사용한다.

$$F_{2,2r-2} = \frac{n(x_1 - \delta)}{\hat{\theta}} \qquad (5.15)$$

2종오류를 나타내는 β값이 주어진 경우, 확률값으로 표현하면 다음 식과 같이 된다.

$$p[0 \le \frac{n(x_1 - \delta)}{\hat{\theta}} \le F_{\beta,2,2r-2}] = 1 - \beta$$

100(1-β)% 양측구간의 신뢰구간은 다음과 같이 표현할 수 있다.

$$x_1 - \frac{\hat{\theta}}{n} F_{\beta,2,2r-2} \le \delta \le x_1 \tag{5.16}$$

위에서 언급한대로 신뢰구간의 상한을 나타내는 x_1은 최소시간을 의미한다.

신뢰도 함수의 신뢰구간은 다음과 같다. 유의수준 α가 주어졌을 때, θ의 하한과 상한을 각각 L', U'이라고 하고, β가 주어졌을 때 δ의 하한과 상한을 각각 L, U 라 하면 신뢰도 함수 추정치의 하한과 상한은 다음과 같이 표현할 수 있다.

$$\exp[-(x-L)/L'] \le R(x) \le \exp[-(x-U)/U'] \tag{5.17}$$

여기서, 새로운 유의수준은 $\alpha' = \alpha + \beta - \alpha\beta$가 되고, 이로서 100(1-$\alpha'$)% 양측구간에서의 신뢰도 추정치를 구할 수 있게 된다.

5.1.6 가설검정

우선 최소수명(δ, Minimum Life)에 대한 가설검정을 위하여 n개의 item이 시험에 투입되고 시험은 r개의 고장이 발생하면 중단된다고 가정한다. 여기서 순차로 정렬된 관측시간 x_1, x_2, …, x_r을 얻을 수 있는데, 가설검정의 관심은 최소수명을 나타내는 모수 δ에 대하여 다음과 같은 가설을 설정할 수 있다. 귀무가설과 대립가설은 다음과 같다.

$$\begin{aligned} H_0 &: \delta = 0 \\ H_1 &: \delta > 0 \end{aligned} \tag{5.18}$$

이 가설은 지수분포의 모수를 나타내는 두가지 모수(θ, δ)중 최소수명의 값이 zero(0)인지의 여부를 파악하는데 사용된다. 이 검정에 사용되는 통계량은 다음과 같다.

$$F_c = \frac{nx_1}{\hat{\theta}} \tag{5.19}$$

기각여부를 나타내는 기준은 다음과 같다.

$$F_c > F_{\alpha,2,2r-2} \tag{5.20}$$

위의 기준에 따라 귀무가설 H_0를 기각 또는 승인한다. 여기서, α는 유의수준을 의미한다.

다음은 평균수명(θ, Minimum Life)에 관한 가설검정이다. n개의 item이 시험에 투입되고 시험은 r개의 고장이 발생하면 중단된다고 가정한다. 가설검정에 사용되는 통계량은 $\frac{2r\hat{\theta}}{\theta}$이며, 자유도 2r인 카이제곱분포를 따른다는 사실에 기초한다. 이에 대한 귀무가설과 대립가설은 다음과 같다.

$$\begin{aligned} H_0 &: \theta \le \theta_0 \\ H_1 &: \theta > \theta_0 \end{aligned} \tag{5.21}$$

유의수준 α가 주어지면 귀무가설 H_0를 승인할 확률로부터 다음의 통계량 값을 계산한다.

$$\chi_c^2 = \frac{2r\hat{\theta}}{\theta_0} \tag{5.22}$$

기각여부를 나타내는 기준은 다음과 같다.

$$\chi_c^2 > \chi_{\alpha,2r}^2 \tag{5.23}$$

위의 기준에 따라 귀무가설 H_0를 기각 또는 승인한다. 여기서, α는 유의수준을 의미한다.

평균수명에 대한 다음과 같은 또 다른 가설을 생각할 수 있다.

$$\begin{aligned} H_0 &: \theta \ge \theta_0 \\ H_1 &: \theta < \theta_0 \end{aligned} \tag{5.24}$$

이 경우도 위와 같은 방법으로 기각 여부를 판단한다. 이 경우 통계량은 다음과 같다.

$$\chi_c^2 = \frac{2r\hat{\theta}}{\theta_0} \tag{5.25}$$

기각여부는 다음과 같이 판단한다.

$$\chi_c^2 < \chi_{1-\alpha,2r}^2 \tag{5.26}$$

위의 기준에 따라 귀무가설 H_0를 기각 또는 승인한다. 여기서, α는 유의수준을 의미한다.

다음은 두가지 서로 다른 형태의 샘플링에 의하여 획득한 고장 자료에 대한 가설검정의 경우로 이들 모수의 검정에 대한 가설검정을 논한다. 두 개 샘플링 된 고장자료의 평균수명(θ_1, θ_2)에 관하여 가설을 수립하면 다음과 같다.

$$H_0 : \theta_1 = \theta_2$$
$$H_1 : \theta_1 \neq \theta_2 \tag{5.27}$$

귀무가설을 두 개를 샘플링한 모수가 같다고 가정하고 다음과 같은 c값을 계산한다.

$$c = \frac{\sum_{j=1}^{r_2} (x_{2j} - x_2) + (n_2 - r_2)(x_{2r_2} - x_2)}{\sum_{j=1}^{r_1} (x_{1j} - x_{11}) + (n_1 - r_1)(x_{1r_1} - x_{11})} \tag{5.28}$$

가설검정에 필요한 통계량을 다음과 같이 설정한다.

$$F_c = \frac{r_1 - 1}{r_2 - 1} c \tag{5.29}$$

기각여부는 다음과 같이 판단한다.

$$F_c > F_{\frac{\alpha}{2}, 2r_2 - 2, 2r_1 - 2} \text{ 또는 } F_c < \frac{1}{F_{\frac{\alpha}{2}, 2r_1 - 2, 2r_2 - 2}} \tag{5.30}$$

위의 기준에 따라 귀무가설 H_0를 기각 또는 승인한다. 여기서, α는 유의수준을 의미한다.

다음은 최소수명(δ_1, δ_2)에 대한 가설검정이다. 가설은 다음과 같이 수립한다.

$$H_0 : \delta_1 = \delta_2$$
$$H_1 : \delta_1 \neq \delta_2 \tag{5.31}$$

귀무가설을 두 개를 샘플링한 모수가 같다고 가정하고 다음과 같은 d값을 계산한다.

$$d = \frac{n_2(x_{21} - r_{11})}{\sum_{j=1}^{r_2}(x_{2j} - x_{21}) + (n_2 - r_2)(x_{2r_2} - x_{21})} \tag{5.32}$$

가설검정에 필요한 통계량을 다음과 같이 설정한다.

$$F_c = \frac{(2r_2 - 2)}{2} d \tag{5.33}$$

기각여부는 다음과 같이 판단한다.

$$F_c > F_{\alpha, 2, 2r_2 - 2} \tag{5.34}$$

위의 기준에 따라 귀무가설 H_0를 기각 또는 승인한다. 여기서, α는 유의수준을 의미한다.

5.1.7 검정 완료를 위한 평균 검정시간

n개의 item이 시험에 투입되었고 r개의 결함이 발생하면 시험은 중단한다. 여기서 r번째 결함이 시간 t_r에서 발생하였다고 하면 시험종료시까지의 기대값(the expected time to test completion)과 분산을 다음과 같이 계산할 수 있다.

$$E(t_r) = \theta \sum_{i=1}^{r} \frac{1}{n - i + 1}$$

$$V(t_r) = \theta^2 \sum_{i=1}^{r} \frac{1}{(n - i + 1)^2} \tag{5.35}$$

5.2 와이블 분포

본 절은 와이블 분포의 일반적인 통계적 특성과 와이블 용지를 이용한 분포의 모수추정방법, 신뢰구간 및 적합도를 검정하기 위한 통계량 등을 포함한다.

5.2.1 와이블 분포의 통계적 특성

수명시험 응용분야에 가장 널리 사용되고 있는 3-parameter 와이블 분포의 분포함수는 다음과 같다.

$$F(x;\theta,\beta,\delta)=1-\exp[-(\frac{x-\delta}{\theta-\delta})^{\beta}],\quad x\geq\delta \tag{5.36}$$

여기서, θ : scale parameter 또는 characteristic life

β : shape parameter 또는 weibull slope

δ : location parameter 또는 minimum life

와이블 분포함수에서 Location Parameter δ = 0 인 경우, two-parameter 와이블 분포의 분포함수 F(x), 확률밀도함수 f(x) 및 고장률 함수 h(t)는 각각 다음과 같다.

$$F(x;\theta,\beta)=1-\exp[-(\frac{x}{\theta})^{\beta}],\quad x\geq 0$$

$$f(x;\theta,\beta)=\frac{\beta}{\theta}(\frac{x}{\theta})\exp[-(\frac{x}{\theta})^{\beta})],\quad x\geq 0 \tag{5.37}$$

$$h(t)=\frac{f(t)}{R(t)=1-F(t)}=\frac{\beta}{\theta}(\frac{t}{\theta})^{\beta-1},\quad t\geq 0$$

고장률 함수 h(t)는 $\beta<1$ 이면, 감소하고 $\beta>1$이고 증가하고 $\beta=1$ 이면 일정한 형태를 취한다.

와이블 분포의 평균과 분산은 다음과 같다.

$$\mu = \theta \Gamma(1 + \frac{1}{\beta})$$
$$\sigma^2 = \theta^2 [\Gamma(1 + \frac{2}{\beta}) - \{\Gamma(1 + \frac{1}{\beta})\}^2] \quad (5.38)$$

와이블 분포의 Shape Parameter β는 분포의 형태를 결정하는 요소이고 β가 증가하면 분포의 평균은 Characteristic Life θ에, 분산은 zero에 근접한다. 다음 표는 β의 증가에 따른 평균과 분산의 변화를 보여준다.

〈표 5.12〉 Mean and variance of weibull distribution as a function of the shape parameter β

β	Mean/θ	Variance/θ^2
0.5	2.0	20.0
1.0	1.0	1.0
2.0	0.8862	0.215
3.0	0.8934	0.105
3.5	0.8998	0.081
4.0	0.9064	0.065
5.0	0.9182	0.044
6.0	0.9275	0.033
10.0	0.9514	0.013
20.0	0.9730	0.004

〈표 5.13〉 Skewness and Kurtosis for weibull distribution

β	Skewness	Kurtosis
0.5	6.691	87.72
1.0	2.0	9.0
2.0	0.626	3.28
3.0	0.454	2.673
3.5	0.026	2.742
4.0	-0.062	2.925
5.0	-0.333	2.938

6.0	-0.905	3.624
10.0	-1.0	9.0
20.0	-2.0	25.0

일반적인 정규분포는 왜도(Skewness) 0과 첨도(Kurtosis) 3을 갖는데 Shape Parameter β가 3.5와 4.0일 때 와이블 분포는 정규분포에 근사한다.

와이블 분포의 Scale Parameter θ는 x축을 따라 분포의 위치에 도움을 주는데 특히 분포함수 F(x)에서 x=θ의 경우 다음과 같이 모든 β값에 대하여 면적이 0.632와 0.368로 양분됨을 알 수 있다.

$$F(x=\theta)=1-e^{-1}=0.632 \tag{5.39}$$

이러한 성질 때문에 와이블 분포의 Scale Parameter θ를 Characteristic Life라고 명하기도 한다.

5.2.2 와이블 용지를 이용한 모수 추정

와이블 분포의 모수 추정시 와이블 용지를 이용하여 추정하는 방법을 소개한다. 이를 위하여 와이블 분포 함수를 편리한 식으로 변경시키는 절차가 필요하다. 와이블 분포의 분포함수는 다음과 같다.

$$F(t)=1-e^{-(t/\theta)^{\beta}} \tag{5.40}$$

위의 식에 자연로그(Natural Logarithm)을 2회 취하면 다음과 같은 식이 된다.

$$\ln(\ln\frac{1}{1-F(t)})=\beta\ln t-\beta\ln\theta$$

위의 식을 Y=(1/β)X+A의 형태로 다시 전환시키면 다음 식과 같다.

$$\ln t = \frac{1}{\beta}\ln(\ln\frac{1}{1-F(t)}) + \ln\theta$$

위의 형태의 식을 이용하여 다음의 와이블 용지를 이용하여 모수를 추정할 수 있다.

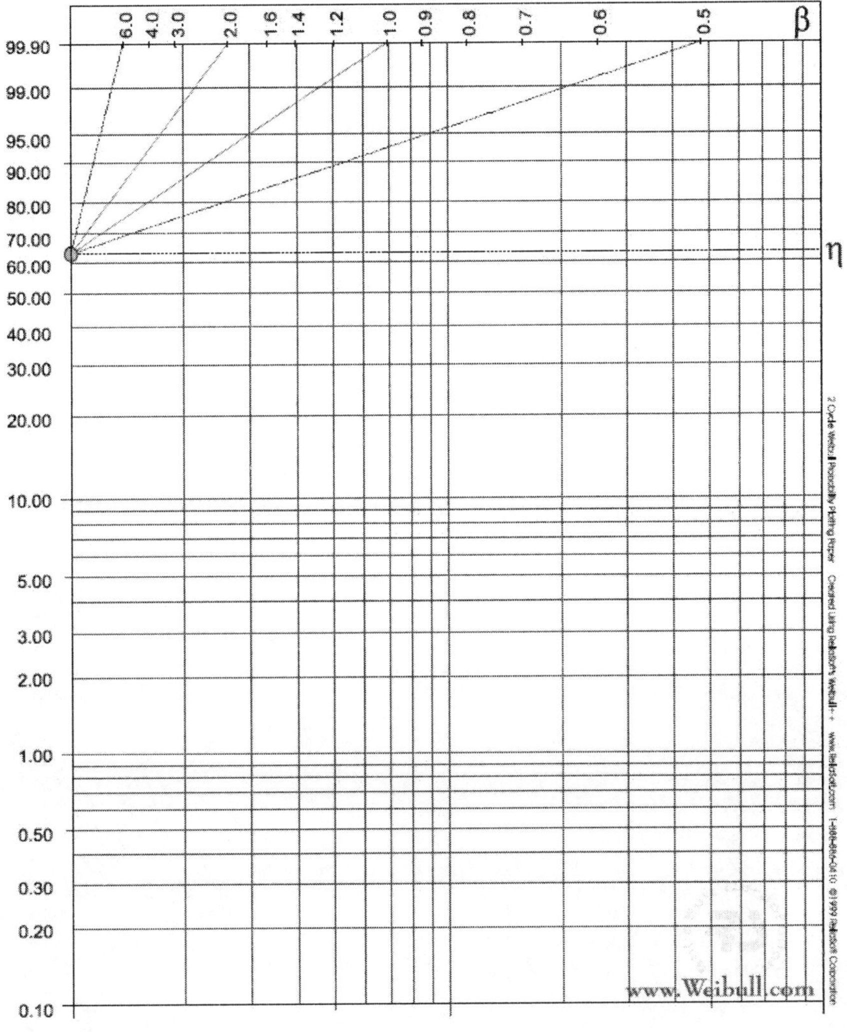

〈그림 5.2〉 와이블 용지

다음은 와이블 용지를 이용하여 모수를 추정한 사례이다. 주어진 고장시간 데이터는 다음 표와 같다.

〈표 5.14〉 Mean and Median rank values for a sample

Failure Time(hrs)	Mean rank	Median rank
67	0.167	0.129
120	0.333	0.314
130	0.500	0.500
220	0.667	0.686
290	0.833	0.871

우선 고장시간 데이터를 내림차순으로 정리하고 이를 이용하여 Mean Rank와 Median Rank를 각각 계산한다. 이는 와이블 용지에 고장시간을 플롯하기 위한 위함이다. mean rank와 median rank는 다음과 같이 구할 수 있다.

$$mean\ rank = \frac{j}{n+1}$$

$$median\ rank = \frac{j-0.3}{n+0.4}$$

5개의 고장시간 데이터를 와이블 용지에 플롯한 결과는 다음과 같다.

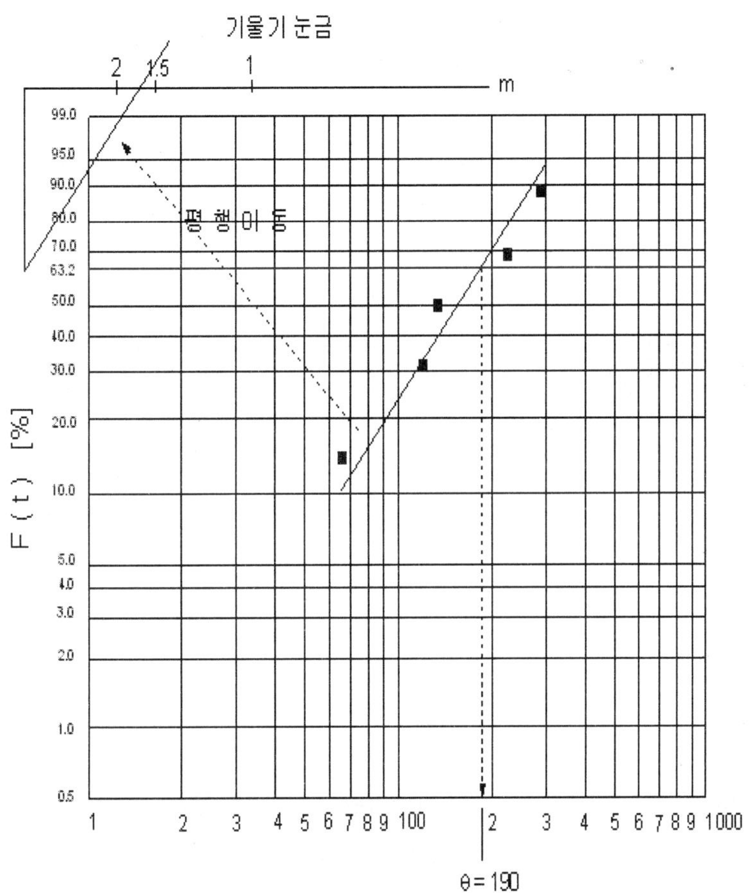

〈그림 5.3〉 와이블 용지에 의한 추정

추정한 와이블 분포의 모수 와이블 slope은 위의 그림에서 기울기 눈금을 보면 $\hat{\beta}$=1.6 임을 알 수 있고, Characteristic Life는 추정치 $\hat{\theta}$은 F(x=θ) = 0.632 로부터 연장선상의 직선과 만나는 점에서 x축으로 이동시키면 $\hat{\theta}$=190를 구할 수 있다.

다음은 3-parameter 와이블 분포 함수에서 Nonzero Minimum Life(δ 〉 0) 경우를 살펴보자.

$$F(x;\theta,\beta,\delta)=1-\exp[-(\frac{x-\delta}{\theta-\delta})^{\beta}],\quad x\geq\delta$$

이 경우도 앞서 설명한 대로 자연로그를 2회 취하고 수식을 정리하면 다음 식과 같다.

$$\ln(\ln\frac{1}{1-F(t)}) = \beta\ln(t-\delta) - \beta\ln(\theta-\delta)$$

고장시간 데이터가 주어졌을 때 와이블 용지에 플롯을 하게 되면 커브 형태로 나타나게 되는데 이 경우는 다음 데이터를 이용하여 자세히 살펴본다.

〈표 5.15〉 Grinding wheel life

wheel number	pieces per wheel
1	22,000
2	25,000
3	30,000
4	33,000
5	35,000
6	52,000
7	63,000
8	104,000

위의 표에서 보듯이 와이블 분포의 Minimum Life δ가 가질 수 있는 값은 0와 위의 표에서 가장 적은 값인 22,000에 위치한다. 이 경우 샘플에서 가장 적은 값이 Minimum Life 이다. 일반적으로 Minimum Life δ를 설정시 최소 샘플 값보다는 약간 작은 값을 선정한다. 이 경우 $0.9x_1$(19,800)을 선택한다. 이 최초 값을 기준으로 와이블 용지의 x축을 (x-19,800)으로 변경하여 다시 플롯하면 와이블 용지상에 직선의 형태로 나타나는 것을 알 수 있다. 이후 그래프를 이용하여 모수 (θ, β)를 추정하는 절차는 two-parameter 추정 절차를 따르면 된다.

5.2.3 와이블 분포의 통계적 추정

다음은 와이블 분포의 통계적 추정 절차에 대한 내용이다. 여기서는 모수 추정을 위하여 two-parameter 와이블 분포를 이용하고 분포함수는 다음 식과 같다.

$$F(x;\theta,\beta) = 1 - \exp[-(\frac{x}{\theta})^{\beta}], \quad x \geq 0$$

Two-parameter 와이블 분포의 확률변수를 t라 하고, x = lnt 로 치환하여 정리하면 분포함수 F(x)와 신뢰도 함수 R(x)는 다음 식과 같이 표현할 수 있다.

$$F(x) = 1 - \exp[-\exp(\frac{x-u}{b})], \quad -\infty < x < \infty$$

$$R(x) = 1 - F(x) = \exp[-\exp(\frac{x-u}{b})]$$

여기서, $u = \ln\theta, \quad b = \dfrac{1}{\beta}$ 를 의미한다.

t_1, t_2, …, t_r을 순차적으로 정리된 고장시간이라 하고, x_i = $\ln t_i$ 로 정의하면, 와이블 분포의 모수인 μ와 b는 다음 식으로부터 추정치를 얻을 수 있다.

$$\bar{u} = \sum_{i=1}^{r} a_i x_i, \quad \bar{b} = \sum_{i=1}^{r} c_i x_i \tag{5.41}$$

위의 식에서 a_i, c_i는 n과 r에 의해서 결정되는 선형가중요소(Linear Weight Factor)이다. 다음 표는 n=10, r=7의 경우 이에 해당하는 a_i 및 c_i 값을 나타낸다 [66].

〈표 5.16〉 Weights for estimates of the weibull distribution

n	r	i	a_i	c_i
10	7	1	-0.022198	-0.124170
		2	-0.006909	-0.126894
		3	0.013224	-0.118392
		4	0.037994	-0.100924
		5	0.068153	-0.073988
		6	0.105164	-0.035501
		7	0.804572	0.579868
E(LU)			0.16066059	
E(CP)			0.02762724	
E(LB)			0.11670571	

※ Mann, N. R., Results on location and scale parameter estimation with application to the extreme-value distribution : Aerospace Research Lab., Wright-Patterson Air Force Base, Ohio, ARL. 67-0023, Feb., 1967.
E(LU) : Expected loss for estimate of u
E(CP) : Expected cross product
E(LB) : Expected loss for estimate of b

위의 식으로부터 원래 와이블 분포의 추정치와 신뢰도 함수의 추정치를 각각 다음과 같이 구할 수 있다.

$$\overline{\theta} = e^{\overline{u}}, \quad \overline{\beta} = \frac{1}{\overline{b}}$$
$$\overline{R}(t) = \exp[-(\frac{t}{\overline{\theta}})^{\overline{\beta}}] \tag{5.42}$$

다음은 와이블 분포의 모수를 추정한 예제이다. 다음 표는 자동차의 후드 토션바(Hood Torsion Bars)의 고장 사이클을 나타낸다. 이 경우 10개의 샘플이 시험에 투입되었고 시험은 7번째 고장에서 종료되었다. 모수 추정을 위한 선형가중요소는 n=10, r=7을 적용한다.

〈표 5.17〉 시험자료

Cycles to Failure(t)	x=lnt	a_i	c_i
2,670	7.889834	-0.022198	-0.124170
5,810	8.667336	-0.006909	-0.126894
7,220	8.884610	0.013224	-0.118392
7,410	8.910586	0.037994	-0.100924
9,600	9.169518	0.068153	-0.073988
12,240	9.412465	0.105164	-0.035501
13,680	9.523690	0.804572	0.579868

위의 시험자료로부터 모수의 추정치를 다음과 같이 계산할 수 있다.

$$\bar{u} = \sum_{i=1}^{7} a_i x_i = 9{,}493{,}392, \quad \bar{b} = \sum_{i=1}^{7} c_i x_i = 0.479225$$

$$\bar{\theta} = e^{\bar{u}} = 13{,}272, \quad \bar{\beta} = \frac{1}{\bar{b}} = 2.07$$

신뢰도 추정 함수는 다음과 같으며 특정시간(t=200 cycles)에서의 신뢰도를 다음과 같이 계산할 수 있다.

$$\bar{R}(t) = \exp[-(\frac{t}{13{,}272})^{2.07}],$$

$$t = 200, \quad \bar{R}(t = 200) = 0.9998$$

와이블 분포의 모수에 대한 신뢰한계(Confidence Limits)는 다음과 같이 구할 수 있다. 우선 모수 b의 신뢰한계를 구하기 위해서는 $W = \frac{\bar{b}}{b}$ 통계량이 필요하다. 유의수준 α가 주어졌을 때 이를 확률식으로 표현하면 다음 식과 같다.

$$P[W_{1-\frac{\alpha}{2}} \le W = \frac{\bar{b}}{b} \le W_{\frac{\alpha}{2}}] = 1 - \alpha \tag{5.43}$$

위의 식을 b의 상한과 하한으로 표현하면 다음 식과 같다.

$$\frac{\bar{b}}{W_{\frac{\alpha}{2}}} \le b \le \frac{\bar{b}}{W_{1-\frac{\alpha}{2}}}$$

$\bar{\beta} = \frac{1}{\bar{b}}$ 이므로 결국 와이블 모수 β의 신뢰한계를 다음과 같이 구할 수 있다.

$$\frac{W_{1-\frac{\alpha}{2}}}{\bar{b}} \le \beta \le \frac{W_{\frac{\alpha}{2}}}{\bar{b}} \tag{5.44}$$

다음 표는 유의수준 α(0.02-0.98)가 주어지고, n=10 을 가정하였을 때의 W값을 나타내는 도표이다[66].

〈표 5.18〉 Percentiles of the distribution of the statistic W

		1-α										
n	r	0.02	0.05	0.10	0.25	0.40	0.50	0.60	0.75	0.90	0.95	0.98
10	3	0.08	0.13	0.19	0.34	0.48	0.59	0.71	0.93	1.31	1.59	1.92
	4	0.16	0.23	0.30	0.46	0.60	0.70	0.80	1.00	1.33	1.57	1.86
	5	0.23	0.30	0.38	0.54	0.68	0.77	0.86	1.04	1.33	1.53	1.77
	6	0.29	0.37	0.45	0.60	0.73	0.81	0.90	1.06	1.32	1.49	1.71
	7	0.34	0.42	0.50	0.65	0.77	0.84	0.92	1.07	1.31	1.46	1.66
	8	0.39	0.47	0.54	0.69	0.80	0.87	0.95	1.08	1.29	1.43	1.60
	9	0.43	0.51	0.59	0.73	0.83	0.89	0.96	1.08	1.28	1.40	1.55
	10	0.48	0.55	0.62	0.76	0.85	0.91	0.98	1.09	1.26	1.38	1.51

※ Mann, N. R., Confidence and tolerance bounds and a new goodness-of-fit test for two-parameter weibull or extreme value distribution : Aerospace Research Lab., Wright-Patterson Air Force Base, Ohio, May, 1971.

이전의 예제를 이용하여 와이블 모수 β의 신뢰한계를 구해보자. 여기서 유의수준 α=0.1, n=10, r=7을 적용한다. 유의수준이 주어졌을 때 위의 표로부터 W 통계량 값을 다음과 같이 구할 수 있다.

$$W_{0.05} = 1.46, \quad W_{0.95} = 0.42$$

그러므로 와이블 모수 β의 신뢰한계는 다음과 같이 계산할 수 있다.

$$Weibull\ slope\ \beta : \frac{W_{1-\frac{\alpha}{2}}}{\bar{b}} = \frac{0.42}{0.479225} \leq \beta \leq \frac{W_{\frac{\alpha}{2}}}{\bar{b}} = \frac{1.46}{0.479225}$$

다음은 모수 u의 신뢰한계를 구하기 위해서는 $V = \frac{\bar{u} - u}{\bar{b}}$ 통계량이 필요하다. 유의수준 α가 주어졌을 때 이를 확률식으로 표현하면 다음 식과 같다.

$$P[V_{1-\frac{\alpha}{2}} \le V = \frac{\bar{u}-u}{\bar{b}} \le V_{\frac{\alpha}{2}}] = 1-\alpha \qquad (5.45)$$

위의 식을 u의 상한과 하한으로 표현하면 다음 식과 같다.

$$\bar{u} - \bar{b}V_{\frac{\alpha}{2}} \le u \le \bar{u} - \bar{b}V_{1-\frac{\alpha}{2}}$$

$\theta = e^u$ 이므로 결국 와이블 모수 θ의 신뢰한계를 다음과 같이 구할 수 있다.

$$\exp(\bar{u} - \bar{b}V_{\frac{\alpha}{2}}) \le \theta \le \exp(\bar{u} - \bar{b}V_{1-\frac{\alpha}{2}}) \qquad (5.46)$$

다음 표는 유의수준 α(0.02-0.98)가 주어지고, n=10을 가정하였을 때의 V값을 나타내는 도표이다[66].

〈표 5.19〉 Percentiles of the distribution of the statistic V

		1-α										
n	r	0.02	0.05	0.10	0.25	0.40	0.50	0.60	0.75	0.90	0.95	0.98
10	3	-17.45	-9.98	-6.05	-2.58	-1.29	-0.76	-0.34	0.17	0.66	0.87	1.07
	4	-6.54	-4.17	-2.70	-1.22	-0.58	-0.28	-0.04	0.27	0.60	0.77	0.96
	5	-3.56	-2.37	-1.56	-0.73	-0.31	-0.12	0.05	0.28	0.56	0.72	0.93
	6	-2.21	-1.51	-1.03	-0.48	-0.19	-0.04	0.09	0.28	0.54	0.71	0.92
	7	-1.56	-1.08	-0.77	-0.35	-0.12	-0.00	0.11	0.28	0.54	0.70	0.93
	8	-1.20	-0.86	-0.62	-0.27	-0.08	0.02	0.12	0.28	0.53	0.71	0.93
	9	-0.97	-0.70	-0.50	-0.23	-0.06	0.04	0.13	0.29	0.54	0.71	0.93
	10	-0.80	-0.60	-0.44	-0.20	-0.04	0.04	0.14	0.29	0.54	0.71	0.92

※ Mann, N. R., Confidence and tolerance bounds and a new goodness-of-fit test for two-parameter weibull or extreme value distribution : Aerospace Research Lab., Wright-Patterson Air Force Base, Ohio, May, 1971.

동일한 예제를 이용하여 와이블 모수 θ의 신뢰한계를 구해보자. 여기서 유의수준 α=0.1, n=10, r=7을 적용한다. 유의수준이 주어졌을 때 위의 표로부터 V 통계량 값을 다음과 같이 구할 수 있다.

$$V_{0.05} = 0.70, \quad V_{0.95} = -1.08$$

그러므로 와이블 모수 θ의 신뢰한계는 다음과 같이 계산할 수 있다.

$$\exp(\overline{u} - \overline{b}V_{\frac{\alpha}{2}}) \le \theta \le \exp(\overline{u} - \overline{b}V_{1-\frac{\alpha}{2}})$$
$$\exp(9.493392 - (0.479225)(0.70)) \le \theta \le \exp(9.493392 - (0.479225)(-1.08))$$
$$9{,}489 \le \theta \le 22{,}269$$

5.2.4 분포의 적합도 검정

와이블 분포의 적합도 검정을 위한 가설은 다음과 같다.

H_0 : 고장 데이터가 weibull 분포를 따른다
H_1 : 고장 데이터가 weibull 분포를 따르지 않는다

가설을 검정하기 위하여 우선 t_1, t_2, …, t_r을 순차적으로 정렬된 고장시간이라 하고 n개의 item이 시험에 투입되고 r개의 결함이 발생하면 시험은 중단된다고 가정한다. 검정을 위한 통계량 S는 다음 식과 같다.

$$S = \frac{\sum_{i=[r/2]+1}^{r-1} [\frac{(x_{i+1} - x_i)}{M_i}]}{\sum_{i=1}^{r-1} [\frac{(x_{i+1} - x_i)}{M_i}]} \qquad (5.47)$$

여기서, $x_i = \ln t_i$를, [ ]는 가장 큰 정수를 각각 의미한다. M_i 값은 〈표 5.22〉에서 찾을 수 있다. 주어진 고장시간을 이용하여 S 통계량을 계산하고 다음의 기각역과 비교하여 가설의 기각여부를 다음과 같이 결정한다.

S 〉 Critical Value : 귀무가설 기각

S 〈 Critical Value : 귀무가설 수락

다음은 와이블 분포(Non Zero Minimum Life Case, δ 〉 0)의 적합도 검정에 대한 예제이다. 검정을 위한 유의수준 α=0.05를 적용하고 고장 자료는 다음 표와 같다.

〈표 5.20〉 Grinding wheel life

wheel number	pieces per wheel
1	22,000
2	25,000
3	30,000
4	33,000
5	35,000
6	52,000
7	63,000
8	104,000

위의 고장자료로부터 와이블 분포의 적합도 검정을 위한 값을 다음 표와 같이 계산한다.

〈표 5.21〉 Grinding wheel life data

t_i	x_i = $\ln t_i$	M_i	$x_{i+1}-x_i$	$(x_{i+1}-x_i)/M_i$
22,000	9.998798	1.068252	0.127833	0.119666
25,000	10.126631	0.577339	0.192323	0.315796
30,000	10.308953	0.422889	0.095310	0.225379
33,000	10.404263	0.356967	0.058841	0.164835
35,000	10.463103	0.334089	0.395896	1.185001
52,000	10.859000	0.349907	0.191891	0.548406
63,000	11.050890	0.449338	0.501256	1.115544
104,000	11.552146			

이 경우 [r/2]+1=5 이고 해당하는 통계량 S는 다음과 같이 계산할 수 있다.

$$S=\frac{\sum_{i=[r/2]+1}^{r-1}[\frac{(x_{i+1}-x_i)}{M_i}]}{\sum_{i=1}^{r-1}[\frac{(x_{i+1}-x_i)}{M_i}]}=\frac{2.848957}{3.674627}=0.78$$

Critical Value를 구하기 위하여 n=r=8, 유의수준 α=0.05를 다음 표에서 구한다 [66].

〈표 5.22〉 Percentiles of the distribution of S and expected values of M_i

n	i	M_i	0.75	0.80	0.85	0.90	0.95	0.99
8	1	1.068252						
	2	0.577339						
	3	0.422889	0.75	0.80	0.85	0.90	0.95	0.99
	4	0.356967	0.50	0.55	0.61	0.68	0.77	0.90
	5	0.334089	0.67	0.71	0.75	0.80	0.86	0.94
	6	0.349907	0.54	0.58	0.62	0.67	0.74	0.85
	7	0.449338	0.64	0.67	0.70	0.74	0.80	0.89
	8		0.55	0.58	0.61	0.65	0.71	0.81

※ Mann, N. R., Confidence and tolerance bounds and a new goodness-of-fit test for two-parameter weibull or extreme value distribution : Aerospace Research Lab., Wright-Patterson Air Force Base, Ohio, May, 1971.

S=0.78이고 위의 도표에서 Critical Value는 0.71임을 알 수 있고, 결론적으로 고장자료가 two-parameter 와이블 분포를 따른다는 가설을 기각한다.

제6장

시스템 신뢰도 최적화 해법

제6장 시스템 신뢰도 최적화 해법

System Reliability

본 장에서는 시스템 신뢰도를 최적화하기 위한 해법을 주로 다룬다. 지금까지 소개된 신뢰도 최적화 해법들을 분류하고 신뢰도 할당 방법, 신뢰도 최적화 모형 그리고 이를 해결할 수 있는 메타 휴리스틱을 중점으로 다룬다. 신뢰도 할당은 시스템의 신뢰도 목표 값을 구체화하여 상위 레벨에서부터 하위 레벨까지 하향식(Top-Down)으로 배분하는 것으로 단순, 균등, Base, AGREE, ARINC, Effort Minimization Algorithm 등이 소개되고 있다.

최적화 모형의 경우 선형계획모형은 가분성(Divisibility)의 가정은 결정변수가 분수 또는 소수의 값을 가질 수 있음을 의미한다. 그러나 실제 문제에서는 결정변수의 값으로 정수를 요구하고 있는 경우가 많으며, 기계, 차량 등의 정수형 결정변수 필요성을 해결하기 위하여 정수계획법을 활용한다. 정수계획법은 모든 결정변수가 정수인 순수정수계획모형(Pure Integer Programming Model), 정수인 결정변수와 연속적인 결정변수가 혼합되어 있는 혼합정수계획모형(Mixed Integer Programming Model), 모든 결정변수가 0과 1로 구성된 0-1 정수계획모형(0-1 Integer Programming Model) 또는 이진정수계획모형(Binary Integer Programming Model)으로 분류된다. 이러한 정수계획법을 해결하기 위하여 수많은 최적화 해법들이 제시되었으며, 대표적인 해법으로 분지 한계법, 절단 평면법, 분지 절단법 등이 있다.

현실 문제에서 의사결정시 다양한 변수를 고려하여야 하나 정보의 부족과 시간의 제약으로 인하여 계산에 방대한 시간이 소요되는 최적화 해법이 적용된 완벽한 의사결정을 할 수 없으며, 제한된 정보와 시간의 제약을 고려하여 실현이 가능한 해답이 필요한데 이를 해결하는 방법이 휴리스틱이다. 휴리스틱은 한정된 시간 내에 수행하기 위해 가장 이상적인 해를 구하는 것이 아니라 현실적으로 만족할 만한 수준의 해답을 찾는 것이다.

휴리스틱은 해결하고자 하는 문제마다 각기 그 특성에 맞추어 개발해야 하고, 국부 최적해에 빠지기 쉬운 단점이 있다. 휴리스틱의 단점을 보완하고, 해결하고

자 하는 문제가 갖는 특성에 크게 구속되지 않으며, 다양한 문제에 적용 가능한 상위 수준의 휴리스틱 기법이 메타 휴리스틱이다. 메타 휴리스틱은 유전자 알고리즘, 모의 담금질, 금단 검색법, 개미 군집 최적화, 개체군집최적화 등이 있으며, 개념과 이론이 단순하고, 해 공간의 탐색성능이 우수하여 공학, 자연과학, 경영학, 사회과학 등 최적화 분야 또는 의사결정 분야에 널리 활용되고 있다. 본 장에서는 시스템 신뢰도 최적화 분류, 신뢰도 할당 방법, 동적 계획법, 각종 형태의 최적화 모형과 이를 해결할 수 있는 유전자 알고리즘, 개체군집최적화 해법 등의 위주로 기술한다.

6.1 시스템 신뢰도 최적화 분류

가용한 자원을 활용하여 최적의 신뢰도를 달성할 수 있는 시스템 구조를 결정하는 문제를 시스템 신뢰도 최적화 문제(System Reliability Optimization Problem)라 한다. 시스템을 설계할 때 사용되는 구성품들은 동일한 기능을 수행하지만 다양한 특성(신뢰도, 비용, 중량, 부피 등)을 갖는 여러 가지 대안들을 가지며, 이러한 대안들 중에서 최적의 구성품을 선택하여 시스템을 구성하게 된다.

시스템 신뢰도 최적화 문제의 목적은 비용, 중량, 부피 등과 같은 제약사항들을 고려하여 시스템의 신뢰도를 최대화하는 것이다. 시스템 신뢰도 향상을 위한 방법으로는 시스템을 구성하고 있는 구성품 자체의 신뢰도를 증가시키는 방법, 신뢰도가 낮은 부분을 중복으로 설계하는 방법, 이 두 가지를 혼합하는 방법, 구성품의 배치를 변경하는 방법 등이 있다. 시스템 신뢰도 최적화는 다음 〈표 6.1〉과 같이 분류할 수 있다.

본 절에서는 시스템 신뢰도를 향상을 위한 방법인 신뢰도 최적화, 중복 최적화, 신뢰도-중복 최적화, 구성품 할당 최적화 문제에 대한 이론과 관련 연구에 관해 살펴본다.

〈표 6.1〉 시스템 신뢰도 최적화 분류

구 분	내 용
신뢰도 최적화 (Reliability Optimization)	시스템을 구성하고 있는 구성품 자체의 신뢰도를 증가시키기 위하여 여러 개의 대안 중에서 최적의 신뢰도를 갖는 구성품을 결정하는 방법
중복 최적화 (Redundancy Optimization)	신뢰도가 낮은 부분을 중복으로 설계하는 방법
신뢰도-중복 최적화 (Reliability-Redundancy Optimization)	최적의 신뢰도를 갖는 구성품과 중복을 동시에 결정하는 방법
구성품 할당 최적화 (Component Assignment Optimization)	구성품의 배치를 변경하는 방법

6.1.1 신뢰도 최적화(Reliability Optimization)

신뢰도 최적화 문제는 신뢰도와 각종 자원(비용, 중량, 부피 등)으로 이루어진 다양한 구성품 대안들 중에서 특정 구조를 가진 시스템에 어떤 구성품을 배치하는 것이 제약조건하에서 전체 시스템의 신뢰도를 최대화할 수 있느냐에 대한 문제이다. 시스템의 신뢰도를 향상시키기 위하여 가용한 자원제약 내에서 시스템의 신뢰도를 최대화 할 수 있는 구성품을 결정하여야 한다.

신뢰도 최적화 문제는 구성품의 신뢰도가 0과 1사이의 실수 형태이고, 구성품의 수량은 0과 1로 이루어진 이진 정수 형태로 표현되는 혼합 이진 정수 최적화 문제(Mixed Binary Integer Optimization Problem)가 되며, Garey & Johnson[50]은 배낭문제(Knapsack Problem)와 동일하고, NP-hard인 조합 최적화 문제(Combinatorial Optimization Problem)라 정의하였다.

전체 시스템의 신뢰도를 최대화하기 위한 신뢰도 최적화 문제의 모형은 다음과 같다.

$$\begin{aligned} &Maximize \quad R_S = f(r_1, r_2, r_3, \cdots, r_n) \\ &s.t. \quad g_i(r_1, r_2, r_3, \cdots, r_n) \le b_i \\ &0 \le r_j \le 1,\ j = 1,2,3,\cdots,n,\ i = 1,2,3,\cdots,m \end{aligned} \tag{6.1}$$

여기서, j : 서브시스템($j=1,2,3,\cdots,n$)
i : 자원($i=1,2,3,\cdots,m$)
r_j : 서브시스템 j의 구성품 신뢰도
$g_i(r_j)$: 각 서브시스템의 구성품에 소요되는 i 자원
b_i : 가용한 i 자원
R_S : 전체 시스템의 신뢰도

최적화 모형의 목적함수는 전체 시스템의 신뢰도를 최대화 하는 것으로 비선형 함수로 표현되며, 제약함수는 시스템을 구성함에 있어 가용한 자원(비용, 중량, 부피 등)의 제약을 의미하는 것으로 선형 또는 비선형으로 표현된다.

전체 시스템의 신뢰도는 목표 신뢰도 이상을 유지하면서 소요비용을 최소화하기 위한 신뢰도 최적화 문제의 모형은 다음과 같다.

$$\begin{aligned} &Minimize \quad C_S = f(r_1, r_2, r_3, \cdots, r_n) \\ &s.t. \quad R_S \ge R_O \\ &g_i(r_1, r_2, r_3, \cdots, r_n) \le b_i \\ &0 \le r_j \le 1,\ j=1,2,3,\cdots,n,\ i=1,2,3,\cdots,m \end{aligned} \tag{6.2}$$

여기서, j : 서브시스템($j=1,2,3,\cdots,n$)
i : 자원($i=1,2,3,\cdots,m$)
r_j : 서브시스템 j의 구성품 신뢰도
$g_i(r_j)$: 각 서브시스템의 구성품에 소요되는 i 자원
b_i : 가용한 i 자원
R_S : 전체 시스템의 신뢰도
R_O : 전체 시스템의 목표 신뢰도
C_S : 전체 시스템의 구성품에 소요되는 비용

최적화 모형의 목적함수는 전체 시스템을 구성하기 위하여 소요되는 비용을 최소화하는 것으로 선형 함수로 표현되며, 제약함수는 시스템을 구성함에 있어 전체

시스템의 신뢰도를 목표 신뢰도 이상 유지하고, 가용한 자원의 제약 내에서 구성하는 것을 의미하는 것으로 선형 또는 비선형으로 표현된다.

이러한 신뢰도 최적화 문제의 해를 구하기 위하여 다양한 연구들이 수행되었다. Ait-Kadi & Nourelfath[18]는 비선형 목적함수를 갖는 이진 정수계획 모형을 제시하였고, Sasaki et al.[94], Djerdjour & Rekab[42]은 목표 신뢰도를 만족하면서 비용 최소화를 위하여 구성품을 선택하는 신뢰도 최적화 문제를 제시하였으며, 이무궁화 등[12]은 최소 비용을 기반으로 하는 저고도 레이더의 신뢰도 최적화 문제를 제안하였다. Sung & Cho[100]는 중복 설계를 고려하지 않고, 비용의 제약을 갖는 직렬시스템에 대한 최적해를 탐색하기 위하여 가능한 해집합에서 최적해를 구성하는데 도움이 되지 않는 불필요한 변수들을 제거하는 두 가지 특성을 적용한 새로운 분지 한계법(Branch-and-Bound Method)을 제안하였다. Kuo et al.[73]은 최근 신뢰도 최적화 문제를 다루기 위하여 메타 휴리스틱 기법이 주요하게 적용된다고 하였으며, Gen et al.[52]은 유전자 알고리즘(Genetic Algorithm), Nourelfath & Nahas[87]는 신경망(Neural Network), Nahas & Nourelfath[83]는 개미 군집 최적화(Ant Colony Optimization)를 이용한 시스템 신뢰도 최적 설계 문제를 제시하였다. 김호균 등[7]은 모의 담금질(Simulated Annealing)을 이용한 최적해를 탐색하였고, 김호균 등[6]은 금단 검색법(Tabu Search)을 이용하여 구한 해를 모의 담금질의 초기해로 다시 설정하여 탐색하는 재최적화 절차(Reoptimization Procedure)를 제시하였으며, 김기태와 전건욱[2]은 병렬 유전자 알고리즘(Parallel Genetic Algorithm)을 수행한 이후 지역 탐색 알고리즘인 Swap, 2-opt 휴리스틱 과정을 통하여 해를 개선하는 하이브리드 병렬 유전자 알고리즘(Hybrid Parallel Genetic Algorithm)을 제시하였다. 신뢰도 최적화 문제의 기존 연구들은 다음 〈표 6.2〉와 같다.

6.1.2 중복 최적화(Redundancy Optimization)

중복 최적화 문제는 각 서브시스템에 대하여 신뢰도가 동일한 구성품을 병렬로 추가하여 연결함으로써 전체 시스템의 신뢰도를 최대화할 수 있느냐에 대한 문제이다. 이는 가용한 자원제약 내에서 각 서브시스템에 대한 구성품의 중복 수를 결정하는 문제로 표현할 수 있다.

중복 최적화 문제는 구성품의 신뢰도가 0과 1사이의 실수 형태이고, 구성품의 중복 수량은 1에서 상한 사이의 정수 형태로 표현되는 혼합 정수 최적화 문제가

〈표 6.2〉 신뢰도 최적화 문제 기존 연구

제 안 자	내 용
Ait-Kadi & Nourelfath[18]	비선형 목적함수를 갖는 이진 정수계획 모형 제시
Sasaki et al.[94], Djerdjour & Rekab[42]	목표 신뢰도를 만족하는 비용 최소화 문제 해결
이무궁화 등[12]	최소 비용 기반 저고도 레이더의 신뢰도 최적화
Sung & Cho[100]	중복 설계를 고려하지 않고, 비용의 제약을 갖는 직렬시스템에 대한 분지 한계법 제안
Gen et al.[52]	유전자 알고리즘을 이용한 시스템 신뢰도 최적 설계
Nourelfath & Nahas[87]	신경망을 이용한 시스템 신뢰도 최적 설계
Nahas & Nourelfath[83]	개미 군집 최적화를 이용한 시스템 신뢰도 최적 설계
김호균 등[7]	모의 담금질을 이용하여 최적해를 탐색
김호균 등[6]	금단 검색법을 이용하여 구한 해를 모의 담금질의 초기해로 다시 설정하여 탐색(재최적화)
김기태와 전건욱[2]	병렬 유전자 알고리즘을 수행 후 지역 탐색 알고리즘(Swap, 2-opt)을 통하여 해를 개선하는 하이브리드 병렬 유전자 알고리즘 제시

되며, NP-hard[50]인 조합 최적화 문제이다.

전체 시스템의 신뢰도를 최대화하기 위한 중복 최적화 문제의 모형은 다음과 같다.

$$\begin{aligned} &Maximize \quad R_S = f(x_1, x_2, x_3, \cdots, x_n) \\ &s.t. \quad g_i(x_1, x_2, x_3, \cdots, x_n) \le b_i \\ &1 \le x_j \le u_j,\ j = 1,2,3,\cdots,n,\ i = 1,2,3,\cdots,m \end{aligned} \tag{6.3}$$

여기서, j : 서브시스템($j = 1,2,3,\cdots,n$)

i : 자원($i = 1,2,3,\cdots,m$)

x_j : 서브시스템 j의 구성품 중복 수

$g_i(x_j)$: 각 서브시스템의 구성품 중복에 소요되는 i 자원

b_i : 가용한 i 자원

u_j : 서브시스템 j의 구성품 중복 상한

R_S : 전체 시스템의 신뢰도

최적화 모형의 목적함수는 전체 시스템의 신뢰도를 최대화 하는 것으로 비선형 함수로 표현되고, 제약함수는 각 서브시스템에 구성품을 중복함에 있어 가용한 자원의 제약을 의미하는 것으로 선형 또는 비선형으로 표현된다.

전체 시스템의 신뢰도는 목표 신뢰도 이상을 유지하면서 소요비용을 최소화하기 위한 중복 최적화 문제의 모형은 다음과 같다.

$$\begin{aligned} Minimize \quad & C_S = f(x_1, x_2, x_3, \cdots, x_n) \\ s.t. \quad & R_S \geq R_O \\ & g_i(x_1, x_2, x_3, \cdots, x_n) \leq b_i \\ 1 \leq x_j \leq u_j, \ & j = 1,2,3,\cdots,n, \ i = 1,2,3,\cdots,m \end{aligned} \tag{6.4}$$

여기서, j : 서브시스템$(j = 1,2,3,\cdots,n)$

i : 자원$(i = 1,2,3,\cdots,m)$

x_j : 서브시스템 j의 구성품 중복 수

$g_i(x_j)$: 각 서브시스템의 구성품 중복에 소요되는 i 자원

b_i : 가용한 자원 i

u_j : 서브시스템 j의 구성품 중복 상한

R_S : 전체 시스템의 신뢰도

R_O : 전체 시스템의 최소 요구 신뢰도

C_S : 전체 시스템의 구성품 중복에 소요되는 비용

최적화 모형의 목적함수는 전체 시스템을 구성하기 위하여 소요되는 비용을 최소화하는 것으로 선형 함수로 표현되며, 제약함수는 각 서브시스템에 구성품을 중복함에 있어 전체 시스템의 신뢰도를 목표 신뢰도 이상 유지하고, 가용한 자원의 제약 내에서 구성하는 것을 의미하는 것으로 선형 또는 비선형으로 표현된다.

각종 구성품의 개발 및 제조 기술수준이 향상되어 구성품의 신뢰도가 매우 우수하므로 중복 최적화에 관한 연구가 활발히 수행되고 있다. Misra[82]는 중복 최적화 문제를 해결하기 위하여 해 공간의 경계를 탐색하는 최적화 해법을 적용하였으며, Bai et al[21]은 재생 이론(Renewal Theory)을 이용하여 비용을 최소화하는 최적의 중복 수를 산출하였다. 비선형 제약함수를 갖는 중복 최적화 문제를 해결하기 위하여 Nakagawa & Nakashima[85], Kuo et al.[70], Gopal et al.[56],

Sharma & Venkateswaran[98]은 휴리스틱 기법을 적용하였으며, Nakagawa & Miyazaki[84]는 대리제약(Surrogate Constraints)을 이용한 알고리즘으로 해결한 후 휴리스틱을 이용한 결과와 비교하였다. Painton & Campbell[88]은 컴퓨터 설계와 관련한 중복 최적화 문제를 해결하기 위하여 유전자 알고리즘을 적용하였으며, Ida et al.[63], Yokota et al.[106]은 두 가지 고장모드를 갖는 직렬 시스템의 중복 최적화 문제에 유전자 알고리즘을 적용하였다. 중복 최적화 문제의 기존 연구들은 다음 〈표 6.3〉과 같다.

〈표 6.3〉 중복 최적화 문제 기존 연구

제 안 자	내 용
Misra[82]	해 공간의 경계를 탐색하는 최적화 해법 적용
Bai et al[21]	재생 이론으로 최소 비용 최적 중복 수 산출
Nakagawa & Nakashima[85] Kuo et al.[70] Gopal et al.[56] Sharma & Venkateswaran[98]	휴리스틱 기법을 적용하여 비선형 제약함수를 갖는 중복 최적화 문제를 해결
Nakagawa & Miyazaki[84]	대리제약을 이용하여 문제를 해결한 후 휴리스틱을 이용한 결과와 비교
Painton & Campbell[88]	유전자 알고리즘을 이용하여 컴퓨터 설계와 관련한 중복 최적화 문제 해결
Ida et al.[63] Yokota et al.[106]	유전자 알고리즘을 이용하여 두 가지 고장모드를 갖는 직렬 시스템의 중복 최적화 문제 해결

6.1.3 신뢰도-중복 최적화(Reliability-Redundancy Optimization)

신뢰도-중복 최적화 문제는 주어진 자원제약 하에서 전체 시스템의 신뢰도를 최대화할 수 있도록 각 서브시스템에 대하여 신뢰도와 각종 자원(비용, 중량, 부피 등)으로 이루어진 다양한 구성품 대안들 중에서 시스템에 배치할 최적의 구성품 신뢰도와 병렬로 추가 연결하기 위한 중복 수를 동시에 결정하는 문제이다.

신뢰도-중복 최적화 문제에서 구성품의 신뢰도는 0과 1사이의 실수 형태로 표현되고, 중복 수는 정수 형태로 표현되므로 혼합 정수 최적화 문제(Mixed Integer Optimization Problem)가 되며, Chern[30]은 NP-hard인 조합 최적화 문제라 하였다.

전체 시스템의 신뢰도를 최대화하기 위한 신뢰도-중복 최적화 문제의 모형은 다음과 같다.

$$\begin{aligned} Maximize \quad & R_S = f(x_1, x_2, x_3, \cdots, x_n; r_1, r_2, r_3, \cdots, r_n) \\ s.t. \quad & g_i(x_1, x_2, x_3, \cdots, x_n; r_1, r_2, r_3, \cdots, r_n) \le b_i \end{aligned} \tag{6.5}$$

$$1 \le x_j \le u_j,\ 0 \le r_j \le 1,\ j = 1,2,3,\cdots,n,\ i = 1,2,3,\cdots,m$$

여기서, j : 서브시스템($j = 1,2,3,\cdots,n$)

i : 자원($i = 1,2,3,\cdots,m$)

x_j : 서브시스템 j의 구성품 중복 수

r_j : 서브시스템 j의 구성품 신뢰도

$g_i(x_j; r_j)$: 각 서브시스템의 구성품 및 중복에 소요되는 i 자원

b_i : 가용한 i 자원

u_j : 서브시스템 j의 구성품 중복 상한

R_S : 전체 시스템의 신뢰도

최적화 모형의 목적함수는 전체 시스템의 신뢰도를 최대화 하는 것으로 비선형 함수로 표현되고, 제약함수는 구성품과 중복을 이용하여 시스템을 구성함에 있어 가용한 자원의 제약을 의미하며, 선형 또는 비선형으로 표현된다.

비선형 목적함수를 갖는 신뢰도-중복 최적화 문제를 CPLEX나 분지한계법 및 절단평면법과 같은 최적화 해법으로 해결하기 위하여 다음과 같이 0-1 정수계획 모형으로 변환할 수 있다[20, 34].

$$\begin{aligned} &Maximize \quad \sum_{i=1}^{n}\sum_{j=1}^{m_i}\sum_{p=1}^{n_{\max,i}} r_{ijp} \cdot y_{ijp} \\ &s.t. \quad \sum_{i=1}^{n}\sum_{j=1}^{m_i}\sum_{p=1}^{n_{\max,i}} \alpha_{ijp} \cdot y_{ijp} \le C \\ &\sum_{i=1}^{n}\sum_{j=1}^{m_i}\sum_{p=1}^{n_{\max,i}} \beta_{ijp} \cdot y_{ijp} \le W \\ &\sum_{j=1}^{m_i}\sum_{p=1}^{n_{\max,i}} y_{ijp} = 1,\ i=1,2,3,\cdots,n \\ &y_{ijp} \doteq \{0,1\} \end{aligned} \tag{6.6}$$

$$\alpha_{ijp} = c_{ij} \cdot p,\ 1 \le i \le n,\ 1 \le j \le m_i,\ 1 \le p \le n_{\max,i}$$

$$\beta_{ijp} = w_{ij} \cdot p,\ 1 \le i \le n,\ 1 \le j \le m_i,\ 1 \le p \le n_{\max,i}$$

여기서, i : 서브시스템($i=1,2,3,\cdots,n$)

j : 구성품($j=1,2,3,\cdots,m_i$)

n_i : 서브시스템 i에 사용된 구성품의 수

$n_{\max,i}$: n_i의 상한선

C : 가용한 비용 제약

W : 가용한 중량 제약

전체 시스템의 신뢰도는 목표 신뢰도 이상을 유지하면서 소요비용을 최소화하기 위한 신뢰도-중복 최적화 문제의 모형은 다음과 같다.

$$\begin{aligned} &Minimize \quad C_S = f(x_1, x_2, x_3, \cdots, x_n; r_1, r_2, r_3, \cdots, r_n) \\ &s.t. \quad R_S \ge R_O \\ &g_i(x_1, x_2, x_3, \cdots, x_n; r_1, r_2, r_3, \cdots, r_n) \le b_i \\ &1 \le x_j \le u_j,\ 0 \le r_j \le 1,\ j=1,2,3,\cdots,n,\ i=1,2,3,\cdots,m \end{aligned} \tag{6.7}$$

여기서, j : 서브시스템($j=1,2,3,\cdots,n$)

i : 자원($i=1,2,3,\cdots,m$)

x_j : 서브시스템 j의 구성품 중복 수

r_j : 서브시스템 j의 구성품 신뢰도

$g_i(x_j;r_j)$: 각 서브시스템의 구성품 및 중복에 소요되는 i 자원

b_i : 가용한 i 자원

u_j : 서브시스템 j의 구성품 중복 상한

R_S : 전체 시스템의 신뢰도

R_O : 전체 시스템의 최소 요구 신뢰도

C_S : 전체 시스템의 구성품 및 중복에 소요되는 비용

최적화 모형의 목적함수는 전체 시스템을 구성하기 위하여 소요되는 비용을 최소화하는 것으로 선형 함수로 표현되며, 제약함수는 구성품과 중복을 이용하여 시스템을 구성함에 있어 전체 시스템의 신뢰도를 목표 신뢰도 이상 유지하고, 가용한 자원의 제약 내에서 구성하는 것을 의미하는 것으로 선형 또는 비선형으로 표현된다.

이러한 신뢰도-중복 최적화 문제를 해결하기 위하여 많은 연구가 수행되었으며, 다양한 기법들이 제시되었으며, Tillman et al.[103], Kuo & Prasad[72], Kuo & Wan[74]은 최적화 해법, 휴리스틱, 메타 휴리스틱의 다양한 기법들을 적용한 연구에 대하여 정리하였다.

최적화 해법을 이용한 연구로는 Bellman & Dreyfus[25], Ng & Sancho[86], Yalaoui et al.[105]는 신뢰도-중복 최적화 문제를 해결하기 위하여 동적 계획법(Dynamic Programming)을 적용하였으며, Tillman[102]은 다양한 고장모드를 갖는 신뢰도-중복 최적화 문제에 절단 평면법(Cutting Plane Method)을 적용하였고, Ghare & Taylor[53]는 직렬 시스템의 신뢰도-중복 최적화를 위하여 분지 한계법(Branch-and -Bound Method)을 적용하였다. Chern & Jan[31]은 신뢰도-중복 최적화 문제에 0-1 결정변수를 이용하여 동등하게 대수 변환한 0-1 배낭문제를 제시하고, 분지 한계법을 이용하여 해결하였으며, Gen et al.[51]은 0-1 목표 계획법(Goal Programming)을 적용하였다. Hsieh[62]는 동일한 예제를 활용하여 최적해 탐색을 위한 효율적인 선형 근사해법(Linear Approximation)을 제시하였다.

신뢰도-중복 최적화 문제의 제약함수가 비선형함수인 경우에는 더욱 복잡한 형태의 비선형 혼합 정수 최적화 문제가 되어 신뢰도 최적화 문제나 중복 최적화 문제에 비해 최적해를 찾기가 매우 어렵게 되며[73], 이를 해결하기 위하여 휴리스틱 기법을 이용한 다양한 연구가 이루어졌다.

휴리스틱 기법을 이용한 연구로 Fyffe et al.[48]은 중복 설계를 고려하지만 구성품의 혼합사용이 허용되지 않는 시스템의 신뢰도-중복 최적화 문제에 대하여 동적 계획법을 활용한 휴리스틱 방법을 제시하였으며, Nakagawa & Miyazaki[84]는 Fyffe et al.[48]의 예제를 구성품의 혼합사용을 허용하는 경우로 확장하고, 최적해 탐색을 위해 대리제약 기법을 이용한 휴리스틱 방법을 제시하였다. Jianping[65]은 Bound 영역의 하한점을 탐색하는 Bound 휴리스틱을 제시하였고, You & Chen[107]은 Greedy 탐색과 유전자 알고리즘을 기반으로 하는 효율적인 휴리스틱 방법을 이용하였다. Tillman et al.[103]은 비용, 중량, 부피의 세 가지 제약이 있는 경우의 신뢰도-중복 최적화 문제를 모형화하였으며, Hooke & Jeeves[61] 및 Aggarwal et al.[17]이 제시한 기법을 이용하여 최적의 구성품 신뢰도 및 중복 수를 결정하는 휴리스틱 기법을 제안하였다. Kuo et al.[71]은 라그랑지 승수법(Lagrange Multiplier)를 이용하여 최적의 구성품 신뢰도를 결정하고, 분지 한계법을 이용하여 최적의 중복 수를 결정하는 휴리스틱 방법을 제시하였다.

이러한 휴리스틱 방법은 국부 최적해(Local Optima)에 도달하였을 경우 더 이상 해를 개선할 방법이 없으며, 해결하고자 하는 문제의 특성에 맞추어 개발해야 한다는 단점을 가지고 있다. 따라서 최근의 조합 최적화 문제의 최적해 탐색에 관한 연구에서는 이러한 휴리스틱 방법의 단점을 보완하고, 해결하고자 하는 문제가 갖는 특성에 크게 구속되지 않으며, 다양한 문제에 적용이 가능한 유전자 알고리즘(Genetic Algorithm), 모의 담금질(Simulated Annealing), 금단 검색법(Tabu Search), 개미 군집 최적화(Ant Colony Optimization), 면역 알고리즘(Immune Algorithm) 등의 메타 휴리스틱 기법을 이용한 연구가 주로 수행되고 있다.

Yokota et al.[106]은 중복 설계를 고려하지만 구성품의 혼합사용을 허용되지 않는 시스템에 대하여 유전자 알고리즘을 제안하였다. 구성품의 혼합사용이 허용되는 경우에 대하여 Coit & Smith[36]은 유전자 알고리즘을 적용하였고, Kulturel-Konak et al.[69]은 금단 검색법을 이용하였으며, Liang & Smith[77]는 개미 군집 최적화를 제안하였다. Chen & You[29]는 면역 알고리즘을 적용하였고, Bae et al.[25]은 금단 검색법과 모의 담금질을 이용하여 해를 구하였으며, 김기태와 전건욱[3]은 병렬 유전자 알고리즘과 Swap, 2-opt, Interchange 휴리스틱 기법을 혼합한 하이브리드 병렬 유전자 알고리즘을 제시하였다. 신뢰도-중복 최적화 문제의 기존 연구들은 다음 〈표 6.4〉와 같다.

〈표 6.4〉 신뢰도-중복 최적화 문제 기존 연구

제 안 자	내 용
Bellman & Dreyfus[25] Ng & Sancho[86] Yalaoui et al.[105]	동적 계획법을 이용하여 문제 해결
Tillman[102]	다양한 고장모드를 갖는 문제에 절단 평면법 적용
Ghare & Taylor[53]	직렬 시스템에 분지 한계법 적용
Chern & Jan[31]	0-1 결정변수를 이용하여 동등하게 대수 변환한 0-1 배낭문제를 제시하고, 분지 한계법 적용
Gen et al.[51]	0-1 목표 계획법 제시
Hsieh[62]	최적해 탐색을 위한 효율적인 선형 근사해법 제시
Fyffe et al.[48]	중복 설계를 고려하지만 구성품의 혼합사용이 허용되지 않는 시스템에 동적 계획법을 활용한 휴리스틱 방법 제시
Nakagawa & Miyazaki[84]	구성품의 혼합사용을 허용하는 경우의 최적해 탐색을 위해 대리제약 기법을 이용한 휴리스틱 방법 제시
Jianping[65]	Bound 영역의 하한점을 탐색하는 Bound 휴리스틱 제시
You & Chen[107]	Greedy 탐색과 유전자 알고리즘 기반의 효율적인 휴리스틱 방법 이용
Tillman et al.[103]	비용, 중량, 부피의 세 가지 제약이 있는 문제에 Hooke& Jeeves 기법으로 최적의 구성품 신뢰도를 결정하고, Aggarwal 기법으로 최적의 중복 수를 결정
Kuo et al.[71]	라그랑지 승수법을 이용하여 최적의 구성품 신뢰도를 결정하고, 분지 한계법 이용 최적의 중복 수 결정
Yokota et al.[106]	중복 설계를 고려하지만 구성품의 혼합사용을 허용되지 않는 시스템에 유전자 알고리즘을 제안
Coit & Smith[36]	유전자 알고리즘을 이용하여 문제 해결
Kulturel-Konak et al.[69]	금단 검색법을 이용하여 문제 해결
Liang & Smith[77]	개미 군집 최적화를 제안
Chen & You[29]	면역 알고리즘을 적용하여 문제 해결
Bae et al.[20]	금단 검색법과 모의 담금질을 이용하여 해를 도출
김기태와 전건욱[3]	병렬 유전자 알고리즘을 수행 후 지역 탐색 알고리즘(Swap, 2-opt, Interchange)을 통하여 해를 개선하는 하이브리드 병렬 유전자 알고리즘 제시

6.1.4 혼합 중복 전략을 고려한 신뢰도-중복 최적화

혼합 중복전략(활성중복, Cold Standby)을 고려한 신뢰도-중복 최적화 문제(RROP)는 전통적인 신뢰도-중복 최적화 문제에서 각 서브시스템의 중복전략이 추가적으로 고려되는 문제로 비교적 많은 연구가 수행되지 않았다.

Coit and Liu[35]는 각 서브시스템이 k-out-of-n 구조를 갖는 시스템이고, 대안 부품들의 고장시간(TTF) 분포가 Exp를 따를 때의 시스템 신뢰도에 대한 확률모형(Stochastic Model)과 신뢰도-중복 최적화를 위한 모형을 제시한다. 단, 고장감지기의 고장감지 및 작업전이에 대한 성공 확률(신뢰도)이 1.0인 Perfect S/W 문제로 고려하였다. 또한 각 서브시스템의 중복전략을 미리 지정하고, 각 서브시스템의 최적 부품과 부품수를 결정하는 문제이다.

Coit[33, 34]은 대안 부품들의 고장시간(TTF) 분포가 Erlang을 따르고, 고장감지기의 신뢰도가 1.0 미만(Imperfect S/W)일 때의 직렬-병렬 시스템의 신뢰도 확률모형과 혼합 중복전략을 고려한 신뢰도-중복 최적화 모형을 제시하였다. Coit이 제시한 예제에 대해 Tavakkoli-Moghaddam et al.[101]은 유전자 알고리즘(GA)을, Safari et al.[93]은 미미틱 알고리즘(MA : Memetic Algorithm)을 해법으로 제안하였다. Sayeghi et al.[97]은 고장시간이 지수분포를 따르는 직렬-병렬 시스템 문제의 해법으로 개체군집최적화(Particle Swarm Optimization)를 적용하였다. 위에서 언급한 기존 연구들을 정리하면 다음 〈표 6.5〉와 같다.

〈표 6.5〉 혼합 중복전략을 고려한 문제의 기존 연구

중복전략	Subsys'구조	고장감지기	TTF	구 분	기존 연구
고정(Fixed)	k-out-of-n	Perfect	Exp	수리모형	Coit & Liu(2000)
최적화 (Optimization)	Parallel	Imperfect	Erlang	수리모형	Coit(2001, 2003)
				GA	Tavakkoli-Mohaddam et al.(2008)
				MA	Safari et al.(2010)
			Exp	PSO	Sayeghi et al.(2008)

무기체계(Weapon System)를 비롯한 산업 시스템의 설계에 있어 설계자는 각 서브시스템이 규격(Specification) 상의 기능을 발휘하기 위한 최소의 부품을 설계하고, 각 서브시스템과 시스템의 신뢰도를 향상시키기 위해 병렬적으로 예비 부품

을 추가 배치하게 된다. 이때 중복전략으로 활성중복 또는 Cold-Standby 등의 대기중복이 고려된다. 하지만 앞서 살펴본 바와 같이 대기중복을 고려한 신뢰도 최적화에 대한 연구는 활성중복만을 고려한 경우에 비해 상당히 미미한 수준에 그치고 있다. 또한 현실 시스템에서는 서브시스템이 정상 기능을 발휘하기 위해 필요한 최소의 부품수가 1개 이상일 경우가 상당히 많이 존재하나 Coit[33, 34]의 확률모형은 병렬 구조의 Cold-Standby 서브시스템에 국한되어 현실 시스템에 적용이 제한적이며, Coit and Liu[35]는 k-out-of-n 구조의 Cold-Standby 서브시스템의 신뢰도 확률모형을 제시하였으나 고장감지기의 신뢰도를 1.0으로 고려한 Perfect S/W 문제로 현실 시스템에 대한 묘사가 제한적이다. NP-hard인 조합 최적화 문제로 알려져 있는 혼합중복 전략을 고려한 신뢰도-중복 최적화 문제의 해법으로 Tavakkoli-Moghaddam et al.[101]과 Safari et al.[93]은 각각 GA와 MA를 제시하였으나, 최적 중복전략까지 독립변수(Independent Variable)로 고려함에 따라 탐색공간이 증대되어 탐색된 해의 품질이 낮은 수준이다.

6.1.5 구성품 할당 최적화(Component Assignment Optimization)

전체 시스템이 수많은 서브시스템으로 구성되어 있고, 각 서브시스템을 구성하고 있는 구성품의 위치 교환이 가능한 경우가 있다. 구성품 할당 최적화 문제는 구성품의 신뢰도 개선이나 중복을 사용하지 않고, 기존에 시스템을 구성하고 있는 구성품의 위치 교환이 가능한 경우 구성품의 배치를 변경하여 전체 시스템의 신뢰도를 향상시키는 방법이다.

구성품 할당 최적화 문제는 비선형 함수로 표현되며, 해를 구하기 위하여 다양한 연구들이 수행되었다. Derman et al.[41]은 최초로 구성품 할당 최적화 문제를 제시하였으며, 직렬-병렬 및 병렬-직렬 시스템에 대하여 El-Neweihi et al.[43]은 0-1 선형 계획법을 이용하였고, Prasad et al.[91]은 2개의 Greedy 알고리즘을 적용하여 해결하였다. Malon[81]은 Coherent 시스템에 대하여 Greedy 알고리즘을 적용하였고, Baxter & Harche[24]는 직렬-병렬 시스템에 대하여 Top-Down 휴리스틱 방법을 이용하였으며, Boland et al.[27]은 구성품의 교환이 쌍으로 가능한 구성품 할당 최적화 문제를 제시하였다. 구성품 할당 최적화 문제의 기존 연구들은 다음 〈표 6.6〉과 같다.

〈표 6.6〉 구성품 할당 최적화 문제 기존 연구

제 안 자	내 용
Derman et al.[41]	최초로 구성품 할당 최적화 문제를 제시
El-Neweihi et al.[43]	직렬-병렬 및 병렬-직렬 시스템에 0-1 선형 계획법을 이용
Prasad et al.[91]	2개의 Greedy 알고리즘을 적용
Malon[81]	Coherent 시스템에 Greedy 알고리즘을 적용
Baxter & Harche[24]	직렬-병렬 시스템에 Top-Down 휴리스틱 방법을 이용
Boland et al.[27]	구성품의 교환이 쌍으로 가능한 문제 제시

6.2 신뢰도 할당 방법(Reliability Allocation Method)

6.2.1 단순 할당(Simple Allocation)

단순 할당은 평균 고장 시간(MTBF)을 고장률로 변환하여 하부 요소에 할당하는 것으로 다음 식과 같이 나타낼 수 있다.

$$\lambda_{system} = \lambda_1 + \lambda_2 + \lambda_3 + \cdots + \lambda_n \tag{6.8}$$

여기서, λ_{system} : 전체 시스템의 고장률

λ_i : 서브시스템 i의 고장률($i = 1, 2, \cdots, n$)

단순 할당은 추후에 있을 수 있는 기능 추가나 시스템 디자인 변경 등의 상황에 대비하기 위하여 고장률의 일부분을 예비로 남겨두며, 일반적으로 요구되는 시스템 신뢰도의 90% 정도만을 각 서브시스템에 할당한다. 따라서 초기 할당(Initial Allocation)의 결과는 다음 식과 같은 관계가 성립한다.

$$\lambda_{system} > \lambda_1 + \lambda_2 + \lambda_3 + \cdots + \lambda_n \tag{6.9}$$

6.2.2 균등 할당(Equal Apportionments Technique)

균등 할당은 단순히 각각의 서브시스템에 동일한 신뢰도를 할당하는 방법으로 n개의 서브시스템이 동일한 신뢰도 목표를 갖고 있다는 가정 하에 신뢰도를 할당한다. 직렬로 구성된 서브시스템의 수량만 있고, 결정적인 정보가 없을 경우에 적

용할 수 있는 유용한 방법이지만 각 서브시스템에 대한 복잡성(Complexity)이나 디자인 요소들을 고려하지 않기 때문에 차후에 신뢰도를 재할당(Reallocation)해야 한다.

서브시스템 i에 할당된 신뢰도는 다음 식들에 의해 계산할 수 있다.

$$R_{system} = \prod_{i=1}^{n} R_i \tag{6.10}$$

$$R_i = (R_{system})^{1/n} \tag{6.11}$$

여기서, R_{system} : 전체 시스템의 신뢰도
R_i : 서브시스템 i의 신뢰도($i = 1, 2, \cdots, n$)

3개(송신기, 수신기, 변환기)의 서브시스템으로 구성된 통신 시스템에 요구되는 목표 신뢰도 0.8573을 만족하도록 균등 할당법을 이용하여 신뢰도를 할당하면 다음과 같다.

$$R_i = (R^*)^{1/n} = (0.8573)^{1/3} = 0.95$$

균등 할당법을 이용한 신뢰도 할당 결과 통신 시스템에 요구되는 목표 신뢰도를 만족하기 위한 각 서브시스템의 신뢰도는 0.95이다.

균등 할당은 크게 구성품에 의한 균등 할당(Equal Apportionment by Component)과 서브시스템에 의한 균등 할당(Equal Apportionment by Subsystem)으로 분류된다. 구성품에 의한 균등 할당은 시스템 고장률을 전체 시스템의 모든 구성품에 할당하는 것으로 시스템의 계층 구조를 고려하지 않고 할당하는 모형이며, 가중 변수 ω_i는 다음 식을 이용하여 계산할 수 있다.

$$\omega_i = \frac{1}{\text{전체 구성품 수}} \tag{6.12}$$

서브시스템에 의한 균등 할당 모형은 서브시스템에 전체 시스템의 고장률을 할당하는 모형으로 가중 변수 ω_i는 다음 식으로 계산된다.

$$\omega_i = \frac{1}{\text{하부시스템의 수}} \tag{6.13}$$

6.2.3 Base 할당(Base Allocation)

Base 할당은 다음 식 (6.14)와 같이 시스템의 목표 고장률이나 평균고장시간의 목표 값을 갖고 비중 또는 기여도를 나타내는 가중 변수를 고려하여 서브시스템의 고장률을 할당하는 모형이다.

$$\lambda_i = \omega_i \bullet \lambda_{system} \tag{6.14}$$

여기서, λ_{system} : 전체 시스템의 고장률
λ_i : 서브시스템 i의 고장률($i = 1, 2, \cdots, n$)
ω_i : 표준화된 서브시스템의 가중 변수($i = 1, 2, \cdots, n$)

Base 할당은 표준화된(Normalized) 할당과 비표준화된(Non-Normalized) 할당으로 분류된다. 표준화된 할당은 서브시스템의 가중 변수들이 0~1 사이의 값을 갖고, 시스템의 가중 변수 합이 1이며, 이 가중 변수들이 전체 시스템 비율로 할당하는 방법이다. 비표준화된 할당은 가중 변수가 비표준화되어 있는 경우이며, 다음 식을 이용하여 가중 변수를 표준화 한다.

$$\omega_i = \frac{W_i}{\sum_{i-1}^{n} W_i} \tag{6.15}$$

여기서, W_i : 비표준화된 가중 변수($i = 1, 2, \cdots, n$)
ω_i : 표준화된 가중 변수($i = 1, 2, \cdots, n$)

6.2.4 AGREE 할당(Advisory Group on Reliability of Electronic Equipment Allocation)

항공기 시스템에 활용하기 위하여 제안된 AGREE 할당은 장비의 고장률보다 장비의 복잡성에 기초를 두고 있으며, 시스템의 고장과 관련된 장비의 중요도와 특

성까지 고려한다. AGREE 할당은 시스템 신뢰도를 만족하기 위하여 각 장비에 최소한의 평균수명을 할당하는 데 사용된다.

AGREE 할당 모형에서 j번째 장비에 할당된 고장률은 다음 식 (6.16)과 같이 표현되고, x값이 작아지면 근사적으로 $e^{-x} \cong 1-x$로 근사되며, 서브시스템 i의 신뢰도 $R_i(t)$는 다음 식과 같이 나타낼 수 있다.

$$\lambda_i = \frac{n_i[-\ln R^*(T)]}{N\omega_i t_i} \tag{6.16}$$

$$R_i(t) = 1 - \frac{1-[R_{system}(T)]^{n_i/N}}{\omega_i} \tag{6.17}$$

여기서, $R_{system}(T)$: 전체 시스템의 신뢰도

$R_i(t)$: 서브시스템 i의 신뢰도($i=1,2,\cdots,n$)

λ_i : 서브시스템 i의 고장률($i=1,2,\cdots,n$)

n_i : 서브시스템 i의 모듈 개수($i=1,2,\cdots,n$)

N : 서브시스템의 전체 모듈 개수

ω_i : 임무에 미치는 영향 확률, 가중 변수($i=1,2,\cdots,n$)

t_i : 서브시스템 i의 작동시간($o < t_i \leq T$, $i=1,2,\cdots,n$)

시스템이 4개의 서브시스템으로 구성되어 있으며, 시스템에 요구되는 목표 신뢰도가 10시간 연속 작동시 0.95이다. 서브시스템 1과 3은 시스템이 임무를 수행하기 위하여 반드시 정상 작동해야 되고, 서브시스템 2는 가중 변수 0.95를 갖고 9시간 동안 작동을 하며, 서브시스템 4는 가중 변수 0.90을 갖고 8시간 동안 작동한다. AGREE 할당을 위한 데이터는 다음 〈표 6.7〉과 같다. 서브시스템의 전체 모듈 개수는 다음 식과 같다.

$$N = \sum_{i=1}^{4} N_i = 210$$

〈표 6.7〉 AGREE 할당을 위한 데이터

서브시스템(i)	모듈 개수(N_i)	가중 변수(w_i)	작동 시간(t_i)
1	15	1.00	10
2	25	0.95	9
3	100	1.00	10
4	70	0.90	8

수용 가능한 각 서브시스템의 최소 고장률은 다음과 같다.

$$\lambda_1 = \frac{15[-\ln 0.95]}{(210)(1.0)(10)} = 0.000366$$

$$\lambda_2 = \frac{25[-\ln 0.95]}{(210)(0.95)(9)} = 0.000714$$

$$\lambda_3 = \frac{100[-\ln 0.95]}{(210)(1.0)(10)} = 0.002442$$

$$\lambda_4 = \frac{70[-\ln 0.95]}{(210)(0.90)(8)} = 0.002377$$

각 서브시스템에 신뢰도를 할당한 결과는 다음과 같다.

$$R_1(10) = 1 - \frac{1-(0.95)^{15/210}}{1} = 0.99635$$

$$R_2(9) = 1 - \frac{1-(0.95)^{25/210}}{0.95} = 0.99274$$

$$R_3(10) = 1 - \frac{1-(0.95)^{100/210}}{1} = 0.97587$$

$$R_4(8) = 1 - \frac{1-(0.95)^{70/210}}{0.90} = 0.98116$$

AGREE 할당법을 이용하여 시스템의 목표 신뢰도를 만족하는 신뢰도 할당 결과는 $R_1 = 0.99635$, $R_2 = 0.99274$, $R_3 = 0.97587$, $R_4 = 0.98116$이다.

6.2.5 ARINC 할당(Aeronautical Radio INCorporated apportionment technique)

ARINC 할당은 경험 자료나 예측치를 활용하여 신뢰도를 할당하는 방법으로 직렬 구조를 갖는 시스템에만 적용이 가능하며, 다음의 세 가지 가정을 만족해야 한다.

첫째, 전체 시스템은 일정한 고장률을 갖는 직렬 구조의 서브시스템들로 이루어진다.
둘째, 각 서브시스템의 고장은 전체 시스템의 고장으로 이어진다.
셋째, 서브시스템의 임무시간은 전체 시스템의 임무시간과 일치한다.

전체 시스템의 고장률은 다음 식과 같다.

$$\lambda_{system} = \lambda_1 + \lambda_2 + \lambda_3 + \cdots + \lambda_n \tag{6.18}$$

전체 시스템의 고장률이 목표 고장률 보다 크면 전체 시스템의 고장률을 낮추기 위해 각 서브시스템의 고장률은 적절하게 감소되어야 하며, 가중 변수 w_i는 다음 식과 같이 구할 수 있다.

$$w_i = \frac{\lambda_i}{\lambda_{system}} = \frac{\lambda_i}{\sum_{i=1}^{n} \lambda_i} \tag{6.19}$$

여기서, w_i : 서브시스템 i의 가중 변수($i = 1, 2, \cdots, n$)
λ_i : 서브시스템 i의 고장률($i = 1, 2, \cdots, n$)

각 서브시스템의 개선될 고장률은 다음 식과 같다.

$$\overline{\lambda_i} = w_i \bullet \lambda^* \tag{6.20}$$

여기서, $\overline{\lambda_i}$: 서브시스템 i의 개선될 고장률($i = 1, 2, \cdots, n$)
λ^* : 목표 고장률

시스템이 3개의 서브시스템으로 구성되어 있으며, 각 서브시스템의 시간당 고장률은 $\lambda_1 = 0.005$, $\lambda_2 = 0.003$, $\lambda_3 = 0.001$ 이다. 시스템에 요구되는 목표 신뢰도가 20시간 임무 수행시 0.95일 때 ARINC 할당법을 이용하여 신뢰도를 할당하기 위한 각 서브시스템별 가중치는 다음과 같다.

$$w_1 = \frac{0.005}{0.005 + 0.003 + 0.001} = 0.555$$

$$w_2 = \frac{0.003}{0.005 + 0.003 + 0.001} = 0.333$$

$$w_3 = \frac{0.001}{0.005 + 0.003 + 0.001} = 0.111$$

20시간 임무 수행시 요구되는 목표 신뢰도를 만족하기 위한 전체 시스템의 시간당 목표 고장률을 산출하면 다음과 같다.

$$R^*(20) = \exp[-\lambda^*(20)] = 0.95$$

$$\lambda^* = 0.00256$$

각 서브시스템별 가중치와 목표 신뢰도를 만족하기 위한 전체 시스템의 시간당 목표 고장률을 이용하여 각 서브시스템의 목표 고장률을 산출하면 다음과 같다.

$$\lambda_1^* = w_1 \lambda^* = 0.555 \times 0.00256 = 0.00142$$

$$\lambda_2^* = w_2 \lambda^* = 0.333 \times 0.00256 = 0.000852$$

$$\lambda_3^* = w_3 \lambda^* = 0.111 \times 0.00256 = 0.000284$$

각 서브시스템에 신뢰도를 할당한 결과는 다음과 같다.

$$R_1^*(20) = \exp[-0.00142(20)] = 0.97$$

$$R_2^*(20) = \exp[-0.000852(20)] = 0.98$$

$$R_3^*(20) = \exp[-0.000284(20)] = 0.99$$

ARINC 할당법을 이용한 신뢰도 할당 결과 시스템의 목표 신뢰도를 만족하는 각 서브시스템의 신뢰도는 $R_1 = 0.97$, $R_2 = 0.98$, $R_3 = 0.99$이다.

6.2.6 노력 최소화 알고리즘(Effort Minimization Algorithm)

노력 최소화 알고리즘(Effort Minimization Algorithm)은 시스템의 신뢰도 요구조건을 만족시키기 위한 전체적인 노력이 최소화 되도록 신뢰도를 할당하는 것이다. 이 방법은 직렬 구조를 갖는 시스템을 위하여 제안되었지만 일반적 구조를 갖는 시스템에도 적용이 가능하다. n개의 서브시스템이 직렬 구조로 연결된 시스템을 가정하면, 전체 시스템의 신뢰도는 다음 식과 같다.

$$R_{system} = \prod_{i=1}^{n} R_i \tag{6.21}$$

여기서, R_{system} : 전체 시스템의 신뢰도

R_i : 서브시스템 i의 신뢰도($i = 1, 2, \cdots, n$)

R^*를 전체 시스템의 요구 신뢰도라고 하면 $R_i > R^*$가 된다. R^*를 만족시키기 위해서는 R_i중에 적어도 하나의 서브시스템은 신뢰도 값을 증가시키는 노력이 필요하며, 노력 함수(Effort Function) $G(R_i, R_i^*)$를 이용하여 서브시스템 i의 신뢰도를 R_i에서 R_i^*로 증가시키는데 소요되는 노력의 양을 측정한다. 노력을 최소화시킬 수 있는 R_i^*는 다음 식을 이용하여 산출한다.

$$\sum_{i=1}^{n} G(R_i, R_i^*) \tag{6.22}$$

여기서, R_i : 서브시스템 i의 신뢰도($i = 1, 2, \cdots, n$)

R_i^* : 서브시스템 i의 개선될 신뢰도($i = 1, 2, \cdots, n$)

이때의 조건은 다음 식과 같으며, 식 (6.24)와 같은 고유의 해를 구할 수 있다.

$$\prod_{i=1}^{n} R_i^* = R_{system} \tag{6.23}$$

$$R_i^* = \begin{cases} R_0^* & \text{if } i \le k_0 \\ R_i & \text{if } i > k_0 \end{cases}, \quad i = 1, 2, \cdots, n \tag{6.24}$$

여기서, R_0^* : 개선될 최대 신뢰도, k_0 : $i + 1 = j$

서브시스템 신뢰도가 $R_1 < R_2 < \cdots < R_n$ 이 되도록 서브시스템의 번호를 다시 부여하고, 다음 식을 이용하여 계산한다.

$$r_j = \left[\frac{R^*}{\prod_{i=j+1}^{n+1} R_i} \right]^{1/j} \tag{6.25}$$

만약 $R_j > r_j$ 이면 서브시스템 j의 신뢰도는 초기 값인 R_j로 한다. $j = k_0$ 에서부터 $R_j < r_j$ 이면 서브시스템 $j(j = 1, 2, \cdots, k_0)$의 초기 신뢰도 R_j를 r_j로 개선시킨다.

시스템이 3개의 서브시스템(A, B, C)으로 구성되어 있고, 시스템이 제 기능을 발휘하기 위해서는 모든 서브시스템이 정상 작동해야 하며, 시스템에 요구되는 목표 신뢰도가 0.75이다. 서브시스템의 신뢰도가 $R_A = 0.90$, $R_B = 0.80$, $R_C = 0.85$ 일 때 서브시스템의 신뢰도를 오름차순으로 정리하면 다음과 같다.

$$R_1 = R_B = 0.80, \quad R_2 = R_C = 0.85, \quad R_3 = R_A = 0.90$$

k_0를 산출하기 위하여 서브시스템 j의 최대값을 구하면 다음과 같다.

$$j=1, \quad R_1 = 0.8 < \left[\frac{0.75}{0.85 \times 0.9 \times 1}\right]^1 = 0.980$$

$$j=2, \quad R_2 = 0.85 < \left[\frac{0.75}{0.9 \times 1}\right]^{1/2} = 0.912$$

$$j=3, \quad R_3 = 0.9 < \left[\frac{0.75}{1}\right]^{1/3} = 0.908$$

산출된 $k_0 = 3$이며, 신뢰도 향상을 위한 노력이 최소화 되도록 각 서브시스템에 신뢰도를 할당한 결과는 다음과 같다.

$$R_0^* = \left[\frac{R^*}{\prod_{j=k_0+1}^{n+1} R_j}\right]^{1/k_0} = \left[\frac{0.75}{1}\right]^{1/3} = 0.908$$

Effort Minimization Algorithm을 이용하여 신뢰도 할당 결과 신뢰도 향상을 위한 노력이 최소화되고, 요구되는 목표 신뢰도를 만족하기 위하여 각 서브시스템에 할당된 신뢰도는 0.908이다.

6.3 신뢰도 최적화 모형

6.3.1 라그랑지 승수(Lagrange Multiplier) 모형

라그랑지 승수법은 등호를 갖는 제약함수 하에서 목적함수의 최적해를 구하기 위한 방법이며, 기본적인 수리모형은 다음과 같다.

$$\begin{aligned} &Maximize(\text{or } Minimize) \quad f(X), \ X = x_1, x_2, \cdots, x_n \\ &s.t. \quad g_i(X) = 0, \ i = 1, 2, \cdots, n \end{aligned} \tag{6.26}$$

수리모형 (6.26)은 전체 공간 내에서 최적해를 찾는 것이 아니라 $f(X)$와 $g_i(X) = 0$가 서로 접할 때 이루어지며, 접하는 부분의 값을 (x_1^*, x_2^*)라 하면 이 값은 $g(x_1^*, x_2^*) = 0$를 만족하면서 $f(x_1^*, x_2^*)$의 최적해가 된다. 따라서 목적함수

$f(x_1^*, x_2^*)$의 접선과 제약함수 $g(x_1^*, x_2^*)=0$의 접선은 (x_1^*, x_2^*)를 지나며, 경사도는 동일하다. 즉, 함수 $f(x_1^*, x_2^*)$에서 x_2^*에 대한 x_1^*의 변화율은 $g(x_1^*, x_2^*)$에서 x_2^*에 대한 x_1^*의 변화율과 같으며, 다음과 같은 등식이 성립한다.

$$\frac{dx_2}{dx_1}=-\frac{\partial f}{\partial x_1}/\frac{\partial f}{\partial x_2}, \quad \frac{dx_2}{dx_1}=-\frac{\partial g}{\partial x_1}/\frac{\partial g}{\partial x_2}, \quad \frac{\partial f}{\partial x_1}/\frac{\partial f}{\partial x_2}=\frac{\partial g}{\partial x_1}/\frac{\partial g}{\partial x_2} \tag{6.27}$$

위 식을 변수별로 모으고, 다음 식과 같이 변수별로 이루어지는 목적함수 f와 제약함수 g의 경사도 비율을 λ라고 하며, 이때 λ를 라그랑지 승수(Lagrange Multiplier)라고 한다.

$$\frac{\partial f}{\partial x_1}/\frac{\partial g}{\partial x_1}=\frac{\partial f}{\partial x_2}/\frac{\partial g}{\partial x_2}=\lambda \tag{6.28}$$

위의 식을 두개의 제약함수로 구성하면 다음 식과 같다.

$$\frac{\partial f}{\partial x_1}-\lambda\left[\frac{\partial g}{\partial x_1}\right]=0, \quad \frac{\partial f}{\partial x_2}-\lambda\left[\frac{\partial g}{\partial x_2}\right]=0 \tag{6.29}$$

목적함수와 제약함수로 구성된 라그랑지 함수 $L(X,\lambda)$는 다음과 같다.

$$L(X,\lambda)=f(X)-\lambda \cdot g(X) \tag{6.30}$$

라그랑지 함수 $L(X,\lambda)$를 각각 x_1과 x_2에 대해 편미분하면 다음과 같은 결과를 얻을 수 있다.

$$\frac{\partial L(X,\lambda)}{\partial x_1}=\frac{\partial f}{\partial x_1}-\lambda \cdot \frac{\partial g}{\partial x_1}=0, \quad \frac{\partial L(X,\lambda)}{\partial x_2}=\frac{\partial f}{\partial x_2}-\lambda \cdot \frac{\partial g}{\partial x_2}=0 \tag{6.31}$$

수리모형을 라그랑지 함수로 만들어 각 변수에 대해 편미분하면 다음 식을 얻을 수 있으며, 연립방정식을 이용하여 최적해를 구할 수 있다.

$$L(X,\lambda) = f(X) - \sum_{i=1}^{m} \lambda_i \bullet g_i(X)$$
$$\frac{\partial L}{\partial x_1} = \frac{\partial f}{\partial x_1} - \sum_{i=1}^{m} \frac{\lambda_i \bullet \partial g_i}{\partial x_1} = 0,\ \cdots\cdots,\ \frac{\partial L}{\partial x_n} = \frac{\partial f}{\partial x_n} - \sum_{i=1}^{m} \frac{\lambda_i \bullet \partial g_i}{\partial x_n} = 0 \quad (6.32)$$

6.3.2 동적 계획법(Dynamic Programming) 모형

동적 계획법은 주어진 문제를 시간 · 공간의 여러 단계로 나누고, 각 단계마다 최적의 의사결정을 통하여 전체 문제의 해를 산출하는 다단계 계획법(Multistage Programming)이다. 이 방법은 전체 문제를 서로 연관되는 부분으로 분해하였을 때 각 부분문제에 해당하는 단계(Stage)와 각 단계에서 시스템이 처해있는 조건을 나타내는 상태변수(State Variable)를 이용하여 주어진 문제를 해결하기 위한 순환적인 성질(Recursive Property)을 구성한 후 여러 단계의 작은 문제를 해결함으로써 전체 문제의 해를 구해나가는 상향식(Bottom-Up) 기법이며, 어느 단계 이후의 최적 의사결정은 최초의 결정으로부터 도출된 상태에 대하여 최적정책을 이루는 것이라는 최적성의 원리를 기초로 한다.

독립적으로 작동되는 n개의 서브시스템을 직렬로 연결한 시스템의 신뢰도를 향상시키기 위하여 요구되는 노력의 양이 서브시스템별로 상이할 때 목표 신뢰도를 만족하면서 노력을 최소화하는 최적화 모형은 다음과 같다.

$$\begin{aligned} &Minimize \quad \sum_{i=1}^{n} G_i(x_i, y_i) \\ &s.t. \quad \prod_{i=1}^{n} y_i \ge \bar{y} \\ &0 \le x_i \le y_i \le 1,\ i = 1,2,3,\cdots,n \end{aligned} \quad (6.33)$$

여기서, i : 서브시스템($i = 1,2,3,\cdots,n$)

x_i : 서브시스템 i의 현재 신뢰도($0 \le x_i \le 1$)

y_i : 서브시스템 i의 목표 신뢰도 집합($x_i \le y_i \le 1$)

$G_i(x_i, y_i)$: 서브시스템 i의 현재 신뢰도 x_i를 목표 신뢰도 y_i로 향상시키는데 요구되는 노력의 양($x_i \le y_i$)

$\bar{y}$: 목표 신뢰도($0 \le \bar{y} \le 1$)

최적화 모형의 목적함수는 시스템 신뢰도를 향상시키기 위하여 요구되는 노력을 최소화하는 것이며, 제약함수는 향상된 시스템의 신뢰도가 목표 신뢰도 이상이어야 한다는 것이다. 병렬 시스템의 경우에는 제약함수를 다음 식과 같이 변경한다.

$$s.t. \quad 1-\prod_{i=1}^{n}(1-y_i) \geq \bar{y} \tag{6.34}$$

각 부분 문제에 해당하는 단계 k는 각 서브시스템이 되고, 상태변수 s_k는 다음 식과 같이 시스템의 목표 신뢰도를 달성하기 위하여 단계 k에 할당되는 신뢰도를 의미한다.

$$1 = s_n \geq s_{n-1} \geq \cdots \geq s_1 \geq s_0 = \bar{y} \tag{6.35}$$

결정변수는 d_k는 단계 k에 가능한 대안으로 y_k와 같으며, 순환함수는 다음과 같다.

$$\begin{aligned} x_k \leq y_k \leq 1 \\ T_k(s_k, d_k) = s_k y_k = s_{k-1} \\ R_k(s_k, d_k) = G_k(s_k, y_k) \end{aligned} \tag{6.36}$$

여기서, k : 단계($k=1,2,3,\cdots,n$)

$T_k(s_k, d_k)$: 변환함수(Transforming Function)

$R_k(s_k, d_k)$: 순환함수(Return Function)

단계 k에서의 최적 순환함수를 $f_k(s_k)$라 하면 신뢰도 최적화 문제의 순환관계는 다음 식과 같다.

$$f_k(s_k) = \underset{d_k}{Min}\{G_k(s_k, d_k) + f_{k-1}(s_{k-1})\}, \ k=1,2,3,\cdots,n \tag{6.37}$$

시스템이 3개의 독립적인 서브시스템으로 구성되어 있고, 시스템이 제 기능을 발휘하기 위해서는 모든 서브시스템이 정상 작동해야 하며, 시스템에 요구되는 목표 신뢰도가 0.95이다. 유사장비의 과거 데이터와 공학 분석에 기초한 각 서브시스템의 신뢰도는 0.93, 0.95, 0.96이며, 신뢰도 향상을 위한 노력함수 값은 다음 〈표 6.8〉과 같으며, 각 단계별 순환함수는 다음 식과 같다.

$$f_1(s_1) = \min_{\{y_1 \geq 0.95/s_1\}} [G_1(0.93, y_1)]$$

$$f_2(s_2) = \min_{\{y_2 \geq 0.95/s_2 y_1\}} [G_2(0.95, y_2) + f_1(s_1)]$$

$$f_3(s_3) = \min_{\{y_3 \geq 0.95/s_3 y_2\}} [G_3(0.96, y_3) + f_2(s_2)]$$

〈표 6.8〉 노력함수 값

y_1	$G_1(0.93, y_1)$	y_2	$G_2(0.95, y_2)$	y_3	$G_3(0.96, y_3)$
0.93	0	-	-	-	-
0.94	0.5	-	-	-	-
0.95	1.0	0.95	0	-	-
0.96	1.5	0.96	2	0.96	0
0.97	2.5	0.97	6	0.97	3
0.98	4.5	0.98	12	0.98	9
0.99	20.0	0.99	22	0.99	32
0.995	45.0	0.995	40	0.995	65

목표 신뢰도가 0.95인 직렬 시스템이므로 각 서브시스템의 목표 신뢰도는 0.95 이상이어야 하며, 각 단계별 변환함수 값은 다음 〈표 6.9〉, 〈표 6.10〉 및 〈표 6.11〉과 같다.

〈표 6.9〉 단계 3의 변환함수 값 [$T_3(s_3, y_3) = s_3 y_3 = y_3 = s_2$]

y_3	0.96	0.97	0.98	0.99	0.995
s_2	0.96	0.97	0.98	0.99	0.995

〈표 6.10〉 단계 2의 변환함수 값

s_2 \ y_2	$s_1 = s_2 y_2$					
	0.95	0.96	0.97	0.98	0.99	0.995
0.96	0.9120	0.9216	0.9302	0.9408	0.9504	0.9552
0.97	0.9215	0.9312	0.9409	0.9506	0.9603	0.9651
0.98	0.9310	0.9408	0.9506	0.9604	0.9702	0.9751
0.99	0.9405	0.9504	0.9603	0.9702	0.9801	0.9850
0.995	0.9452	0.9552	0.9652	0.9751	0.9850	0.9900

〈표 6.11〉 단계 1의 변환함수 값

s_1 \ y_1	$s_0 = s_1 y_1$				
	0.96	0.97	0.98	0.99	0.995
0.9552	-	-	-	-	0.9504
0.9603	-	-	-	0.9506	0.9554
0.9604	-	-	-	0.9507	0.9555
0.9651	-	-	-	0.9554	0.9602
0.9702	-	-	0.9507	0.9604	0.9653
0.9751	-	-	0.9555	0.9653	0.9702
0.9801	-	0.9506	0.9604	0.9702	0.9752
0.9850	-	0.9550	0.9653	0.9752	0.9801
0.9900	0.9504	0.9603	0.9702	0.9801	0.9850

각 단계별 최적 순환함수는 다음 식과 같으며, 각 단계별 순환함수 값은 다음 〈표 6.12〉, 〈표 6.13〉 및 〈표 6.14〉와 같다.

$$f_1(s_1) = \min_{y_1}[G_1(s_1, y_1) + f_0(s_0)] = \min_{y_1} G_1(s_1, y_1)$$

$$f_2(s_2) = \min_{y_2}[G_2(s_2, y_2) + f_1(s_1)]$$

$$f_3(s_3) = \min_{y_3}[G_3(s_3, y_3) + f_2(s_2)]$$

〈표 6.12〉 단계 1의 순환함수 값

s_1 \ y_1	$G_1(s_1, y_1)$					
	0.96	0.97	0.98	0.99	0.995	$f_1(s_1)$
0.9552	-	-	-	-	45	45
0.9603	-	-	-	20	45	20
0.9604	-	-	-	20	45	20
0.9651	-	-	-	20	45	20
0.9702	-	-	4.5	20	45	4.5
0.9751	-	-	4.5	20	45	4.5
0.9801	-	2.5	4.5	20	45	2.5
0.9850	-	2.5	4.5	20	45	2.5
0.9900	1.5	2.5	4.5	20	45	1.5

〈표 6.13〉 단계 2의 순환함수 값

s_2 \ y_2	$Q_2(s_2, y_2) = G_2(s_2, y_2) + f_1(s_1)$				
	0.97	0.98	0.99	0.995	$f_2(s_2)$
0.97	-	-	-	60	60.0
0.98	-	-	26.5	44.5	26.5
0.99	-	16.5	26.5	42.5	16.5
0.995	26	16.5	26.5	41.5	16.5

〈표 6.14〉 단계 3의 순환함수 값

s_3 \ y_3	$Q_3(s_3, y_3) = G_3(s_3, y_3) + f_2(s_2)$				
	0.97	0.98	0.99	0.995	$f_3(s_3)$
1	63	35.5	48.5	81.5	35.5

단계 3에서 최소 순환함수 값은 35.5로 $y_3^* = 0.98$이고, 단계 2에서 최소 순환함수 값은 26.5로 $y_2^* = 0.99$이며, 단계 1에서 최소 순환함수 값은 4.5로 $y_1^* = 0.98$이 된다.

다음은 4개의 서브시스템이 병렬로 구성되어 있는 시스템에서 각 서브시스템의 신뢰도는 0.900, 0.980, 0.940, 0.960이며, 시스템에 요구되는 목표 신뢰도가 0.9999990이다. 신뢰도 향상을 위한 노력함수 값은 다음 〈표 6.15〉와 같다.

다음 식의 불신뢰도를 이용하여 병렬 시스템의 노력함수 값을 직렬 시스템의 노력함수 값으로 변환한 내용은 다음 〈표 6.16〉과 같다.

$$z_i = 1 - y_i \tag{6.38}$$

〈표 6.15〉 노력함수 값

y_1	$G_1(0.90,y_1)$	y_2	$G_2(0.98,y_2)$	y_3	$G_3(0.94,y_3)$	y_4	$G_4(0.96,y_4)$
0.90	0.00	-	-	-	-	-	-
0.91	0.80	-	-	-	-	-	-
0.92	1.30	-	-	-	-	-	-
0.93	2.50	-	-	-	-	-	-
0.94	4.80	-	-	0.94	0.0	-	-
0.95	7.40	-	-	0.95	3.5	-	-
0.96	10.50	-	-	0.96	7.0	0.96	0.0
0.97	15.00	-	-	0.97	11.5	0.97	2.5
0.98	24.00	0.98	0	0.98	19.6	0.98	7.8
0.99	35.00	0.99	17.5	0.99	28.6	0.99	11.5
0.995	48.00	0.995	25.0	0.995	42.5	0.995	28.0
0.999	82.00	0.999	41.0	0.999	61.4	0.999	41.5

〈표 6.16〉 직렬 시스템으로 변환한 노력함수 값

z_1	$G_1(0.90,z_1)$	z_2	$G_2(0.98,z_2)$	z_3	$G_3(0.94,z_3)$	z_4	$G_4(0.96,z_4)$
0.10	0.00	-	-	-	-	-	-
0.09	0.80	-	-	-	-	-	-
0.08	1.30	-	-	-	-	-	-
0.07	2.50	-	-	-	-	-	-
0.06	4.80	-	-	0.06	0.0	-	-
0.05	7.40	-	-	0.05	3.5	-	-
0.04	10.50	-	-	0.04	7.0	0.04	0.0
0.03	15.00	-	-	0.03	11.5	0.03	2.5
0.02	24.00	0.02	0	0.02	19.6	0.02	7.8
0.01	35.00	0.01	17.5	0.01	28.6	0.01	11.5
0.005	48.00	0.005	25.0	0.005	42.5	0.005	28.0
0.001	82.00	0.001	41.0	0.001	61.4	0.001	41.5

각 단계별 순환함수는 다음 식과 같다.

$$f_1(s_1) = \min_{\{z_1 \geq 0.000001/s_1\}} [G_1(0.90, z_1)]$$

$$f_2(s_2) = \min_{\{z_2 \geq 0.000001/s_2 z_1\}} [G_2(0.98, z_2) + f_1(s_1)]$$

$$f_3(s_3) = \min_{\{z_3 \geq 0.000001/s_3 z_2\}} [G_3(0.94, z_3) + f_2(s_2)]$$

$$f_4(s_4) = \min_{\{z_4 \geq 0.000001/s_4 z_3\}} [G_4(0.96, z_4) + f_3(s_3)]$$

각 단계별 변환함수 값은 다음 〈표 6.17〉, 〈표 6.18〉, 〈표 6.19〉 및 〈표 6.20〉과 같다.

〈표 6.17〉 단계 4의 변환함수 값 [$T_4(s_4, z_4) = s_4 z_4 = z_4 = s_3$]

z_4	0.04	0.03	0.02	0.01	0.005	0.001
s_3	0.04	0.03	0.02	0.01	0.005	0.001

〈표 6.18〉 단계 3의 변환함수 값

s_3 \ z_3	$s_2 = s_3 z_3$							
	0.06	0.05	0.04	0.03	0.02	0.01	0.005	0.001
0.04	0.0024	0.002	0.0016	0.0012	0.0008	0.0004	0.0002	0.00004
0.03	0.0018	0.0015	0.0012	0.0009	0.0006	0.0003	0.00015	0.00003
0.02	0.0012	0.001	0.0008	0.0006	0.0004	0.0002	0.0001	0.00002
0.01	0.0006	0.0005	0.0004	0.0003	0.0002	0.0001	0.00005	0.00001
0.005	0.0003	0.00025	0.0002	0.00015	0.0001	0.00005	0.000025	0.000005
0.001	0.00006	0.00005	0.00004	0.00003	0.00002	0.00001	0.000005	0.000001

〈표 6.19〉 단계 2의 변환함수 값

z_2 \ s_2	$s_1 = s_2 z_2$			
	0.02	0.01	0.005	0.001
0.000001	0.0000000200	0.0000000100	0.0000000050	0.0000000010
0.000005	0.0000001000	0.0000000500	0.0000000250	0.0000000050
0.00001	0.0000002000	0.0000001000	0.0000000500	0.0000000100
0.00002	0.0000004000	0.0000002000	0.0000001000	0.0000000200
0.000025	0.0000005000	0.0000002500	0.0000001250	0.0000000250
0.00003	0.0000006000	0.0000003000	0.0000001500	0.0000000300
0.00004	0.0000008000	0.0000004000	0.0000002000	0.0000000400
0.00005	0.0000010000	0.0000005000	0.0000002500	0.0000000500
0.00006	0.0000012000	0.0000006000	0.0000003000	0.0000000600
0.0001	0.0000020000	0.0000010000	0.0000005000	0.0000001000
0.00015	0.0000030000	0.0000015000	0.0000007500	0.0000001500
0.0002	0.0000040000	0.0000020000	0.0000010000	0.0000002000
0.00025	0.0000050000	0.0000025000	0.0000012500	0.0000002500
0.0003	0.0000060000	0.0000030000	0.0000015000	0.0000003000
0.0004	0.0000080000	0.0000040000	0.0000020000	0.0000004000
0.0005	0.0000100000	0.0000050000	0.0000025000	0.0000005000
0.0006	0.0000120000	0.0000060000	0.0000030000	0.0000006000
0.0008	0.0000160000	0.0000080000	0.0000040000	0.0000008000
0.0009	0.0000180000	0.0000090000	0.0000045000	0.0000009000
0.001	0.0000200000	0.0000100000	0.0000050000	0.0000010000
0.0012	0.0000240000	0.0000120000	0.0000060000	0.0000012000
0.0015	0.0000300000	0.0000150000	0.0000075000	0.0000015000
0.0016	0.0000320000	0.0000160000	0.0000080000	0.0000016000
0.0018	0.0000360000	0.0000180000	0.0000090000	0.0000018000
0.002	0.0000400000	0.0000200000	0.0000100000	0.0000020000
0.0024	0.0000480000	0.0000240000	0.0000120000	0.0000024000

〈표 6.20〉 단계 1의 변환함수 값

s_1 \ z_1	$s_0 = s_1 z_1$									
	0.1	0.09	0.08	0.07	0.06	0.05	0.04	0.03	0.02	…
⋮	⋮	⋮	⋮	⋮	⋮	⋮	⋮	⋮	⋮	…
0.00001	0.00000100	0.00000090	0.00000080	0.00000070	0.00000060	0.00000050	0.00000040	0.00000030	0.00000020	…
0.000012	0.00000120	0.00000108	0.00000096	0.00000084	0.00000072	0.00000060	0.00000048	0.00000036	0.00000024	…
0.000015	0.00000150	0.00000135	0.00000120	0.00000105	0.00000090	0.00000075	0.00000060	0.00000045	0.00000030	…
0.000016	0.00000160	0.00000144	0.00000128	0.00000112	0.00000096	0.00000080	0.00000064	0.00000048	0.00000032	…
0.000018	0.00000180	0.00000162	0.00000144	0.00000126	0.00000108	0.00000090	0.00000072	0.00000054	0.00000036	…
0.00002	0.00000200	0.00000180	0.00000160	0.00000140	0.00000120	0.00000100	0.00000080	0.00000060	0.00000040	…
0.000024	0.00000240	0.00000216	0.00000192	0.00000168	0.00000144	0.00000120	0.00000096	0.00000072	0.00000048	…
0.00003	0.00000300	0.00000270	0.00000240	0.00000210	0.00000180	0.00000150	0.00000120	0.00000090	0.00000060	…
0.000032	0.00000320	0.00000288	0.00000256	0.00000224	0.00000192	0.00000160	0.00000128	0.00000096	0.00000064	…
0.000036	0.00000360	0.00000324	0.00000288	0.00000252	0.00000216	0.00000180	0.00000144	0.00000108	0.00000072	…
0.00004	0.00000400	0.00000360	0.00000320	0.00000280	0.00000240	0.00000200	0.00000160	0.00000120	0.00000080	…
0.000048	0.00000480	0.00000432	0.00000384	0.00000336	0.00000288	0.00000240	0.00000192	0.00000144	0.00000096	…

각 단계별 최적 순환함수는 다음 식과 같으며, 각 단계별 순환함수 값은 다음 〈표 6.21〉, 〈표 6.22〉, 〈표 6.23〉 및 〈표 6.24〉와 같다.

$$
\begin{aligned}
f_1(s_1) &= \min_{z_1} [G_1(s_1, z_1) + f_0(s_0)] = \min_{z_1} G_1(s_1, z_1) \\
f_2(s_2) &= \min_{z_2} [G_2(s_2, z_2) + f_1(s_1)] \\
f_3(s_3) &= \min_{z_3} [G_3(s_3, z_3) + f_2(s_2)] \\
f_4(s_4) &= \min_{z_4} [G_4(s_4, z_4) + f_3(s_3)]
\end{aligned}
\tag{6.39}
$$

〈표 6.21〉 단계 1의 순환함수 값

z_1 / s_1	$G_1(s_1,z_1)$												
	0.1	0.09	0.08	0.07	0.06	0.05	0.04	0.03	0.02	0.01	0.005	0.001	$f_1(s_1)$
⋮	⋮	⋮	⋮	⋮	⋮	⋮	⋮	⋮	⋮	⋮	⋮	⋮	0
0.00001	0.0	0.8	1.3	2.5	4.8	7.4	10.5	15	24	35	48	82	0
0.000012			1.3	2.5	4.8	7.4	10.5	15	24	35	48	82	1.3
0.000015					4.8	7.4	10.5	15	24	35	48	82	4.8
0.000016					4.8	7.4	10.5	15	24	35	48	82	4.8
0.000018						7.4	10.5	15	24	35	48	82	7.4
0.00002						7.4	10.5	15	24	35	48	82	7.4
0.000024							10.5	15	24	35	48	82	10.5
0.00003								15	24	35	48	82	15
0.000032								15	24	35	48	82	15
0.000036									24	35	48	82	24
0.00004									24	35	48	82	24
0.000048									24	35	48	82	24

〈표 6.22〉 단계 3의 순환함수 값

z_3 / s_3	$Q_3(s_3,z_3)=G_3(s_3,z_3)+f_2(s_2)$								
	0.06	0.05	0.04	0.03	0.02	0.01	0.005	0.001	$f_3(s_3)$
0.04	24	27.5	22	22	24.4	28.6	42.5	61.4	22
0.03	24	18.5	17.5	18.9	20.9	28.6	42.5	61.4	17.5
0.02	10.5	10.9	11.8	12.8	19.6	28.6	42.5	61.4	10.5
0.01	1.3	3.5	7	11.5	19.6	28.6	42.5	61.4	1.3
0.005	0	3.5	7	11.5	19.6	28.6	42.5	61.4	0
0.001	0	3.5	7	11.5	19.6	28.6	42.5	61.4	0

〈표 6.23〉 단계 4의 순환함수 값

z_4 / s_4	$Q_4(s_4,z_4)=G_4(s_4,z_4)+f_3(s_3)$						
	0.04	0.03	0.02	0.01	0.005	0.001	$f_4(s_4)$
1	22	20	18.3	12.8	28	41	12.8

〈표 6.24〉 단계 2의 순환함수 값

s_2 \ z_2	$Q_2(s_2, z_2) = G_2(s_2, z_2) + f_1(s_1)$				
	0.02	0.01	0.005	0.001	$f_2(s_2)$
0.000001	0	17.5	25	41	0
0.000005	0	17.5	25	41	0
0.00001	0	17.5	25	41	0
0.00002	0	17.5	25	41	0
0.000025	0	17.5	25	41	0
0.00003	0	17.5	25	41	0
0.00004	0	17.5	25	41	0
0.00005	0	17.5	25	41	0
0.00006	0	17.5	25	41	0
0.0001	0	17.5	25	41	0
0.00015	0	17.5	25	41	0
0.0002	0	17.5	25	41	0
0.00025	0	17.5	25	41	0
0.0003	0	17.5	25	41	0
0.0004	0	17.5	25	41	0
0.0005	0	17.5	25	41	0
0.0006	1.3	17.5	25	41	1.3
0.0008	4.8	17.5	25	41	4.8
0.0009	7.4	17.5	25	41	7.4
0.001	7.4	17.5	25	41	7.4
0.0012	10.5	18.8	25	41	10.5
0.0015	15	22.3	25	41	15
0.0016	15	22.3	25	41	15
0.0018	24	24.9	25	41	24
0.002	24	24.9	25	41	24
0.0024	24	28	26.3	41	24

단계 4에서 최소 순환함수 값은 12.8로 $z_4^* = 0.01$, 단계 3에서 최소 순환함수 값은 1.3으로 $z_3^* = 0.06$, 단계 2에서 최소 순환함수 값은 1.3으로 $z_2^* = 0.02$, 단계 1에서 최소 순환함수 값은 1.3으로 $z_1^* = 0.08$이 된다. 병렬 시스템 신뢰도는 다음과 같이 산출할 수 있다.

$$R_S = 1-(1-y_1)(1-y_2)(1-y_3)(1-y_4)$$
$$= 1 - z_1^* z_2^* z_3^* z_4^*$$
$$= 1 - 0.08 \times 0.02 \times 0.06 \times 0.01 = 0.99999904$$

6.3.3 신뢰도 최적화 모형

본 절에서는 신뢰도 최적화 모형 중 일반적인 직렬시스템 최적화 모형, 혼합사용을 고려한 시스템의 최적화 모형, k-out-of-n : G 시스템의 최적화 모형 및 비용 최소화 모형에 대하여 언급한다.

6.3.3.1 직렬시스템

신뢰도와 비용으로 이루어진 다양한 구성품들이 존재하고, 각 서브시스템 내에 중복 설계를 고려하지 않으며, 단일 구성품을 사용하는 직렬시스템의 신뢰도 최적 설계 문제이다.

직렬 시스템의 신뢰도 최적화 문제는 다음 〈그림 6.1〉과 같이 동일한 기능을 갖지만 신뢰도와 비용이 서로 다른 다양한 구성품이 비용의 제약을 만족하고, 각 서브시스템 내에 중복 설계를 고려하지 않으며, 단일 구성품을 사용하여 직렬 시스템의 신뢰도를 최대화하기 위한 최적의 구성품을 결정하는 문제이다. 최적화 모형에서 사용되는 용어와 결정변수는 다음과 같다.

〈그림 6.1〉 직렬 시스템

[용어]

i : 서브시스템($i = 1, 2, \cdots, n$)

j : 구성품($j = 1, 2, \cdots, m$)

R_S : 시스템의 신뢰도

C_S : 시스템의 가용한 비용

r_{ij} : 서브시스템 i에 사용된 구성품 j의 신뢰도

c_{ij} : 서브시스템 i에 사용된 구성품 j의 비용

[결정변수]

$$x_{ij} = \begin{cases} 1, & \text{서브시스템 } i\text{에 구성품 } j\text{를 사용하면} \\ 0, & \text{그렇지 않으면} \end{cases}$$

직렬시스템의 신뢰도를 최대화하고, 비용의 제약을 만족하는 신뢰도 최적화 문제의 모형은 다음과 같다.

$$Maximize \quad R_S = \prod_{i=1}^{n}\left(\sum_{j=1}^{m} r_{ij} \cdot x_{ij}\right) \tag{6.40}$$

$$s.t. \quad \sum_{i=1}^{n}\sum_{j=1}^{m} c_{ij} \cdot x_{ij} \leq C_S \tag{6.41}$$

$$\sum_{j=1}^{m} x_{ij} = 1, \ i = 1,2,\cdots,n \tag{6.42}$$

$$x_{ij} = \{0,1\}, \ i = 1,2,\cdots,n, \ j = 1,2,\cdots,m \tag{6.43}$$

목적함수 식은 직렬 시스템의 전체 신뢰도를 최대화 하는 것이고, 제약함수 식 (6.41)은 시스템의 자원제약을 의미하는 것으로 전체 시스템을 구성하고 있는 구성품의 비용 총합이 가용한 비용을 초과할 수 없음을 의미하며, 제약함수 식 (6.42)는 중복 설계를 고려하지 않는 단일 구성품을 사용하는 문제임을 나타내며, 제약함수 식 (6.43)은 구성품의 사용여부 의사를 결정하는 결정변수를 나타낸다.

비선형함수 형태인 원래 문제의 목적함수 식에 대수(Logarithm)를 취하여 다음 식과 같이 선형함수로 변환이 가능하며 결과를 다시 지수 환원하여 원문제의 목적함수 값을 구할 수 있다[20, 34].

$$Maximize \quad \ln R_S = \ln\left\{\prod_{i=1}^{s}\left(\sum_{j=1}^{m} r_{ij} \cdot x_{ij}\right)\right\} = \sum_{i=1}^{s}\sum_{j=1}^{m} x_{ij} \cdot \ln r_{ij} \tag{6.44}$$

6.3.3.2 혼합사용을 고려한 최적화 모형

신뢰도와 비용으로 이루어진 다양한 구성품들이 존재하고, 각 서브시스템 내에 구성품의 혼합사용이 가능한 신뢰도-중복 문제이다.

신뢰도-중복 최적화 문제는 다음 〈그림 6.2〉와 같이 직렬 구조의 시스템에 동

일한 기능을 갖지만 신뢰도와 비용, 중량이 서로 다른 구성품들이 비용과 중량의 제약을 만족하면서 시스템의 신뢰도를 최대화하기 위한 최적의 구성품과 중복 수를 결정하는 문제이다. 최적화 모형에서 사용되는 용어와 결정변수는 다음과 같다.

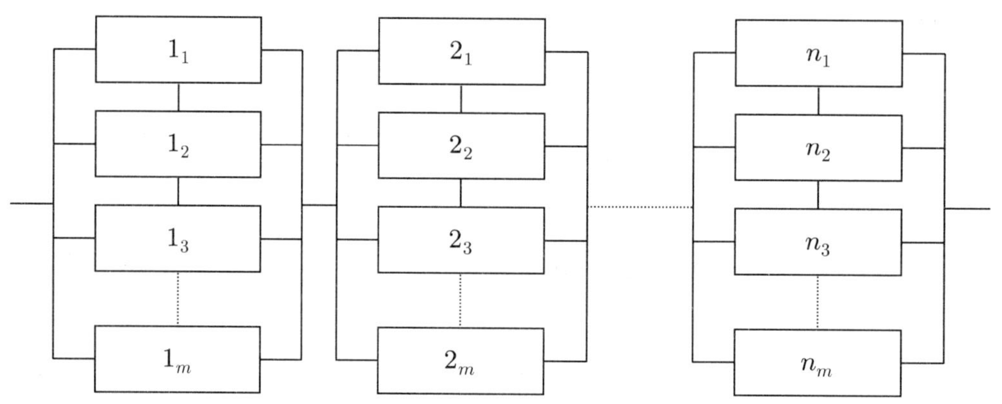

〈그림 6.2〉 중복을 사용한 직렬 시스템

[용어]

i : 서브시스템($i = 1, 2, \cdots, n$)

j : 구성품($j = 1, 2, \cdots, m$)

R_S : 시스템의 신뢰도

R_i : 서브시스템 i의 신뢰도

C_S : 시스템의 가용한 비용

W_S : 시스템의 가용한 중량

r_{ij} : 서브시스템 i에 사용된 구성품 j의 신뢰도

c_{ij} : 서브시스템 i에 사용된 구성품 j의 비용

w_{ij} : 서브시스템 i에 사용된 구성품 j의 중량

u_i : 서브시스템 i에 사용된 구성품 수량의 상한

[결정변수]

x_{ij} : 서브시스템 i에 사용된 구성품 j의 수량

중복을 사용하여 구성한 직렬 구조 시스템의 신뢰도를 최대화하고, 비용과 중량의 제약을 만족하는 신뢰도-중복 최적화 문제의 모형은 다음과 같다.

$$Maximize \quad R_S = \prod_{i=1}^{n} R_i = \prod_{i=1}^{n} \left\{ 1 - \prod_{j=1}^{m} [1 - r_{ij}]^{x_{ij}} \right\} \tag{6.45}$$

$$s.t. \quad \sum_{i=1}^{n} \sum_{j=1}^{m} c_{ij} \cdot x_{ij} \le C_S \tag{6.46}$$

$$\sum_{i=1}^{n} \sum_{j=1}^{m} w_{ij} \cdot x_{ij} \le W_S \tag{6.47}$$

$$1 \le \sum_{j=1}^{m} x_{ij} \le u_i \ , \ i = 1, 2, \cdots, n \tag{6.48}$$

$$x_{ij} \ge 0 \ , \ i = 1, 2, \cdots, n, \ j = 1, 2, \cdots, m, \ \text{integer} \tag{6.49}$$

목적함수는 중복을 사용하여 구성한 직렬 구조 시스템의 전체 신뢰도를 최대화하는 것이고, 제약함수 식 (6.46)은 전체 시스템을 구성하고 있는 구성품의 비용 총합이 가용한 비용을 초과할 수 없음을 의미하며, 제약함수 식 (6.47)은 구성품의 중량 총합이 가용한 중량을 초과할 수 없음을 의미한다. 제약함수 식 (6.48)은 각 서브시스템에 사용될 수 있는 구성품 수량의 하한과 상한을 나타내는 제약이며, 제약함수 식 (6.49)는 결정변수의 정수제약을 나타낸다.

비선형 목적함수를 갖는 신뢰도-중복 최적화 문제의 최적해를 산출하기 위하여 선형의 0-1 배낭문제로 변환이 가능하며 변환식은 다음과 같다[20, 34].

$$Maximize \quad \ln R_S = \sum_{i=1}^{n} \sum_{x_{i1}=0}^{u_i} \cdots \sum_{x_{im}}^{u_i} r_{ix_{i1} \cdots x_{im}} \cdot y_{ix_{i1} \cdots x_{im}} \tag{6.50}$$

$$s.t. \quad \sum_{i=1}^{n} \sum_{x_{i1}=0}^{u_i} \cdots \sum_{x_{im}}^{u_i} \left(\sum_{j=1}^{m} x_{ij} \cdot c_{ij} \right) \cdot y_{ix_{i1} \cdots x_{im}} \le C_S \tag{6.51}$$

$$\sum_{i=1}^{n} \sum_{x_{i1}=0}^{u_i} \cdots \sum_{x_{im}}^{u_i} \left(\sum_{j=1}^{m} x_{ij} \cdot w_{ij} \right) \cdot y_{ix_{i1} \cdots x_{im}} \le W_S \tag{6.52}$$

$$\sum_{x_{i1}=0}^{u_i} \cdots \sum_{x_{im}}^{u_i} y_{ix_{i1} \cdots x_{im}} = 1,\ i = 1,2,\cdots,n \tag{6.53}$$

$$1 \le \sum_{j=1}^{m} x_{ij} \le u_i,\ i = 1,2,\cdots,n \tag{6.54}$$

$$x_{ij} \ge 0\ ,\ i = 1,2,\cdots,n,\ j = 1,2,\cdots,m,\ \text{integer} \tag{6.55}$$

$$y_{ix_{i1} \cdots x_{im}} = \begin{cases} 1, \text{ if } x_{ij} \textit{ of the jth component are used } \text{for } \textit{subsystem } i \\ 0, \textit{ otherwise} \end{cases} \tag{6.56}$$

여기서, $r_{ix_{i1} \ldots x_{im}} = \ln\left(1 - q_{i1}^{x_{i1}} q_{i2}^{x_{i2}} \cdots q_{im}^{x_{im}}\right),\ i = 1,2,\cdots,n$

$q_{im}^{x_{im}} = \left(1 - r_{im}\right)^{x_{im}},\ i = 1,2,\cdots,n$

6.3.3.3 $k-out-of-n$: G 시스템 신뢰도 최적화 모형

신뢰도와 비용, 중량으로 이루어진 다양한 구성품들이 존재하며, 각 서브시스템 내에 동일 종류 구성품으로 중복 설계를 고려한 직렬-$k-out-of-n$: G 시스템을 연구 대상으로 한다. 동일 종류 구성품을 이용한 직렬-$k-out-of-n$: G 시스템의 신뢰도 최적화 문제는 동일한 기능을 갖지만 신뢰도와 비용, 중량이 서로 다른 구성품들이 비용과 중량의 제약을 만족하면서 시스템의 신뢰도를 최대화하기 위한 최적의 구성품을 선정하고, 동일 종류 구성품의 중복 수를 결정하는 문제이다. 최적화 모형에서 사용되는 용어와 결정변수는 다음과 같다.

[용어]

i : 서브시스템 ($i = 1, 2, \cdots, s$)

j : 구성품 ($j = 1, 2, \cdots, m$)

R_S : 전체 시스템의 신뢰도

C_S : 전체 시스템의 가용한 비용

W_S : 전체 시스템의 가용한 중량

r_{ij} : 서브시스템 i에 사용된 구성품 j의 신뢰도

c_{ij} : 서브시스템 i에 사용된 구성품 j의 비용

w_{ij} : 서브시스템 i에 사용된 구성품 j의 중량

u_i : 서브시스템 i에 사용된 구성품 수량의 상한

k_i : 서브시스템 i의 최소 작동 구성품 수량

[결정변수]

$$x_{ij} = \begin{cases} 1, & \text{서브시스템 } i\text{에 구성품 } j\text{를 사용하면} \\ 0, & \text{그렇지 않으면} \end{cases}$$

y_{ij} : 서브시스템 i에 사용된 구성품 j의 수량

n_i : 서브시스템 i에 사용된 구성품 수량

직렬 시스템($n=k=1$)의 신뢰도 최적화 문제는 동일한 기능을 갖지만 신뢰도와 비용, 중량이 서로 다른 다양한 구성품 대안들 중에서 가용한 자원제약을 만족하고, 각 서브시스템에 하나의 구성품을 사용하여 시스템의 신뢰도를 최대화하기 위한 최적의 구성품을 결정하는 문제이며, 최적화 모형은 다음과 같다.

$$Maximize \quad R_S = \prod_{i=1}^{s}\left(\sum_{j=1}^{m} r_{ij} \cdot x_{ij}\right) \tag{6.57}$$

$$s.t. \quad \sum_{i=1}^{s}\sum_{j=1}^{m} c_{ij} \cdot x_{ij} \le C_S \tag{6.58}$$

$$\sum_{i=1}^{s}\sum_{j=1}^{m} w_{ij} \cdot x_{ij} \le W_S \tag{6.59}$$

$$\sum_{j=1}^{m} x_{ij} = 1, \ i = 1,2,\cdots,s \tag{6.60}$$

$$x_{ij} = \{0,1\}, \ i = 1,2,\cdots,s, \ j = 1,2,\cdots,m \tag{6.61}$$

목적함수는 직렬 구조를 갖는 전체 시스템의 신뢰도를 최대화 하는 것이고, 식(6.58)은 전체 시스템을 구성하고 있는 구성품들의 비용 총합이 가용한 비용을 초과할 수 없음을 의미하며, 식(6.59)는 구성품들의 중량 총합이 가용한 중량을 초과할 수 없음을 의미한다. 식(6.60)은 각 서브시스템이 하나의 구성품으로만 구성된다는 제약이며, 식(6.61)은 구성품의 사용여부 의사를 결정하는 결정변수이다.

직렬-병렬 시스템($n>k=1$)의 신뢰도-중복 최적화 문제는 동일한 기능을 갖지

만 신뢰도와 비용, 중량이 서로 다른 다양한 구성품 대안들 중에서 가용한 자원 제약을 만족하고, 각 서브시스템 내에 동일 종류의 구성품으로 중복 설계함으로써 시스템의 신뢰도를 최대화하는 최적의 부품과 중복 수를 결정하는 문제이며, 최적화 모형은 다음과 같다.

$$Maximize \quad R_S = \prod_{i=1}^{s}\left\{1-\prod_{j=1}^{m}\left[1-r_{ij}\right]^{x_{ij}\cdot y_{ij}}\right\} \tag{6.62}$$

$$s.t. \quad \sum_{i=1}^{s}\sum_{j=1}^{m} c_{ij}\cdot x_{ij}\cdot y_{ij} \le C_S \tag{6.63}$$

$$\sum_{i=1}^{s}\sum_{j=1}^{m} w_{ij}\cdot x_{ij}\cdot y_{ij} \le W_S \tag{6.64}$$

$$1 \le \sum_{j=1}^{m} y_{ij} \le u_i,\ i=1,2,\cdots,s,\ \text{integer} \tag{6.65}$$

$$\sum_{j=1}^{m} x_{ij} = 1,\ i=1,2,\cdots,s \tag{6.66}$$

$$y_{ij} \ge 1\ ,\ i=1,2,\cdots,s,\ j=1,2,\cdots,m,\ \text{integer} \tag{6.67}$$

$$x_{ij} = \{0,1\},\ i=1,2,\cdots,s,\ j=1,2,\cdots,m \tag{6.68}$$

목적함수는 직렬-병렬 구조를 갖는 시스템의 전체 신뢰도를 최대화 하는 것이고, 식(6.63)과 식(6.64)는 시스템의 자원제약을 의미하며, 식(6.65)는 각 서브시스템에 사용될 수 있는 구성품 수량의 하한과 상한을 나타내는 제약이다. 식(6.66)은 각 서브시스템에 사용되는 구성품이 동일 종류의 구성품으로만 중복 구성된다는 제약이고, 식(6.67)은 서브시스템 i에 사용된 구성품 j의 수량을 나타내는 결정변수의 정수제약이며, 식(6.68)은 구성품의 사용여부 의사를 결정하는 결정변수이다.

직렬-$k-out-of-n$: G 시스템($n>k>1$)의 신뢰도-중복 최적화 문제는 동일한 기능을 갖지만 신뢰도와 비용, 중량이 서로 다른 다양한 구성품 대안들 중에서 가용한 자원제약을 만족하고, 각 서브시스템 내에 동일 종류의 구성품으로 k개 이상을 중복 설계함으로써 시스템의 신뢰도를 최대화하는 최적의 부품과 중복 수를 결정하는 문제이며, 최적화 모형은 다음과 같다.

$$Maximize \quad R_S = \prod_{i=1}^{s}\sum_{j=1}^{m}\sum_{k=k_i}^{n_i}\binom{n_i}{k}(r_{ij} \cdot x_{ij})^k(1-r_{ij} \cdot x_{ij})^{n_i-k} \tag{6.69}$$

$$s.t. \quad \sum_{i=1}^{s}\sum_{j=1}^{m} c_{ij} \cdot n_i \cdot x_{ij} \le C_S \tag{6.70}$$

$$\sum_{i=1}^{s}\sum_{j=1}^{m} w_{ij} \cdot n_i \cdot x_{ij} \le W_S \tag{6.71}$$

$$1 \le n_i \le u_i, \ i=1,2,\cdots,s, \ \text{integer} \tag{6.72}$$

$$\sum_{j=1}^{m} x_{ij} = 1, \ i=1,2,\cdots,s \tag{6.73}$$

$$1 \le k_i \le n_i, \ i=1,2,\cdots,s, \ \text{integer} \tag{6.74}$$

$$x_{ij} = \{0,1\}, \ i=1,2,\cdots,s, \ j=1,2,\cdots,m \tag{6.75}$$

목적함수는 직렬-$k-out-of-n$: G 시스템의 전체 신뢰도를 최대화 하는 것이고, 식(6.70)과 식(6.71)은 시스템의 자원제약을 의미하며, 식(6.72)는 서브시스템 i에 사용될 수 있는 구성품 수량의 하한과 상한을 나타내는 제약이다. 식(6.73)은 각 서브시스템에 사용되는 구성품이 동일 종류의 구성품으로만 중복 구성된다는 제약이고, 식(6.74)는 서브시스템 i의 최소 작동 구성품 수량이 서브시스템 i의 구성품 수량을 초과할 수 없음을 의미하며, 식(6.75)는 구성품의 사용여부 의사를 결정하는 결정변수이다.

6.3.3.4 비용 최소화 모형

직렬로 연결된 시스템의 구성품 대안을 선정하는 것으로 목표 신뢰도를 만족하고 비용을 최소화하는 문제의 최적화 모형에 사용되는 용어와 결정변수는 다음과 같다.

[용어]

i : 서브시스템($i = 1, 2, \cdots, n$)

j : 구성품($j = 1, 2, \cdots, m$)

R_S : 시스템의 신뢰도

R_G : 시스템의 목표 신뢰도

R_i : 서브시스템 i의 신뢰도

r_{ij} : 서브시스템 i에 사용된 구성품 j의 신뢰도

c_{ij} : 서브시스템 i에 사용된 구성품 j의 비용

[결정변수]

$$x_{ij} = \begin{cases} 1, & \text{서브시스템 } i\text{에 구성품 } j\text{를 사용하면} \\ 0, & \text{그렇지 않으면} \end{cases}$$

직렬 구조를 갖는 시스템의 목표 신뢰도를 만족하고, 비용을 최소화하는 신뢰도 최적화 문제의 수리 모형은 다음과 같다.

$$Minimize \quad \sum_{i=1}^{n}\sum_{j=1}^{m} c_{ij} \cdot x_{ij} \tag{6.76}$$

$$s.t. \quad \prod_{i=1}^{n}\left(\sum_{j=1}^{m} r_{ij} \cdot x_{ij}\right) \geq R_G \tag{6.77}$$

$$\sum_{j=1}^{m} x_{ij} = 1,\ i = 1,2,\cdots,n \tag{6.78}$$

목적함수는 직렬 구조를 갖는 시스템의 총 비용을 최소화하는 것이고, 제약함수 식 (6.77)은 직렬 구조의 시스템 신뢰도가 목표 신뢰도 이상을 만족해야 한다는 제약을 의미하며, 제약함수 식 (6.78)은 각 서브시스템은 하나의 구성품만 선택하는 제약을 의미한다.

직·병렬 혼합 구조를 갖는 시스템의 목표 신뢰도를 만족하고 비용을 최소화하는 신뢰도 최적화 문제의 수리 모형은 다음과 같다.

$$Minimize \quad \sum_{i=1}^{n}\sum_{j=1}^{m} c_{ij} \cdot x_{ij} \tag{6.79}$$

$$s.t. \quad \prod_{i=1}^{n}\left\{1 - \prod_{j=1}^{m}(1-r_{ij})^{x_{ij}}\right\} \geq R_G \tag{6.80}$$

$$x_{ij} = 1,2,\cdots,\infty,\ \text{integer} \tag{6.81}$$

목적함수는 시스템의 총 비용을 최소화하는 것이고, 제약함수 식 (6.80)은 시스템 신뢰도가 목표 신뢰도 이상을 만족해야 한다는 제약을 의미하며, 제약함수 식 (6.81)은 결정변수가 정수형임을 의미한다.

시스템의 신뢰도 최적화 모형을 살펴보면 비선형 함수의 형태를 취하고 있으며, 이러한 비선형 함수의 최적해를 산출하기 위하여 C++ 알고리즘과 유전자 알고리즘 등의 휴리스틱 기법을 이용한다.

6.3.4 혼합 중복 전략을 고려한 신뢰도-중복 최적화 모형

각 서브시스템은 동일한 부품으로 구성되며, 고장감지기의 신뢰도는 1.0 미만인 Imperfect S/W 문제를 가정하고, 가용한 자원(비용, 무게) 범위 내에서 시스템의 신뢰도를 최대화하기 위한 최적의 부품을 선택하고 부품수와 중복전략(Active, Cold Standby)을 결정하는 신뢰도-중복 최적화 문제의 모형을 소개한다[8].

최적화 모형의 목적함수가 되는 시스템 신뢰도 산출을 위해 서브시스템의 중복 전략이 활성중복과 대기중복일 때의 신뢰도 확률모형을 구분하여 제시한다. 대기중복이 적용된 병렬 서브시스템의 확률모형은 대안 부품들의 고장시간 분포로 Erlang(m,λ)을 적용하여 Coit[33, 34]이 제시한 확률모형을 사용하고, 직렬-k-out-of-n 시스템의 확률모형은 대안 부품들의 고장시간 분포는 Exp(λ)를 적용한다. 신뢰도-중복 최적화 문제를 위한 용어의 정의는 다음과 같다.

i	: 서브시스템의 Index($i=1,2,\ldots,s$)
z_i	: 서브시스템 i에 선택된 부품의 Index($z_i=1,2,\ldots,q_i$)
t	: 시스템의 운용시간
$R_s(t)$	: 운용시간 t에서 시스템의 신뢰도
$R_{iz_i}(t)$	: 부품 z_i로 구성된 서브시스템 i의 운용시간 t에서의 신뢰도
$r_{iz_i}(t)$	: 서브시스템 i에 선택된 부품 z_i의 운용시간 t에서의 신뢰도
$r_{k_i,iz_i}(t)$	: 신뢰도가 r_{iz_i}인 부품 k_i개가 직렬로 연결된 시스템의 운용 시간 t에서의 신뢰도
k_i	: 서브시스템 i의 기능발휘를 위한 최소 작동 부품수
n_i	: 서브시스템 i의 총 부품수 ; $k_i \le n_i \le n_{\max,i}$

$n_{\max,i}$: 서브시스템 i의 최대(제약) 부품수

f_{iz_i} : 부품 z_i의 고장시간 분포 함수(p.d.f)

f_{k_i,iz_i} : 부품 z_i, k_i개로 구성된 직렬 시스템의 고장시간 분포 함수

$f_{iz_i}^{(x)}$: f_{iz_i}의 x차 합성적(x-convolution)

λ_{iz_i} : Exp 분포(f_{iz_i})의 모수(Parameter)

m_{iz_i}, λ_{iz_i} : Erlang 분포(f_{iz_i})의 모수(Parameter)

$\rho_i(t)$, ρ_i : Case 1, Case 2의 고장감지기 신뢰도

C, W : 시스템의 비용 및 무게 제약

c_{iz_i}, w_{iz_i} : 서브시스템 i에 선택된 부품 z_i의 비용 및 무게

$c_{s,i}$, $w_{s,i}$: 서브시스템 i에 설치되는 고장감지기의 비용 및 무게

$n_{iz_i}^c$: 서브시스템 i에 부품 z_i를 선택할 때, 최적 중복전략이 Cold Standby가 되는 최대 부품수(임계 부품수)

$\overline{n_{iz_i}^c}$: 임계 부품수를 탐색하기 위한 상한(Upper bound)

$\lfloor f \rfloor$: 실수 f의 올림(정수화)

6.3.4.1 직렬-병렬 시스템 신뢰도

병렬 구조를 갖는 각 서브시스템이 직렬로 연결된 다음 〈그림 6.3〉과 같은 직렬-병렬 시스템에 대해 활성중복과 대기중복 시의 신뢰도 확률모형과 혼합 중복전략을 고려하는 신뢰도-중복 최적화 문제로, 각 서브시스템은 동일한 부품으로 중복설계하며, 대안 부품들의 고장시간 분포는 Erlang(m_{iz_i},λ_{iz_i})를 적용한다.

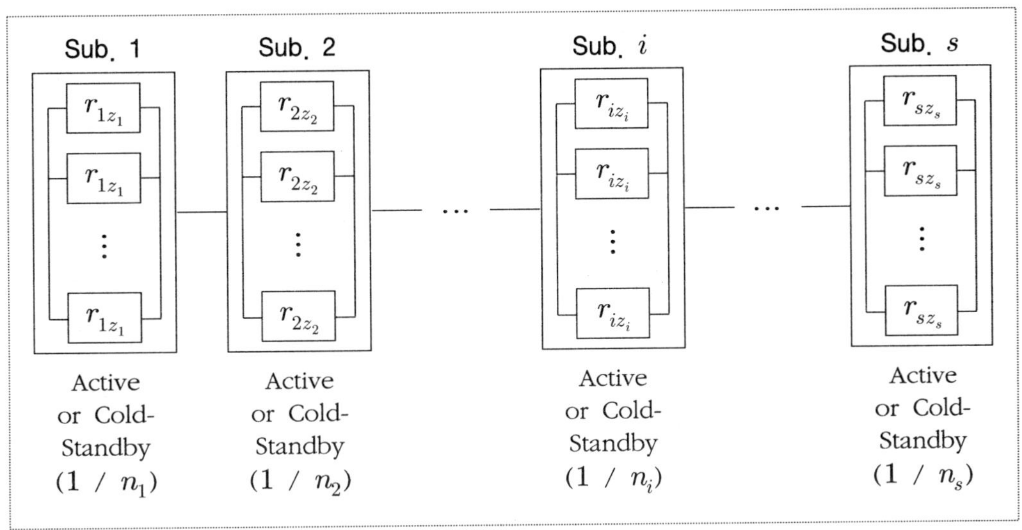

〈그림 6.3〉 중복전략이 혼합된 직렬-병렬 시스템

고장시간이 Erlang(m_{iz_i},λ_{iz_i})분포를 따르는 부품의 고장시간 분포 함수 및 운용 시간 t에서의 신뢰도는 다음 식과 같다.

$$f_{iz_i}(t) = \exp\left(-\lambda_{iz_i} t\right) \frac{\lambda_{iz_i}^{m_{iz_i}} t^{m_{iz_i}-1}}{\Gamma\left(m_{iz_i}\right)} \tag{6.82}$$

$$r_{iz_i}(t) = \exp\left(-\lambda_{iz_i} t\right) \sum_{l=0}^{m_{iz_i}-1} \frac{\left(\lambda_{iz_i} t\right)^l}{l!} \tag{6.83}$$

1) 활성중복(Active Redundancy)

부품들이 병렬 구조로 활성중복 설계된 서브시스템 i의 신뢰도는 동시에 작동을 시작한 n_i개의 부품 중 운용시간 t에서 1개 이상의 부품이 작동하고 있을 확률은 다음 식 (6.84)와 같고, 식 (6.83)을 적용하여 표현하면 다음 식 (6.85)와 같이 표현된다.

$$R_{iz_i}(t) = 1 - \left[1 - r_{iz_i}(t)\right]^{n_i} \tag{6.84}$$

$$R_{iz_z}(t) = 1 - \exp\left(-n_i \lambda_{iz_i} t\right) \left[\sum_{l=m_{iz_i}}^{\infty} \frac{\left(\lambda_{iz_i} t\right)^l}{l!}\right]^{n_i} \tag{6.85}$$

2) 대기중복(Cold Standby Redundancy)

중복전략으로 Cold Standby가 적용된 서브시스템 i에서는 최초 작동을 시작한 부품에 고장이 발생하면, 이를 감지하고 대기 중인 부품으로 부하를 전이하여 서브시스템의 기능을 유지한다. 이러한 과정은 중복수 $(n_i - 1)$ 만큼 반복되고, 결국 n_i번째의 고장이 발생하면 서브시스템은 기능을 상실하게 된다. 이때, 고장을 감지하고 대기 부품으로의 전이에 성공할 확률은 고장감지기의 신뢰도가 된다. 또한 고장감지기의 작동 형태에 따라 항상 활성상태를 유지하면서 지속적으로 고장을 탐지하는 고장감지기의 경우를 Case 1, 고장 발생시에 한해 활성화되는 경우를 Case 2로 구분한다.

· Case 1 : Continual monitoring and detection, $\rho_i(t)$

활성상태를 유지하고 있는 고장감지기의 신뢰도는 시간 t의 함수로써 $\rho_i(t)$로 표현한다. 위에서 설명한 서브시스템이 기능을 유지하는 '고장-탐지-전이'의 반복적인 확률과정(Stochastic Process)은 다음 식 (6.86)과 같이 유도할 수 있으며[33, 34], 이는 임의의 확률분포에 적용할 수 있는 일반식이다. 세부적인 유도과정은 〈부록 3〉을 참고하기 바란다.

$$R_{iz_i}(t) = r_{iz_i}(t) + \sum_{x=1}^{n_i - 1} \int_0^t \rho_i(u) r_{iz_i}(t-u) f_{iz_i}^{(x)}(u) du \qquad (6.86)$$

위의 식 (6.86)은 해석적인 해법에 제한이 따른다. 따라서 항상 $\rho_i(u) \geq \rho_i(t)$임을 이용하여 서브시스템 신뢰도의 하한(Lower-bound)으로 다음 식 (6.87)과 같은 근사식을 사용할 수 있다. $\rho(t) = 1.0$인 Perfect S/W 문제에서는 식 (6.86)과 식 (6.87)은 동일하다.

$$R_{iz_i}(t) \geq \widetilde{R_{iz_i}}(t) = r_{iz_i}(t) + \rho_i(t) \sum_{x=1}^{n_i - 1} \int_0^t r_{iz_i}(t-u) f_{iz_i}^{(x)}(u) du \qquad (6.87)$$

Coit[34]는 식 (6.87)의 근사식에 대해 여러 가지의 고장감지기의 신뢰도$\rho(t)$와 부품의 고장시간 분포(Erlang)의 모수(m, λ) 데이터를 조합하여 456종의 문제를 생성하고, Monte Carlo 시뮬레이션을 통해 근사식의 유효성을 실험하였다. 실험결과 식 (6.86)과 식 (6.87)의 오차는 $\rho(t)$가 증가할수록 감소하며, 456종 문제의 평균 오차는 0.426% 미만, $\rho(t) \geq 0.99$인 경우에서는 0.052% 미만으로 근사식이 유효함을 입증하였다. 또한 $\rho(t) \leq r(t)$인 경우에서는 Cold Standby가 추천되지 않으므로, 현실 문제에서 Cold Standby로 설계하는 경우를 고려할 때, 근사식은 현실적으로 충분히 유효하다 볼 수 있다.

부품의 고장시간이 Erlang(m_{iz_i},λ_{iz_i})분포를 따를 때, (0, t] 동안 고장이 발생한 부품수를 $N_i(t)$로 정의하면, $N_i(t) < n_i$인 경우 $N_i(t)$는 Erlang 도착간격 시간을 갖는 재생과정이고 Erlang 분포(m_{iz_i},λ_{iz_i})는 동일하고 독립인 지수분포(λ_{iz_i})의 m_{iz_i}-Convolution으로 볼 수 있다. 따라서 $N^*_{i,m}(t)$을 Poisson(λ_{iz_i}) 과정이라 하면, $P[N_i(t) < x] = P\left[N^*_{i,m}(t) < m_{iz_i}x\right]$가 되어 다음 식 (6.88)이 도출된다. 세부 유도과정은 〈부록 3〉을 참고하기 바란다.

$$\int_0^t r_{iz_i}(t-u) f_{iz_i}^{(x)}(u)du = \exp\left(-\lambda_{iz_i}t\right) \sum_{l=m_{iz_i}x}^{m_{iz_i}(x+1)-1} \frac{\left(\lambda_{iz_i}t\right)^l}{l!} \tag{6.88}$$

식 (6.88)을 식 (6.85)에 대입하면 서브시스템 i의 근사 신뢰도는 다음 식 (6.89)와 같고, 식 (6.83)을 적용하여 Poisson 분포(λ_{iz_i}) 함수로 표현하면 다음 식 (6.90)과 같다.

$$\widetilde{R_{iz_i}}(t) = r_{iz_i}(t) + \rho_i(t)\left[\exp\left(-\lambda_{iz_i}t\right) \sum_{l=m_{iz_i}}^{m_{iz_i}n_i-1} \frac{\left(\lambda_{iz_i}t\right)^l}{l!}\right] \tag{6.89}$$

$$\begin{aligned}\widetilde{R_{iz_i}}(t) = [1-\rho_i(t)]&\left[\exp\left(-\lambda_{iz_i}t\right) \sum_{l=0}^{m_{iz_i}-1} \frac{\left(\lambda_{iz_i}t\right)^l}{l!}\right] \\ &+ \rho_i(t)\left[\exp\left(-\lambda_{iz_i}t\right) \sum_{l=0}^{m_{iz_i}n_i-1} \frac{\left(\lambda_{iz_i}t\right)^l}{l!}\right]\end{aligned} \tag{6.90}$$

· Case 2 : Detection and switching only at time of failure, $\boldsymbol{\rho_i}$

고장 발생시에 한하여 활성화되는 고장감지기의 신뢰도는 정적(Static) 신뢰도로서 ρ_i와 같이 표현하면, 위에서의 '고장-탐지-전이'의 반복적인 확률과정은 다음 식 (6.91)과 같이 유도된다. 이도 임의의 확률분포에 적용할 수 있는 일

반식이며, 세부적인 유도과정은 〈부록 3〉을 참고하기 바란다.

$$R_{iz_i}(t) = r_{iz_i}(t) + \sum_{x=1}^{n_i - 1} \rho_i^x \int_0^t r_{iz_i}(t-u) f_{iz_i}^{(x)}(u) du \tag{6.91}$$

Case 1에서의 근사 방법을 동일하게 적용하면, 서브시스템 i의 근사 신뢰도는 다음 식 (6.92)와 같이 도출된다. 단, 고장감지기의 신뢰도가 Case 1의 경우 시간에 따른 동적(Dynamic) 신뢰도이나 Case 2는 정적 신뢰도이다.

$$\widetilde{R_{iz_i}}(t) = r_{iz_i}(t) + \rho_i \sum_{x=1}^{n_i - 1} \int_0^t r_{iz_i}(t-u) f_{iz_i}^{(x)}(u) du \tag{6.92}$$

따라서 식 (6.92)에 식 (6.88)을 대입하면, 서브시스템 i의 근사 신뢰도는 다음 식 (6.93)과 같고, 식 (6.81)을 적용하여 Poisson 분포(λ_{iz_i}) 함수로 표현하면 다음 식 (6.94)와 같다.

$$R_{iz_i}(t) = r_{iz_i}(t) + \rho_i \left[\exp(-\lambda_{iz_i} t) \sum_{l = m_{iz_i}}^{m_{iz_i} n_i - 1} \frac{(\lambda_{iz_i} t)^l}{l!} \right] \tag{6.93}$$

$$\begin{aligned} \widetilde{R_{iz_i}}(t) = [1 - \rho_i] \left[\exp\left(-\lambda_{iz_i} t\right) \sum_{l=0}^{m_{iz_i} - 1} \frac{(\lambda_{iz_i} t)^l}{l!} \right] \\ + \rho_i \left[\exp\left(-\lambda_{iz_i} t\right) \sum_{l=0}^{m_{iz_i} n_i - 1} \frac{(\lambda_{iz_i} t)^l}{l!} \right] \end{aligned} \tag{6.94}$$

Case 1, Case 2에서 고장감지기의 신뢰도가 1.0인 Perfect S/W 문제를 고려하면, 서브시스템의 신뢰도는 다음 식 (6.95)와 같이 Poisson 분포(λ_{iz_i}) 함수가 된다.

$$R_{iz_i}(t)|_{\rho(t)=1} = \exp\left(-\lambda_{iz_i} t\right) \sum_{l=0}^{m_{iz_i} n_i - 1} \frac{(\lambda_{iz_i} t)^l}{l!} \tag{6.95}$$

혼합 중복전략을 고려한 직렬-병렬 시스템의 신뢰도는 활성중복 또는 대기(Cold

Standby)중복으로 병렬 구조를 갖는 각 서브시스템의 신뢰도의 곱으로서 다음 식 (6.96)과 같이 표현할 수 있다. 중복전략의 표시는 'N'은 중복이 없는 경우, 'A'는 활성중복, 'S'는 대기중복의 경우를 의미한다.

$$R_s(t)=\prod_{i=1}^{s}R_{iz_i}(t)=\left[\prod_{i\in N}r_{iz_i}(t)\right]\times\left[\prod_{i\in A}1-\left\{1-r_{iz_i}(t)\right\}^{n_i}\right]$$
$$\times\left[\prod_{i\in S}r_{iz_i}(t)+\sum_{x=1}^{n_i-1}\int_0^t\rho_i(u)r_{iz_i}(t-u)f_{iz_i}^{(x)}(u)du\right] \tag{6.96}$$

6.3.4.2 k-out-of-n 시스템 신뢰도

k-out-of-n 구조를 갖는 각 서브시스템이 직렬로 연결된 다음 〈그림 6.4〉와 같은 직렬-k-out-of-n 시스템에 대해 활성중복과 대기중복 시의 신뢰도 확률모형과 혼합 중복전략을 고려하는 신뢰도-중복 최적화 문제의 목적함수를 소개하고, 각 서브시스템은 동일한 부품으로 중복설계하며, 대안 부품들의 고장시간은 지수분포(λ_{iz_i})를 적용한다.

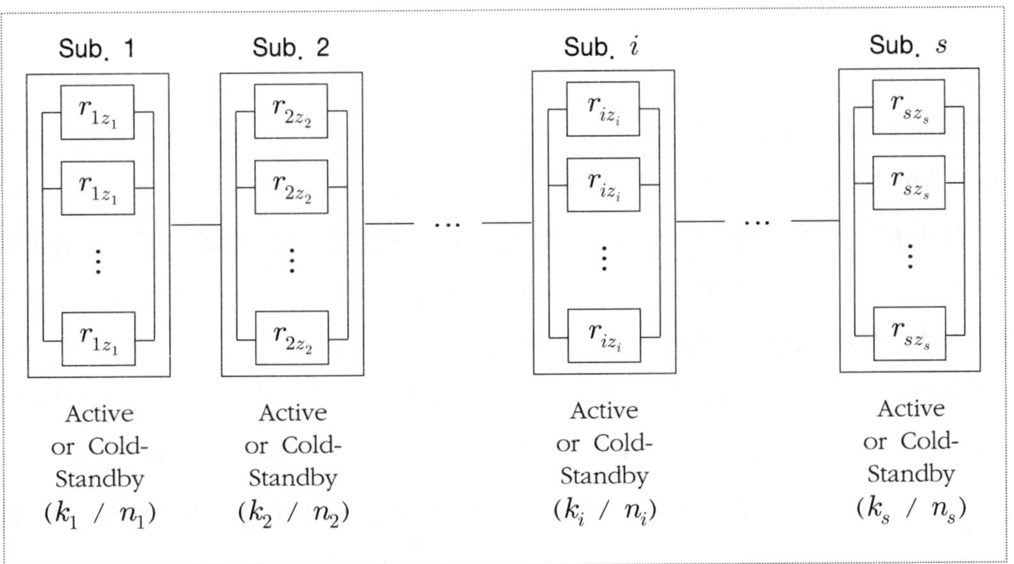

〈그림 6.4〉 중복전략이 혼합된 직렬-k-out-of-n 시스템

고장시간 분포가 Exp(λ_{iz_i})를 따르는 부품의 고장시간 분포 함수 및 운용시간 t에서의 신뢰도는 다음 식과 같다.

$$f_{iz_i}(t)=\lambda_{iz_i}\exp\left(-\lambda_{iz_i}t\right) \tag{6.97}$$

$$r_{iz_i}(t)=\exp\left(-\lambda_{iz_i}t\right) \tag{6.98}$$

1) 활성중복(Active Redundancy)

부품들이 k-out-of-n 구조로 활성중복 설계된 서브시스템 i의 신뢰도는 동시에 작동을 시작한 n_i개의 부품 중 운용시간 t에서 k_i개 이상의 부품이 작동하고 있을 확률은 다음 식 (6.99)와 같고, 식 (6.98)을 적용하여 표현하면 다음 식 (6.100)과 같이 표현된다.

$$R_{iz_i}(t)=\sum_{k=k_i}^{n_i}\binom{n_i}{k}\left[r_{iz_i}(t)\right]^k\left[1-r_{iz_i}(t)\right]^{n_i-k} \tag{6.99}$$

$$R_{iz_i}(t)=\sum_{k=k_i}^{n_i}\binom{n_i}{k}\left[\exp\left(-\lambda_{iz_i}t\right)\right]^k\left[1-\exp\left(-\lambda_{iz_i}t\right)\right]^{n_i-k} \tag{6.100}$$

2) 대기중복(Cold Standby Redundancy)

중복전략으로 Cold Standby가 적용된 서브시스템 i에서는 n_i개의 부품 중 k_i개의 부품이 최초 작동을 시작하고 작동 중인 k_i개의 부품 중 고장이 발생하면, 이를 감지하고 대기 중인 부품으로 부하를 전이하여 서브시스템의 기능을 유지한다. 이러한 과정은 중복수 (n_i-k_i) 만큼 반복되고, 결국 n_i-k_i+1번째의 고장이 발생하면 서브시스템은 기능을 상실하게 된다.

서브시스템이 정상 작동하는 동안 항상 k_i개의 부품이 작동 중에 있고, 부품의 고장시간dl 지수 분포(λ_{iz_i})의 무기억 속성(Memoryless Property)으로 인해 작동 중인 k_i개의 부품은 고장시간이 지수 분포($k_i\lambda_{iz_i}$)인 하나의 Set 부품으로 고려할 수 있다. 따라서 k-out-of-n 서브시스템은 신뢰도가 다음 식 (6.101)과 같은 부품 (n_i-k_i+1)개로 구성된 대기중복 병렬 시스템과 같이 고려할 수 있다.

$$r_{k,iz_i}(t) = \exp\left(-k_i\lambda_{iz_i}t\right) \tag{6.101}$$

· Case 1 : Continual monitoring and detection, $\rho_i(t)$

활성상태를 유지하고 있는 고장감지기의 신뢰도는 시간 t의 함수로써 $\rho_i(t)$로 표현한다. 위에서 설명한 서브시스템이 기능을 유지하는 '고장-탐지-전이'의 반복적인 확률과정(Stochastic Process)은 다음 식 (6.102)와 같이 유도된다.

$$R_{iz_i}(t) = r_{k,iz_i}(t) + \sum_{x=1}^{n_i-k_i}\int_0^t \rho_i(u) r_{k,iz_i}(t-u) f_{k,iz_i}^{(x)}(u)du \tag{6.102}$$

병렬 서브시스템에서와 같은 근사 방법을 적용하면, 다음 식 (6.103)과 같은 서브시스템 i의 근사 신뢰도를 얻을 수 있다.

$$R_{iz_i}(t) \geq \widetilde{R_{iz_i}}(t) = r_{k,iz_i}(t) + \rho_i(t)\sum_{x=1}^{n_i-k_i}\int_0^t r_{k,iz_i}(t-u) f_{k,iz_i}^{(x)}(u)du \tag{6.103}$$

(0, t] 동안 고장이 발생한 부품의 수를 $N_i(t)$로 정의하면, $N_i(t) < n_i - k_i$인 경우 $N_i(t)$는 지수분포의 도착간격 시간을 갖는 재생과정이고, 모수($k_i\lambda_{iz_i}$)를 갖는 Poisson 과정이므로, 다음 식 (6.104)가 도출된다. 세부적인 유도과정은 〈부록 3〉을 참고하기 바란다.

$$\int_0^t r_{k_i,iz_i}(t-u) f_{k_i,iz_i}^{(x)}(u)du = \exp\left(-k_i\lambda_{iz_i}t\right)\frac{\left(k_i\lambda_{iz_i}t\right)^x}{x!} \tag{6.104}$$

식 (6.104)를 식 (6.103)에 대입하면 서브시스템 i의 근사 신뢰도는 다음 식 (6.105)와 같이 표현할 수 있다.

$$\widetilde{R_{iz_i}}(t) = r_{k,iz_i} + \rho_i(t)\sum_{x=1}^{n_i-k_i}\exp\left(-k_i\lambda_{iz_i}t\right)\frac{\left(k_i\lambda_{iz_i}t\right)^x}{x!} \tag{6.105}$$

또한, 식 (6.101)을 적용하면 식 (6.106)과 같이 간단하게 정리할 수 있으며, Poisson 분포($k_i\lambda_{iz_i}$) 함수는 다음 식 (6.107)과 같다.

$$\widetilde{R_{iz_i}}(t)=\exp\left(-k_i\lambda_{iz_i}t\right)\left[1+\rho_i(t)\sum_{x=1}^{n_i-k_i}\frac{\left(k_i\lambda_{iz_i}t\right)^x}{x!}\right] \tag{6.106}$$

$$\widetilde{R_{iz_i}}(t)=\left[1-\rho_i(t)\right]\exp\left(-k_i\lambda_{iz_i}t\right)+\rho_i(t)\left[\exp\left(-k_i\lambda_{iz_i}t\right)\sum_{x=0}^{n_i-k_i}\frac{\left(k_i\lambda_{iz_i}t\right)^x}{x!}\right] \tag{6.107}$$

· Case 2 : Detection and switching only at time of failure, $\boldsymbol{\rho_i}$

고장 발생시에 한해 활성화되는 고장감지기의 신뢰도는 정적(Static) 신뢰도로서 ρ_i와 같이 표현하면, 위에서의 '고장-탐지-전이'의 반복적인 확률과정은 다음 식 (6.108)과 같이 유도된다.

$$R_{iz_i}(t)=r_{k_i,iz_i}(t)+\sum_{x=1}^{n_i-k_i}\rho_i^x\int_0^t r_{k_i,iz_i}(t-u)f_{k_i,iz_i}^{(x)}(u)du \tag{6.108}$$

Case 1에서의 근사 방법을 동일하게 적용하면, 서브시스템 i의 근사 신뢰도는 다음 식 (6.109)와 같이 도출된다. 단, 고장감지기의 신뢰도가 Case 1의 경우 시간에 따른 동적(Dynamic) 신뢰도이나 Case 2는 정적 신뢰도이다.

$$\widetilde{R_{iz_i}}(t)=r_{iz_i}(t)+\rho_i\sum_{x=1}^{n_i-k_i}\int_0^t r_{iz_i}(t-u)f_{iz_i}^{(x)}(u)du \tag{6.109}$$

따라서 식 (6.109)에 식 (6.104)를 대입하면, 서브시스템의 근사 신뢰도는 다음 식의 형태로 유도할 수 있다.

$$\widetilde{R_{iz_i}}(t)=\exp\left(-k_i\lambda_{iz_i}t\right)\left[1+\rho_i\sum_{x=1}^{n_i-k_i}\frac{\left(k_i\lambda_{iz_i}t\right)^x}{x!}\right] \tag{6.110}$$

$$\widetilde{R_{iz_i}}(t) = [1-\rho_i]\exp(-k_i\lambda_{iz_i}t) + \rho_i\left[\exp(-k_i\lambda_{iz_i}t)\sum_{x=0}^{n_i-k_i}\frac{(k_i\lambda_{iz_i}t)^x}{x!}\right] \quad (6.111)$$

Case 1, Case 2에서 고장감지기의 신뢰도가 1.0인 Perfect S/W 문제를 고려하면, 서브시스템의 신뢰도는 다음 식 (6.112)와 같이 Poisson 분포($k_i\lambda_{iz_i}$) 함수가 된다.

$$\widetilde{R_{iz_i}}(t) = \exp(-k_i\lambda_{iz_i}t)\sum_{x=0}^{n_i-k_i}\frac{(k_i\lambda_{iz_i}t)^x}{x!} \quad (6.112)$$

따라서 혼합 중복전략을 고려한 직렬-k-out-of-n 시스템의 신뢰도는 활성중복 또는 대기(Cold Standby)중복으로 k-out-of-n 구조를 갖는 각 서브시스템의 신뢰도의 곱으로서 식 (6.113)과 같이 표현할 수 있다. 이는 $n_i = k_i = 1$인 경우는 직렬 서브시스템을, $n_i > k_i = 1$인 경우는 병렬 시스템을 의미한다. 중복전략의 표시는 'N'은 중복이 없는 경우, 'A'는 활성중복, 'S'는 대기중복의 경우를 의미한다.

$$\begin{aligned} R_s(t) &= \prod_{i=1}^{s} R_{iz_i}(t) = \left[\prod_{i\in N} r_{iz_i}\right] \times \left[\prod_{i\in A}\sum_{k=k_i}^{n_i}\binom{n_i}{k}(r_{iz_i})^k(1-r_{iz_i})^{n_i-k}\right] \\ &\times \left[\prod_{i\in S}\left(r_{k_i,iz_i} + \sum_{x=1}^{n_i-k_i}\int_0^t \rho_i(u) r_{k_i,iz_i}(t-u) f_{k_i,iz_i}^{(x)}(u)du\right)\right] \end{aligned} \quad (6.113)$$

6.3.4.3 최적 중복전략의 임계 부품수

동일한 부품과 중복수로 설계할 때, 활성중복과 Cold Standby 중복 중 신뢰도가 더 높은 것이 최적의 중복전략이 된다. 만약 고장감지기의 신뢰도가 1.0인 Perfect S/W 문제라면, 항상 Cold Standby가 최적 중복전략이 된다. 하지만 고장감지기의 신뢰도가 1.0 미만인 Imperfect S/W 문제에서는 다음 〈그림 6.5〉에서 보는 바와 같이 중복수가 적을 때는 Cold Standby 중복이 추천되고 중복수가 많아지면 활성중복이 추천된다. 따라서 부품 z_i로 구성된 서브시스템 i에서 최적 중복전략이 변경되는, 즉 Cold Standby 중복이 추천되는 최대의 부품수를 임계 부품수($n_{iz_i}^c$)로 정의한다. 이러한 임계 부품수는 서브시스템을 구성하는 부품의 신뢰도(r_{iz_i})와 고장감지기의 신뢰도($\rho_i(t), \rho_i$)의 함수로써 표현할 수 있다. 하지만 확률모형의 복잡도로 인해 해석적으로 임계 부품수를 결정하는 것은 어려운 문제다. 따라서 임계 부품수를 탐색하는 연산을 감소시키기 위해 Coit[34]은 병렬 서브시스템에서 임계 부품수의 상한을 다음 식 (6.114)와 같이 제시하고, 이로부터 1씩 차감하면서 임계 부품수를 탐색하는 방법을 제안하였다. 다음 식을 유도하여 검증한 결과는 〈부록 4〉를 참고하기 바란다.

$$\overline{n_{iz_i}^c} = 1 + \left\lfloor \frac{\ln[1-\rho_i(t)]}{\ln\left[1-r_{iz_i}(t)\right]} \right\rfloor \tag{6.114}$$

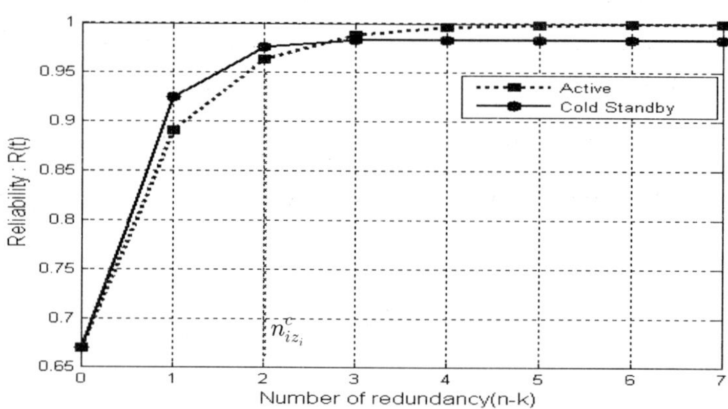

〈그림 6.5〉 중복전략별 중복수에 따른 신뢰도

k-out-of-n 서브시스템을 고려하여 일반화된 임계 부품수의 상한을 다음 식 (6.115)와 같이 유도할 수 있다. 이는 Hoeffding의 부등식[58]을 이용해 도출한 활성중복시의 신뢰도 하한과 Cold Standby 중복시의 신뢰도 상한을 통해 유도하였으며, 세부적인 유도과정은 〈부록 4〉를 참고하기 바란다.

$$\overline{n_{iz_i}^c} = \left\lfloor \left(\frac{\beta_{iz_i} + \sqrt{\beta_{iz_i}^2 + 4(k_i - 1)}}{2r_{iz_i}} \right)^2 \right\rfloor \tag{6.115}$$

$$\text{여기서,}\quad \beta_{iz_i} = \sqrt{-\frac{1}{2}\ln\left[2\left(1-\overline{R_{c,iz_i}}\right)\right]}$$

$$\overline{R_{c,iz_i}} = \left[1-\rho_i(t)\right] r_{k_i,iz_i} + \rho_i(t)$$

6.3.4.4 신뢰도-중복 최적화 모형

본 절에서는 직렬-병렬 시스템과 k-out-of-n 시스템의 신뢰도를 최대화하기 위한 각 서브시스템의 최적 부품을 선택하고, 부품수와 중복전략(활성중복 또는 Cold Standby)을 결정하는 신뢰도-중복 최적화 문제(RROP)의 모형을 소개한다.

1) 직렬-병렬 시스템

중복($n_i > 1$)이 있고, 최적 중복전략으로 Cold Standby가 선택되는 경우 고장감지기가 추가적으로 소요됨을 표현하기 위해 다음의 0-1 결정변수(y_i)를 도입하였으며, 대안 부품들의 고장시간 분포는 Erlang(m,λ)으로 고려하였다. 중복전략의 표기로써 'N'은 중복이 없는 경우, 'A'는 활성중복, 'S'는 대기중복(Cold Standby)을 의미한다.

$$y_i = \begin{cases} 1, \text{ if } n_i > 1 \text{ and } i \in S \\ 0, \text{ otherwise} \end{cases}$$

Max.

$$\widetilde{R}_s(t) = \left[\prod_{i\in N} r_{iz_i}(t)\right] \times \left[\prod_{i\in A} 1-\left\{1-r_{iz_i}(t)\right\}^{n_i}\right] \times \left[\prod_{i\in S} r_{iz_i}(t) + \rho_i(t)\left\{\exp\left(-\lambda_{iz_i}t\right)\sum_{l=m_{iz_i}}^{m_{iz_i}n_i-1}\frac{\left(\lambda_{iz_i}t\right)^l}{l!}\right\}\right] \qquad (6.116)$$

Subject to

$$\sum_{i=1}^{s}\left(c_{iz_i}n_i + c_{s,i}y_i\right) \le C \qquad (6.117)$$

$$\sum_{i=1}^{s}\left(w_{iz_i}n_i + w_{s,i}y_i\right) \le W \qquad (6.118)$$

$$1 \le n_i \le n_{\max,i}\ ,\quad n_i \in \text{ integer} \qquad (6.119)$$

$$1 \le z_i \le q_i \qquad , \quad z_i \in \text{ integer} \tag{6.120}$$

$$y_i \in \{0, 1\} \tag{6.121}$$

$$\text{For } \begin{cases} n_i = 1 & , \ i \in N \quad \text{and} \quad y_i = 0 \\ 1 < n_i \le n^c_{iz_i} & , \ i \in S \quad \text{and} \quad y_i = 1 \\ n^c_{iz_i} < n_i \le n_{\max,i} & , \ i \in A \quad \text{and} \quad y_i = 0 \end{cases} \tag{6.122}$$

위의 최적화 모형에서 목적함수 식은 시스템의 신뢰도를 최대화하는 것이다. 제약함수 식 (6.117)은 각 서브시스템에 사용된 비용의 총 합이 비용제약(C)을, 식 (6.118)은 각 서브시스템에 사용된 부품 무게의 총 합이 무게제약(W)을 초과할 수 없음을 의미한다. 제약함수 식 (6.119)는 서브시스템 i의 부품수의 상·하한을 나타내며, 식 (6.120)은 서브시스템 i에 사용될 부품은 대안 부품들 중에 선택되어야 함을 의미한다. 또한 서브시스템 i를 구성하고 있는 총 부품수 n_i와 선택된 부품의 번호 z_i는 비음 정수이어야 한다. 식 (6.121)은 y_i가 0-1 결정변수임을 나타내고 있다. 식 (6.122)는 서브시스템 i에 선택된 대안 부품과 부품수에 따른 최적 중복전략과 결정변수 y_i의 값을 지정하고 있으며, 서브시스템 i의 중복전략으로 Cold Standby가 선택되면 1이 되어 고장감지기가 추가적으로 소요됨을 의미한다.

원문제 목적함수를 대수변환[20, 34]하고 새로운 0-1 결정변수(y_{ijp})를 도입하여 이진정수계획(Binary Integer Programming) 모형으로 변환하면 다음과 같다.

$$y_{ijp} = \begin{cases} 1, \text{ if } n_i = p \text{ and } z_i = j \text{ for subsystem } i \\ 0, \text{ otherwise} \end{cases}$$

$$\text{Max. } \ln \widetilde{R}_s = \sum_{i=1}^{s} \ln \widetilde{R}_i = \sum_{i=1}^{s} \sum_{j=1}^{q_i} \sum_{p=1}^{n_{\max,i}} \gamma_{ijp} y_{ijp} \tag{6.123}$$

Subject to

$$\sum_{i=1}^{s} \sum_{j=1}^{q_i} \sum_{p=1}^{n_{\max,i}} \alpha_{ijp} y_{ijp} \le C \tag{6.124}$$

$$\sum_{i=1}^{s}\sum_{j=1}^{q_i}\sum_{p=1}^{n_{\max,i}} \beta_{ijp} y_{ijp} \le W \tag{6.125}$$

$$\sum_{j=1}^{q_i}\sum_{p=1}^{n_{\max,i}} y_{ijp} = 1, \ \forall i \tag{6.126}$$

$$1 \le n_i \le n_{\max,i} \ , \ n_i \in \text{integer} \tag{6.127}$$

$$1 \le z_i \le q_i \qquad , \ z_i \in \text{integer} \tag{6.128}$$

$$y_{ijp} \in \{0, 1\} \tag{6.129}$$

For $p=1,\ i \in N$ and

$$\cdot\ \gamma_{ijp} = -\lambda_{ij}t + \ln\left(\sum_{l=0}^{m_{ij}-1} \frac{(\lambda_{ij}t)^l}{l!}\right) \tag{6.130}$$

$$\cdot\ \alpha_{ijp} = c_{ij},\ \beta_{ijp} = w_{ij} \tag{6.131}$$

For $1 < p \le n_{ij}^c,\ i \in S$ and

$$\cdot\ \gamma_{ijp} = -\lambda_{ij}t + \ln\left[\sum_{l=0}^{m_{ij}-1} \frac{(\lambda_{ij}t)^l}{l!} + \rho_i(t)\sum_{l=m_{ij}}^{m_{ij}p-1} \frac{(\lambda_{ij}t)^l}{l!}\right] \tag{6.132}$$

$$\cdot\ \alpha_{ijp} = pc_{ij} + c_{s,i},\ \beta_{ijp} = pw_{ij} + w_{s,i} \tag{6.133}$$

For $n_{ij}^c < p \le n_{\max,i},\ i \in A$ and

$$\cdot\ \gamma_{ijp} = \ln\left[1 - \left(1 - \exp(-\lambda_{ij}t)\sum_{l=0}^{m_{ij}-1} \frac{(\lambda_{ij}t)^l}{l!}\right)\right] \tag{6.134}$$

$$\cdot\ \alpha_{ijp} = pc_{ij},\ \beta_{ijp} = pw_{ij} \tag{6.135}$$

최적화 모형의 목적함수 식은 대수변환된 서브시스템 신뢰도의 합을 최대화하는 것이며, 식 (6.124)와 식 (6.125)는 각각 비용과 무게에 대한 제약식이다. 식 (6.126)은 서브시스템 i에서 선택된 부품과 부품수를 만족하는 결정변수 y_{ijp}만 1이 되고, 이외의 경우는 0이 되어 그 합이 1이 되어야 함을 의미한다. 식 (6.127)은 서브시스템 i를 구성하는 부품수의 상·하한에 대한 제약이며, 식 (6.128)은 부품은 대안 부품 중에 선택되어야 함을 의미하고, 식 (6.129)는 y_{ijp}가 0-1 결정변수임을 나타낸다. 식 (6.130), 식 (6.132), 식 (6.134)는 서브시스템 i에 선택된 부품과 부품수에 따라 결정되는 최적 중복전략과 그 때의 대수변환된 서브시스템 i의 신뢰도를 의미한다. 식 (6.133)은 중복전략이 대기중복으로 결정된 경우 고장감지기의 비용과 무게가 추가적으로 고려되어야 함을 의미하며, 식 (6.131)과 식 (6.135)는 고장감지기가 필요하지 않아 선택된 부품에 대한 비용과 무게만이 고려됨을 나타내고 있다.

2) k-out-of-n 서브시스템

결정변수 y_i는 서브시스템 i에서 중복($n_i > k_i$)이 있고, 중복전략으로 Cold Standby가 선택되면 고장감지기가 추가적으로 소요됨을 표현하게 되며, 대안 부품들의 고장시간은 지수분포(λ)로 가정한다.

$$y_i = \begin{cases} 1, \text{ if } n_i > k_i \text{ and } i \in S \\ 0, \text{ otherwise} \end{cases}$$

$$\text{Max. } \widetilde{R_s} = \left[\prod_{i \in N} r_{k_i, iz_i}(t)\right] \times \left[\prod_{i \in A} \sum_{k=k_i}^{n_i} \binom{n_i}{k} \{r_{iz_i}(t)\}^k \{1 - r_{iz_i}(t)\}^{n_i - k}\right] \times \prod_{i \in S}\left[\exp(-k_i \lambda_{iz_i} t)\left\{1 + \rho_i(t) \sum_{x=1}^{n_i - k_i} \frac{(-k_i \lambda_{iz_i} t)^x}{x!}\right\}\right] \tag{6.136}$$

Subject to

$$\sum_{i=1}^{s} (c_{iz_i} n_i + c_{s,i} y_i) \le C \tag{6.137}$$

$$\sum_{i=1}^{s} (w_{iz_i} n_i + w_{s,i} y_i) \le W \tag{6.138}$$

$$k_i \le n_i \le n_{\max,i} \ , \ n_i \in \text{ integer} \tag{6.139}$$

$$1 \le z_i \le q_i \ , \ z_i \in \text{ integer} \tag{6.140}$$

$$y_i \in \{0, 1\} \tag{6.141}$$

$$\text{For} \quad \begin{cases} n_i = k_i & , \ i \in N \text{ and } y_i = 0 \\ k_i < n_i \le n_{iz_i}^c & , \ i \in S \text{ and } y_i = 1 \\ n_{iz_i}^c < n_i \le n_{\max,i} & , \ i \in A \text{ and } y_i = 0 \end{cases} \tag{6.142}$$

목적함수는 시스템 신뢰도를 최대화하는 것이며, 식 (6.137)과 식 (6.138)은 각

각 비용과 무게에 대한 제약식이다. 식 (6.139)는 서브시스템 i의 부품수의 상·하한에 대한 제약이며, 식 (6.140)은 부품은 대안 부품 중에 선택되어야 함을 의미하고, 식 (6.141)은 y_i가 0-1 결정변수임을 나타낸다. 식 (6.142)는 최적 중복전략 조건과 y_i의 값을 지정하고, 대기중복인 경우 y_i가 1이 되어 식 (6.137)과 식 (6.138)에서 고장감지기의 비용과 무게가 고려되도록 한다.

원문제 최적화 모형의 목적함수를 대수변환하고 새로운 0-1 결정변수 (y_{ijp})를 도입하여 이진정수계획 모형으로 변환하면 다음과 같다.

$$y_{ijp} = \begin{cases} 1, \text{ if } n_i = p \text{ and } z_i = j \text{ for subsystem } i \\ 0, \text{ otherwise} \end{cases}$$

$$\text{Max. } \ln\widetilde{R}_s = \sum_{i=1}^{s} \ln\widetilde{R}_i = \sum_{i=1}^{s}\sum_{j=1}^{q_i}\sum_{p=k_i}^{n_{\max,i}} \gamma_{ijp} y_{ijp} \tag{6.143}$$

Subject to

$$\sum_{i=1}^{s}\sum_{j=1}^{q_i}\sum_{p=k_i}^{n_{\max,i}} \alpha_{ijp} y_{ijp} \le C \tag{6.144}$$

$$\sum_{i=1}^{s}\sum_{j=1}^{q_i}\sum_{p=k_i}^{n_{\max,i}} \beta_{ijp} y_{ijp} \le W \tag{6.145}$$

$$\sum_{j=1}^{q_i}\sum_{p=k_i}^{n_{\max,i}} y_{ijp} = 1, \ \forall i \tag{6.146}$$

$$k_i \le n_i \le n_{\max,i}, \ n_i \in \text{integer} \tag{6.147}$$

$$1 \le z_i \le q_i, \ z_i \in \text{integer} \tag{6.148}$$

$$y_{ijp} \in \{0, 1\} \tag{6.149}$$

For $p = k_i$, $i \in N$ and

· $\gamma_{ijp} = -p\lambda_{ij} t$ (6.150)

· $\alpha_{ijp} = c_{ij}$, $\beta_{ijp} = w_{ij}$ (6.151)

For $k_i < p \le n_{ij}^c$, $i \in S$ and

$$\cdot\ \gamma_{ijp} = -k_i\lambda_{ij}t + \ln\left[1+\rho_i(t)\sum_{x=1}^{p-k_i}\frac{(k_i\lambda_{ij}t)^x}{x!}\right] \tag{6.152}$$

$$\cdot\ \alpha_{ijp} = pc_{ij} + c_{s,i},\ \beta_{ijp} = pw_{ij} + w_{s,i} \tag{6.153}$$

For $n_{ij}^c < p \le n_{\max,i},\ i \in A$ and

$$\cdot\ \gamma_{ijp} = \ln\left[\sum_{k=k_i}^{p}\binom{p}{k}\{\exp(-\lambda_{ij}t)\}^k\{1-\exp(-\lambda_{ij}t)\}^{p-k}\right] \tag{6.154}$$

$$\cdot\ \alpha_{ijp} = pc_{ij},\ \beta_{ijp} = pw_{ij} \tag{6.155}$$

최적화 모형의 목적함수는 대수 변환된 서브시스템 신뢰도의 합을 최대화하는 것이며, 식 (6.144)와 식 (6.145)는 각각 비용과 무게에 대한 제약식이다. 식 (6.146)은 서브시스템 i에서 선택된 부품과 부품수를 만족하는 결정변수 y_{ijp}만 1이 되고, 이외의 경우는 0이 되어 그 합이 1이 되어야 함을 의미한다. 식 (6.147)은 서브시스템 i를 구성하는 부품수의 상·하한에 대한 제약이며, 식 (6.148)은 부품은 대안 부품 중에 선택되어야 함을 의미하고, 식 (6.149)는 y_{ijp}가 0-1 결정변수임을 나타낸다. 식 (6.150), 식 (6.152)와 식 (6.154)는 서브시스템 i에 선택된 부품과 부품수에 따라 결정되는 최적 중복전략과 그 때의 대수변환된 서브시스템 i의 신뢰도를 의미한다. 식 (6.153)은 중복전략이 대기중복으로 결정된 경우 고장감지기의 비용과 무게가 추가적으로 고려되어야 함을 의미하며, 식 (6.151)과 식 (6.155)는 고장감지기가 필요하지 않아 선택된 부품에 대한 비용과 무게만이 고려됨을 나타내고 있다.

6.4 휴리스틱(Heuristic) 및 메타 휴리스틱(Metaheuristic)

6.4.1 분지 한계법(Branch-and-Bound Method)

분지 한계법은 1960년에 선형계획법을 해결하기 위하여 Land & Doig[75]가 처음으로 제안하였고, 1963년에 Little et al.[79]이 순회 판매원 문제(Traveling Salesman Problem)에 적용하면서 분지 한계법이라는 용어를 최초로 사용하였으며, 1965년에 Dakin[39]이 계산방법을 구체화하였다. 이 방법은 결정변수의 값이 정수이어야 한다는 조건을 이용하여 해의 집합을 여러 개의 소그룹으로 열거해

가면서 최적해의 가능성을 검토하고, 가능성이 없는 소그룹은 고려 대상에서 제외시켜 검토 영역을 좁혀 나가감으로써 최적 정수해를 찾는 방법이다. 분지 한계법은 모든 가능해를 열거하는 열거법의 일종이지만 해를 분지하면서 상한(Upper Bound)과 하한(Lower Bound)을 사용하여 해의 타당성을 빨리 판별하고, 가능한 해를 적게 열거하는 방법으로 부분적인 열거법이라고 할 수 있으며, 다른 해법에 비해 개념상으로나 계산상으로 가장 우수한 방법이다. 분지 한계법의 절차는 다음과 같다.

단계 1 : 초기화(Initialization)
단체법(Simplex Method)을 이용하여 문제의 실수해를 구한다.

단계 2 : 분지(Branching)
문제의 실행가능영역을 비정수인 변수의 측면에서 두 개의 상호 배타적인 영역으로 나누고, 두 개의 부분문제를 만든다.

단계 3 : 한계(Bounding)
두 개로 나누어진 문제에 대하여 각각의 해를 구하고, 이를 기초로 원래의 문제가 가질 수 있는 한계 값을 정한다.

단계 4 : 검토(Fathoming)
목적함수의 한계 값이 결정된 각 문제에 대하여 최적해로서의 가능성을 검토하고, 최적해의 가능성이 없는 해는 고려 대상에서 제외시킨다.

분지 한계법은 어떤 전략을 사용하느냐에 따라 효율성이 좌우된다. 한계전략(Bounding Strategy)은 하한, 상한, 혼합 방법이 있으며, 분지를 줄여 해의 수렴을 촉진하는 전략이다. 분지전략(Branching Strategy)은 부분문제를 만들어 내는 전략이며, 주로 두 개의 가지로 분지하는 전략이 사용된다. 탐색전략(Searching Strategy)은 부분문제를 선택하는 전략이며, 나무형으로 분지된 문제를 위에서부터 가로 방향으로 풀어가는 너비우선방법과 먼저 분지된 문제를 위에서부터 아래 방향으로 풀어가는 깊이우선방법이 있다.

6.4.2 절단 평면법(Cutting Plane Method)

절단 평면법은 1954년에 Dantzig et al.[40]이 순회 판매원 문제의 해를 구하기 위한 방법으로 고안하였으며, 1958년에 Gomory[55]가 일반적인 계산방법을 개발

하였다. 이 방법은 해결해야 할 문제에 추가적인 제약식을 생성하여 적용함으로써 최적 정수해를 찾는 방법이며, 이 추가적인 제약식은 해결해야 할 문제의 실행 가능영역을 정수해가 있는 곳으로 절단해 나가는 역할을 한다. 선형 계획법의 민감도 분석 기법을 적용하는 것으로 개념적으로는 우수하지만 계산상의 효율성에 한계가 있다. 절단 평면법의 절차는 다음과 같다.

단계 1 : 초기화

단체법을 이용하여 문제의 실수해를 구한다.

단계 2 : Gomory 제약식 생성

최적해를 구한 표(Tableau)에서 정수가 아닌 우변 값 중 소수점 이하가 가장 큰 제약식을 선정하고, 각 계수의 소수점 이하 값은 양수가 되게 하여 남기며, 정수의 계수는 삭제하여 새로운 제약식을 생성한다.

단계 3 : Gomory 제약식 적용

해결해야 할 문제에 새롭게 생성한 Gomory 제약식을 추가하여 단체법으로 문제를 해결하거나 최적해를 구한 표에 추가한 후 쌍대 단체법(Dual Simplex Method)을 이용하여 문제를 해결한다.

6.4.3 분지 절단법(Branch-and-Cut Method)

분지 절단법은 1991년에 Hoffman & Padberg[59]가 제시하였으며, 분지 한계법과 절단 평면법을 합한 방법으로 절차는 다음과 같다.

단계 1 : 초기화

단체법을 이용하여 문제의 실수해를 구한다.

단계 2 : 절단 평면법 적용

절단 평면법을 사용하여 정수해가 있는 곳으로 절단해 나간다.

단계 3 : 분지 한계법 적용

절단 평면법을 이용하여 정수해를 찾아내지 못한 경우 분지 한계법을 적용하여 문제를 해결한다.

6.4.4 모의 담금질(Simulated Annealing)

모의 담금질은 1983년에 Kirkpatrick et al.[68]이 제안하였으며, 고체물리학에서 에너지 수준이 가장 낮은 상태인 결정을 얻기 위해서 이용하고 있는 어닐링 과정을 모사한 것이다. 이 알고리즘은 초기해 X를 선택하고, 초기해의 이웃해 Y를 얻어 이웃해가 목적함수를 개선시킬 수 있는 경우에 이웃해를 초기해와 교체하며, 이 과정을 반복하여 해를 개선한다. 또한 다음 식의 온도에 대한 에너지(E) 변화 확률을 이용하여 비용이 큰 이웃해로의 이동을 허용함으로써 지역 최적해에 빠지는 경우를 해결한다.

$$\exp\left(-\frac{\Delta}{k_b T}\right) \tag{6.156}$$

여기서, Δ : 초기해와 이웃해의 에너지 차이$[E(Y)-E(X)]$

k_b : Boltzmann 상수, T : 열탕의 온도

모의 담금질 수행절차는 다음 그림과 같다.

```
begin
INITIALIZE(X, T, L)
repeat
        for i = 1 to L do
            Y = PERTURB(X)
            if (C(Y) ≤ C(X)) or (exp((C(X) − C(Y))/T)) > random(0,1)
                then X = Y
            endif
        endfor
        UPDATE(T, L)
until(Stop − Criterion)
end
```

〈그림 6.6〉 모의 담금질 수행절차

1) INITIALIZE

알고리즘이 시작하는데 필요한 초기해 X와 컨트롤 파라미터 T, 내부루프의 반복수 L을 결정한다. T는 물리학에서 결정상태를 얻기 위한 어닐링과정에서의 온도와 같은 역할을 하는 컨트롤 파라미터인데 초기 값이 충분히 높아야 한다. L은 주어진 온도에서 평형상태에 이를 때까지 무작위적인 입자들의 이동을 계속하게 하는 어닐링과정에 해당하는 내부루프의 반복수이다.

2) PERTUBE

현재의 해로부터 새로운 해를 만들어 주는 과정으로 구체적인 문제의 특성에 따라 다르게 정해지는데 매우 많은 반복이 계속되므로 단순한 과정으로 만드는 것이 좋다. 이 과정은 알고리즘의 성능에 직접적인 영향을 미치므로 문제의 구조에 따라 효율적인 생성방법을 찾아내야 한다.

3) 수락 기준

해의 변동결과 초기해보다 목적함수의 값이 좋지 않은 경우에 해를 받아들이는 기준으로 다음 식과 같이 초기온도가 높은 경우에는 확률적으로 많이 받아들이고, 온도가 낮아지면서 적게 받아들여 궁극적으로 가장 비용이 낮은 목적함수 값으로 수렴할 수 있도록 하는 기준이다.

$$(\exp((C(X)-C(Y))/T)) > random(0,1) \tag{6.157}$$

여기서, $C(X)$: 초기해의 목적함수 값
$C(Y)$: 이웃해의 목적함수 값
T : 열탕의 온도

4) UPDATE

냉각 스케줄이라고 부르는 과정으로 알고리즘의 전체 최소점으로의 수렴성에 직접적인 영향을 미치는 과정이다. 온도를 내리는 함수는 감소함수로 시간의 경과에 따라 0으로 수렴하며, 대표적인 냉각 스케줄은 기하스케줄, 로그스케줄 등이 있다. 온도가 떨어지는 폭이 크면 각각의 온도에서 평형 상태의 목적함수 값의 차이가 커지므로 내부루프의 반복수는 냉각 스케줄과 깊은 관계가 있다. 일반적으로 계산시간이 길어지면 해의 질이 향상되는데 이렇게 계산시간을 늘려 해를 향상하려 할 때 내부루프의 반복수를 늘리는 것보다 온도의 떨어지는 폭을 줄이는 것이 계산시간을 줄이면서 거의 같은 질의 해를 얻을 수 있다.

5) Stop-Criterion

온도 T가 충분히 낮을 때에 멈추는 방식으로 되어야 하나 실제로는 비용함수의 계속적인 감소 여부에 근거하여 종료 기준을 만들고 있다.

6.4.5 금단 검색법(Tabu Search)

금단 검색법은 1960년대 후반과 1970년대 초반에 그 기원을 두고 있으며, 1977년에 Glover[54]가 현재의 형태로 제시하였고, 수많은 조합최적화 문제에 적용되고 있다. 이 알고리즘은 인공지능 분야에서 선택된 개념에 기초를 둔 기법으로 유연한 메모리를 사용하며, 이 메모리는 탐색과정에서 핵심적인 역할을 한다. 기존 알고리즘의 기본원리는 개선하는 방향으로만 진행하여 해를 탐색하지만 금단검색법은 개선하는 움직임을 한쪽 방향으로만 고정하지 않고 탐색을 계속하게 함으로써 지역 최적해에 빠지는 일이 없도록 한다.

금단 검색법은 초기해를 현재해로 설정한 후 이웃해를 탐색한다. 이웃해 중에서 가장 좋은 값을 갖는 것이 새롭게 현재해로 설정되며, 이를 기준으로 계속적인 탐색을 하여 정해진 반속 횟수에 도달하거나 해의 개선 정도가 일정수준 이하로 떨어질 경우에 탐색을 끝내게 된다. 한 번 후보해로 선정된 해는 탐색중에 재방문 하는 것을 방지하기 위하여 타부목록(Tabu List)이라는 메모리에 저장한다. 타부목록의 크기가 크면 이전에 탐색되었던 해가 오랫동안 재탐색되지 않아 탐색공간을 다양하게 탐색할 수 있도록 하는 역할을 하며, 크기가 작으면 이런 제약이 약해지므로 이전에 탐색되었던 해가 재탐색될 확률이 높아져 탐색공간을 반복적, 세부적으로 탐색할 수 있다. 그러나 타부목록에 있는 해라 할지라도 평가 결과가 정해진 조건을 만족하는 경우에는 이를 새로운 현재해로 설정할 수 있는데 이런 조건을 열망기준(Aspiration Criteria)이라 한다.

유전자 알고리즘의 경우 돌연변이를 사용하여 임의적으로 해를 변화시키는데 반하여 금단 검색법은 다양화 전략(Diversification Strategy)을 이용한다. 다양화 전략은 임의적으로 현재 해를 변형하여 새로운 지역으로 탐색을 유도하는 방법이다. 강화전략(Intensification Strategy)은 이와 반대로 우세한 해라고 간주되는 해의 주변을 더욱 더 정교하게 탐색하는 것이다. 금단 검색법의 수행절차는 다음과 같다.

단계 1 : 초기해 선정

주어진 문제의 제약조건을 고려하여 경험적인 방법으로 초기해를 생성한 후 이를 현재해로 설정한다.

단계 2 : 이웃해 생성

현재해로부터 타부이동이 아니거나 타부이동이지만 열만기준을 만족하는 이동에 대해 이웃해를 생성한다.

단계 3 : 현재해 및 최고해 수정

생성된 이웃해 중에서 가장 좋은 해를 현재해로 두고, 최적해와 비교하여 현재해를 수정한다.

단계 4 : 타부목록 수정

새로운 현재해의 이동속성을 타부목록에 기록한다. 만약 타부목록에 저장된 타부속성의 수가 많으면 가장 먼저 기록된 타부속성을 삭제한다.

단계 5 : 종료조건

종료조건을 만족하면 끝내고, 그렇지 않으면 단계 2로 간다.

금단 검색법은 전체 설계공간에서 최적해를 탐색해가는 것이 아니라 현재해 주변의 정해진 테두리 내에 존재하는 이웃해 중에서 최적해를 찾아나가는 방법으로 국소 탐색방법이라 할 수 있다. 따라서 금단 검색법은 좋은 해가 있을 확률이 적은 영역에 많은 시간을 소비하는 것보다 좋은 해가 있을 확률이 높은 지역을 탐색하는 것이 효율적이다.

6.4.6 유전자 알고리즘(Genetic Algorithm)

유전자 알고리즘은 생물의 진화과정, 즉 자연선별과 유전법칙을 모방한 확률적 탐색기법이다. 1975년에 Holland[60]가 자연시스템의 한 메커니즘으로 생물의 진화과정을 추상화한 인공시스템을 설계하고자 이 알고리즘을 처음으로 소개하였으며, 개념과 이론이 단순하고, 복잡한 해 공간의 탐색성능이 우수하여 결정변수와 제약이 많은 대형 수리문제를 해결하는데 적합한 기법이다.

유전자 알고리즘은 세대를 거듭해 가면서 차례로 환경에 적합도가 높은 개체가 많아진다는 유전과 진화의 기본적인 원리를 바탕으로 하고 있으며, 가장 큰 특징은 복수 개의 잠재해들로 이루어진 해의 집단을 운용하여 해 공간을 탐색한다.

해결하고자 하는 문제에 대한 가능한 해들을 염색체로 표현하고, 이들을 점차적으로 변형함으로써 점점 더 좋은 해들을 생성하게 된다. 유전자 알고리즘은 좋은 해의 이용능력과 해 공간의 탐색능력이 적절히 조화되어야 한다. 좋은 해의 이용만을 강조하면 조기 수렴하여 부분 최적에 빠질 수 있고, 해 공간의 탐색만을 강조하면 임의 탐색에 가까워 좋은 해를 찾아가지 못하게 된다. 유전자 알고리즘의 수행절차는 다음 그림과 같다.

```
begin
        t←0
        P(t)의 초기화(초기모집단 생성)
        P(t)의 적합도 평가
while(종료조건이 만족되지 않으면) do
        begin
                t←t+1
                P(t-1)로부터 P(t)를 선별
                P(t)의 유전연산(교차와 돌연변이)
                P(t)의 적합도 평가
        end
end
```

〈그림 6.7〉 유전자 알고리즘 수행절차

1) 유전자 표현(Gene Representation)

유전자 알고리즘을 구축하는 첫 번째 단계로 문제의 잠재해를 유전자와 염색체 형질로 표현하는 것이다. 이 유전적 표현은 유전자 알고리즘의 진화과정(적합도 평가, 유전 연산자 등)에 영향을 주므로 문제의 특성을 잘 반영할 수 있도록 표현해야 한다. 표현 방법에는 이진 표현, 순열(Permutation) 표현, 그룹 표현 등이 있다.

2) 모집단(Population)

유전자 알고리즘은 개체들로 구성된 모집단을 통해 해의 개선을 유도하므로 초기에 모집단이 생성되어야 한다. 초기 모집단을 생성하는 방법은 문제의 특성을

이용한 발견적 기법, 임의생성 기법 및 혼용 기법이 있다. 발견적 기법에 의해 생성된 해들은 조기에 수렴하여 다양한 해공간의 탐색을 방해하는 경향이 있기 때문에 주로 임의생성 기법을 사용하거나 혼용 기법을 사용한다.

3) 적합도 평가(Evaluation)

적합도는 개체가 갖고 있는 피부색, 저항력 등과 같은 특성을 나타내는 값으로서 개체가 어떤 주어진 환경에서 생존할 수 있는 능력을 나타낸다. 즉, 목적함수를 만족시키는 정도를 의미하며, 적합도를 평가하기 위하여 목적함수 자체를 주로 사용한다.

4) 선별(Selection)

선별은 적자생존의 자연법칙에 기초하여 환경에 대한 적응도에 의해 현 세대의 모집단으로부터 다음 세대에 생존할 개체를 선택하는 과정이다. 유전자 알고리즘에서 선별은 모집단의 다양성과 선별압력이 조화를 이루어야 한다. 강한 선별압력(우수 개체의 생존 확률을 매우 높인 경우)은 모집단의 개체들을 조기에 수렴시키나 해의 다양성이 떨어지며, 약한 선별압력(우수 개체와 열성 개체의 생존확률 차이가 거의 없는 경우)은 해의 다양성은 유지하나 효율적으로 해를 탐색하지 못하고 임의 탐색과 비슷한 결과를 초래할 수 있다.

5) 유전 연산자(Genetic Operator)

유전 연산자는 교차(Crossover)와 돌연변이(Mutation)로 구분된다. 교차는 부모 세대의 개체를 조합하여 자손 세대를 형성하기 위한 과정으로 부모의 좋은 형질이 가능한 파괴되지 않고 자손에 상속되어야 한다. 돌연변이는 의도적으로 부모 개체에 없는 형질을 갖게 하여 새로운 개체를 생성하는 것으로 아주 작은 수의 유전자를 임의로 변화시키는 과정이다. 국부 최적해에 빠지거나 열등한 개체집단으로 수렴하는 것을 방지하여 해 공간을 다양하게 탐색하는 역할을 한다.

6) 유전 파라미터(Genetic Parameter)

유전자 알고리즘에 사용되는 파라미터는 모집단 크기(Pop-size), 교차율(Crossover Rate), 돌연변이율(Mutation Rate), 종료조건(End Condition) 등이 있다. 모집단의 크기는 모집단을 이루는 개체의 수를 의미하며, 교차율은 각 개체가 교차될 확률을 나타내고, 돌연변이율은 각 유전자가 돌연변이될 확률을 나타낸다.

종료조건으로는 진행된 세대 수 또는 생성된 개체 수, 해의 개선이 이루어지지 않고 진행된 세대 수 또는 생성된 개체 수, 계산 소요시간 등이 사용된다. 이러한 파라미터는 반복 실험을 통하여 적합도에 미치는 영향을 고려한 후 적합한 값들을 결정해야 한다.

다음은 위에서 소개한 유전자 알고리즘을 이용하여 비용 기반 신뢰도 최적화 [12], 직렬 시스템 신뢰도 최적화[2], 혼합 사용이 가능한 신뢰도-중복 최적화 문제 [3] 및 k-out-of-n 시스템 신뢰도 최적화[9] 문제에 활용한 예제를 소개한다.

6.4.6.1 비용 기반 신뢰도 최적화

비용 기반 신뢰도 최적화 문제는 직렬로 연결된 시스템의 구성품 대안을 선정하는 것으로 목표 신뢰도를 만족하고, 비용을 최소화하는 문제이며, 본 절에서는 이에 대한 최적화 모형, C++ 알고리즘 및 유전자 알고리즘을 소개한다. 최적화 모형에서 사용되는 용어와 결정변수는 다음과 같다.

[용어]

i : 서브시스템($i = 1, 2, \cdots, n$)

j : 구성품($j = 1, 2, \cdots, m$)

R_S : 시스템의 신뢰도

R_G : 시스템의 목표 신뢰도

R_i : 서브시스템 i의 신뢰도

r_{ij} : 서브시스템 i에 사용된 구성품 j의 신뢰도

c_{ij} : 서브시스템 i에 사용된 구성품 j의 비용

[결정변수]

$$x_{ij} = \begin{cases} 1, & \text{서브시스템 } i\text{에 구성품 } j\text{를 사용하면} \\ 0, & \text{그렇지 않으면} \end{cases}$$

직렬 구조를 갖는 시스템의 목표 신뢰도를 만족하고, 비용을 최소화하는 신뢰도 최적화 문제의 수리 모형은 다음과 같다.

$$Minimize \quad \sum_{i=1}^{n}\sum_{j=1}^{m} c_{ij} \cdot x_{ij} \tag{6.158}$$

$$s.t. \quad \prod_{i=1}^{n}(\sum_{j=1}^{m} r_{ij} \cdot x_{ij}) \geq R_G \tag{6.159}$$

$$\sum_{j=1}^{m} x_{ij} = 1,\ i = 1,2,\cdots,n \tag{6.160}$$

목적함수는 직렬 구조를 갖는 시스템의 총 비용을 최소화하는 것이고, 제약함수 식 (6.159)는 직렬 구조의 시스템 신뢰도가 목표 신뢰도 이상을 만족해야 한다는 제약을 의미하며, 제약함수 식 (6.160)은 각 서브시스템은 하나의 구성품만 선택하는 제약을 의미한다.

직 · 병렬 혼합 구조를 갖는 시스템의 목표 신뢰도를 만족하고, 비용을 최소화하는 신뢰도 최적화 문제의 수리 모형은 다음과 같다.

$$Minimize \quad \sum_{i=1}^{n}\sum_{j=1}^{m} c_{ij} \cdot x_{ij} \tag{6.161}$$

$$s.t. \quad \prod_{i=1}^{n}\left\{1 - \prod_{j=1}^{m}(1 - r_{ij})^{x_{ij}}\right\} \geq R_G \tag{6.162}$$

$$x_{ij} = 1,2,\cdots,\infty,\ \text{integer} \tag{6.163}$$

목적함수는 시스템의 총 비용을 최소화하는 것이고, 제약함수 식 (6.162)는 시스템 신뢰도가 목표 신뢰도 이상을 만족해야 한다는 제약을 의미하며, 제약함수 식 (6.163)은 결정변수가 정수형임을 의미한다.

시스템의 신뢰도 최적화 모형을 살펴보면 비선형 함수의 형태를 취하고 있으며, 이러한 비선형 함수의 최적해를 산출하기 위하여 C++ 알고리즘과 유전자 알고리즘을 추천한다.

최소 비용으로 목표 신뢰도를 만족시키는 결과를 찾기 위해 가능한 모든 조합을 탐색하여 최적해를 산출하는 C++ 알고리즘은 각 서브시스템의 구성품을 할당한 후 신뢰도를 계산하고, 목표 신뢰도를 만족하면 소요 비용을 계산하며, 결과값으로 최소비용과 신뢰도를 저장한 후 동일한 방법으로 모든 경우를 탐색하는 알고리즘으로 수행절차는 다음 〈그림 6.8〉과 같다. 또한 시스템의 목표 신뢰도를 만족하고, 비용을 최소화하는 유전자 알고리즘 수행절차는 다음 〈그림 6.9〉와 같다. 본 절에서는 해법으로 유전자 알고리즘에 대하여 구체적으로 살펴본다.

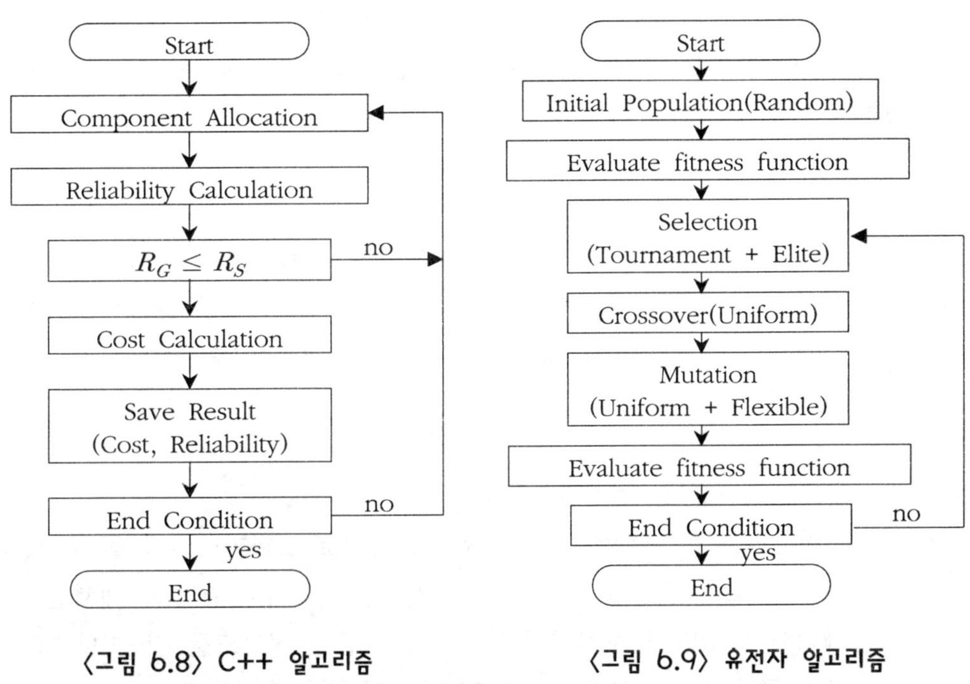

〈그림 6.8〉 C++ 알고리즘 〈그림 6.9〉 유전자 알고리즘

1) 유전자 표현

유전자 알고리즘을 구축하기 위해서는 문제의 해를 유전적으로 표현을 해야 하는데, 이는 적합도 평가와 유전 연산자 적용 등에 영향을 미치므로 문제의 특성을 잘 반영하여야 한다. 유전자 표현은 다음 〈표 6.25〉와 같이 정수 문자열로 표현된 일차원 배열의 형태로 나타낼 수 있다.

〈표 6.25〉 유전자 표현

서브시스템	1	2	3	4	5	6
구 성 품	3	5	5	1	1	3

2) 모집단

유전자 알고리즘은 개체들로 구성된 모집단을 통해 해의 개선을 유도하므로 초기에 모집단이 생성되어야 한다. 초기의 모집단을 생성하는 방법은 문제의 특성을 이용한 발견적 기법과 임의생성기법이 있다. 발견적 기법에 의해 생성된 해들은 조기에 수렴하여 다양한 해공간의 탐색을 방해하는 경향이 있기 때문에 임의생성기법을 사용한다. 그러나 임의생성기법에는 실행 불가능해가 다수 포함되어 효과적인 해의 탐색이 어려우므로 개체의 신뢰도가 목표 신뢰도 값보다 작은 개체는 초기 모집단에서 포함되지 않도록 하여 실행 가능해 내에서 탐색이 이루어지도록 한다.

3) 선별

선별은 다음 세대에 생존할 개체를 이전 세대의 모집단에서 선택하여 새로운 모집단을 형성하는 과정으로 두 개 또는 그 이상 개채들의 적합도를 비교하여 생존할 개체를 선택하는 토너먼트(Tournament) 선별을 적용할 수 있으며 절차는 다음과 같다.

단계 1 : 토너먼트 크기를 결정한다.

단계 2 : 모집단의 모든 개체에 대하여 k개씩 임의로 토너먼트 집단을 구성한다.

단계 3 : 구성된 토너먼트 집단 내에서 적합도를 비교하여 우수한 개체를 다음 세대의 모집단에 포함시킨다. 이때, 동일한 적합도를 갖는 다수의 개체가 존재할 때, 신뢰도가 높은 개체가 선택되도록 한다.

단계 4 : 다음 세대에서 요구되는 개체의 수만큼 선별될 때까지 단계 2와 단계 3을 반복한다.

초기 해에서 적합도 평가결과가 가장 좋은 개체를 엘리트로 정의하고, 세대가 교체될 때 마다 엘리트와 적합도를 비교하여 엘리트보다 적합도가 좋은 개체를 엘리트와 대체하도록 엘리트 보전전략을 사용한다.

4) 교차

교차연산은 부모 세대의 개체를 조합하여 자손 세대를 형성하기 위한 과정으로 부모 세대보다 우수한 자손 세대를 만들어 낼 수 있다는 장점이 있는 유전 연산자이며 균등 교차를 적용한다.

5) 돌연변이

돌연변이는 의도적으로 부모에 없는 형질을 갖게 하여 개체를 재생산하는 과정으로 국부 최적해에 빠지거나 열등한 개체집단으로 수렴하는 것을 방지하는 유전 연산자이며 균등 돌연변이를 적용한다.

6) 적합도 평가

적합도 평가는 목적함수를 만족시키는 정도를 의미한다. 목적함수인 비용의 최소화를 위해 적합도 함수는 비용이 적을수록 높은 적합도 값을 얻을 수 있도록 다음 식과 같이 목적함수의 역수로 하고 유전 연산자로 인해 생성된 실행 불가능해는 적합도를 0으로 하여 선택되지 않도록 한다.

$$fitness = 1/\sum_{i=1}^{n}\sum_{j=1}^{m} c_{ij} \cdot x_{ij} \quad (6.164)$$

7) 유전 파라미터

유전자 알고리즘이 확률과 파라미터에 의하여 다양한 결과를 발생시키므로알고리즘의 성능을 좌우하는 몇 가지 요소들을 고려해야 한다. 이러한 요인에는 모집단 크기(Pop-size), 교차율(Pc), 돌연변이율(Pm), 종료 세대수 등을 들 수 있다. 여러 파라미터를 적용하여 반복 실험을 통해 알고리즘과 문제의 특성에 맞는 파라미터를 설정하여야 한다. 다음 표의 유전 파라미터는 연구[12]에 실제 적용한 값이다.

〈표 6.26〉 유전 파라미터

유전 파라미터	모집단 수	토너먼트 크기	교차율	돌연변이율	종료 조건
값	100	6	0.8	0.05～0.5	P_m=0.5

6.4.6.2 직렬 시스템 신뢰도 최적화

직렬 시스템의 신뢰도 최적화 문제는 다음 〈그림 6.10〉과 같이 동일한 기능을 갖지만 신뢰도와 비용이 서로 다른 다양한 구성품이 비용의 제약을 만족하고, 각 서브시스템 내에 중복 설계를 고려하지 않으며, 단일 구성품을 사용하여 직렬 시스템의 신뢰도를 최대화하기 위한 최적의 구성품을 결정하는 문제이다. 최적화

모형에서 사용되는 용어와 결정변수는 다음과 같다.

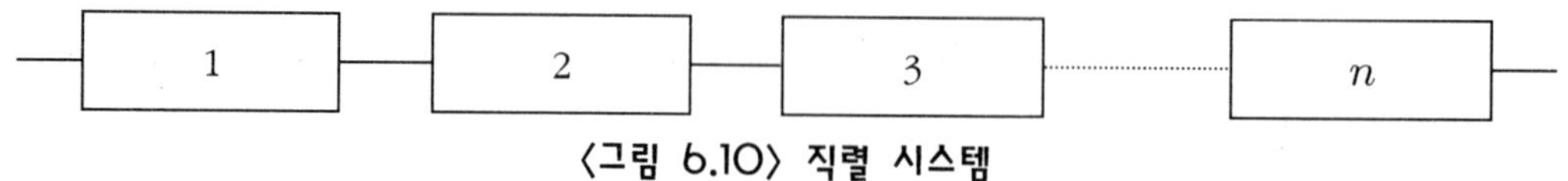

〈그림 6.10〉 직렬 시스템

[용어]

i : 서브시스템($i=1,2,\cdots,n$)

j : 구성품($j=1,2,\cdots,m$)

R_S : 시스템의 신뢰도

C_S : 시스템의 가용한 비용

r_{ij} : 서브시스템 i에 사용된 구성품 j의 신뢰도

c_{ij} : 서브시스템 i에 사용된 구성품 j의 비용

[결정변수]

$$x_{ij}=\begin{cases}1, & \text{서브시스템 } i\text{에 구성품 } j\text{를 사용하면} \\ 0, & \text{그렇지 않으면}\end{cases}$$

직렬시스템의 신뢰도를 최대화하고, 비용의 제약을 만족하는 신뢰도 최적화 문제의 모형은 다음과 같다.

$$Maximize \quad R_S=\prod_{i=1}^{n}\left(\sum_{j=1}^{m} r_{ij} \cdot x_{ij}\right) \tag{6.165}$$

$$s.t. \quad \sum_{i=1}^{n}\sum_{j=1}^{m} c_{ij} \cdot x_{ij} \le C_S \tag{6.166}$$

$$\sum_{j=1}^{m} x_{ij}=1,\ i=1,2,\cdots,n \tag{6.167}$$

$$x_{ij}=\{0,1\},\ i=1,2,\cdots,n,\ j=1,2,\cdots,m \tag{6.168}$$

목적함수는 직렬 시스템의 전체 신뢰도를 최대화 하는 것이고, 제약함수 식 (6.166)은 시스템의 자원제약을 의미하는 것으로 전체 시스템을 구성하고 있는 구성품의 비용 총합이 가용한 비용을 초과할 수 없음을 의미하며, 제약함수 식 (6.167)은 중복 설계를 고려하지 않는 단일 구성품을 사용하는 문제임을 나타내며, 제약함수 식 (6.168)은 구성품의 사용여부 의사를 결정하는 결정변수를 나타낸다.

본 절에서 문제의 해법으로 소개하는 병렬 유전자 알고리즘(Parallel Genetic Algorithm)은 일반적인 유전자 알고리즘의 단일 모집단을 여러 개의 부분 모집단으로 나누어 격리시키고, 격리된 각 부문 모집단이 서로 독립적이면서 병렬적으로 진화해 가는 알고리즘이다. 일정한 모집단 크기에서 하나의 모집단을 이용하여 해를 찾는 것 보다는 몇 개의 서로 다른 부분 모집단으로 나누어 해를 찾는 것이 우수한 해를 빠르게 찾는 것으로 알려져 있다.

신뢰도 최적화 문제의 해를 구하기 위하여 병렬 유전자 알고리즘을 수행한 이후 지역 탐색 알고리즘인 Swap, 2-opt 휴리스틱을 통하여 해를 개선하는 하이브리드 병렬 유전자 알고리즘을 적용한 세부 절차는 다음 〈그림 6.11〉과 같다.

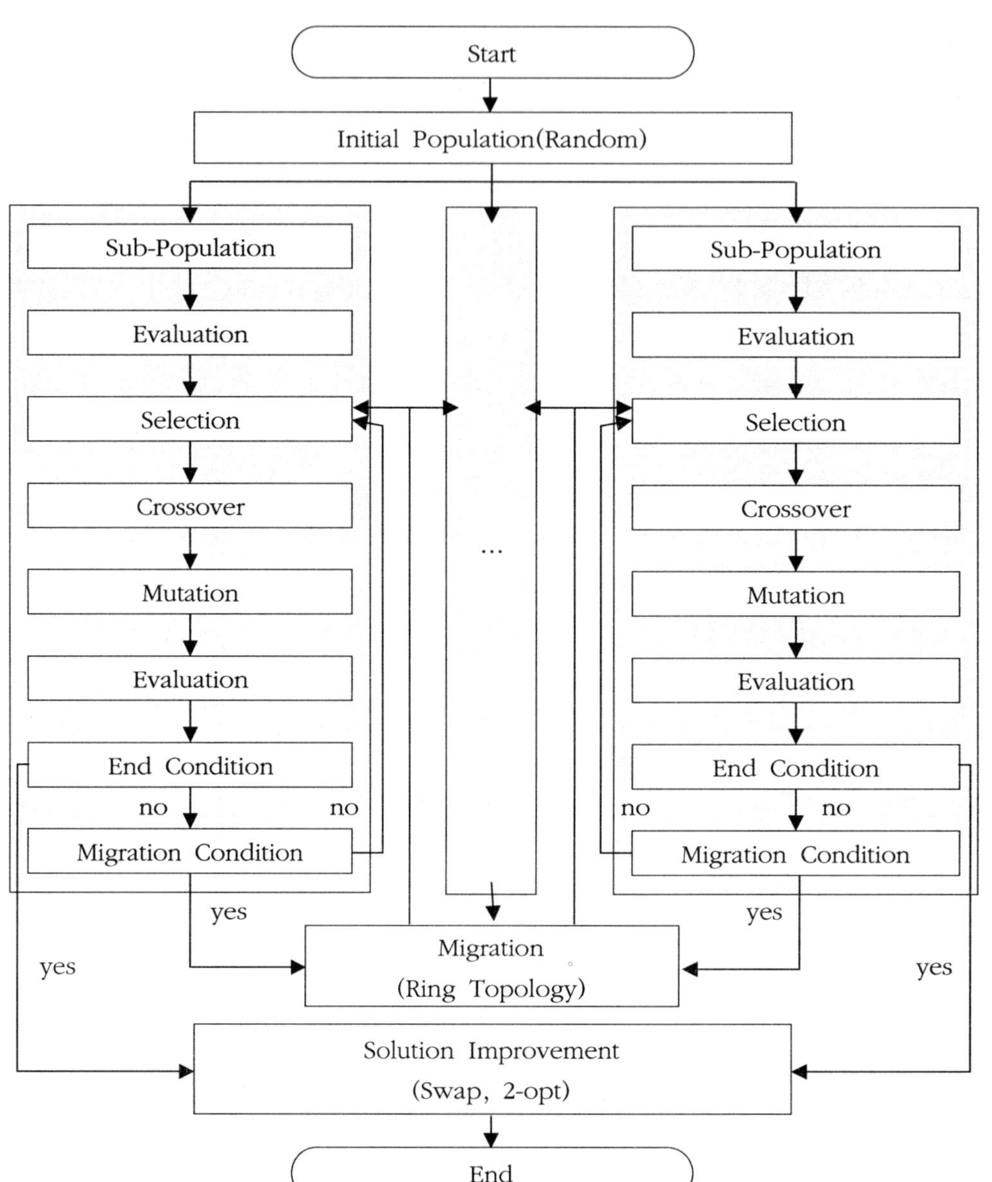

〈그림 6.11〉 하이브리드 병렬 유전자 알고리즘

1) 유전자 표현

유전자 표현은 다음 〈표 6.27〉과 같이 정수문자열(Integer-String)로 표현된 일차원 배열의 형태를 나타낸다. 첫 번째 행은 각 서브시스템의 번호를 나타내지만 불필요한 부분으로 실제 구성은 하지 않으며, 두 번째 행은 각 서브시스템에서 가용할 수 있는 구성품의 번호로 표현한다.

〈표 6.27〉 유전자 표현

서브시스템	1	2	3	4	5	6
구 성 품	3	2	4	1	3	5

예를 들어 서브시스템 1은 구성품 3번, 서브시스템 2는 구성품 2번, …, 서브시스템 6은 구성품 5번을 사용하는 것을 의미한다.

2) 모집단

병렬 유전자 알고리즘의 모집단은 초기 모집단과 부분 모집단으로 구성된다. 표준 유전자 알고리즘은 개체들로 구성된 모집단을 통해 해의 개선을 유도하므로 초기에 모집단이 생성되어야 한다. 초기 모집단을 생성하는 방법은 문제의 특성을 이용한 발견적 기법과 임의생성 기법이 있다. 발견적 기법에 의해 생성된 해들은 조기에 수렴하여 다양한 해공간의 탐색을 방해하는 경향이 있기 때문에 임의생성 기법을 사용한다.

3) 적합도 평가

적합도 평가는 목적함수를 만족시키는 정도를 의미한다. 임의생성기법에 의해 생성된 해는 실행 불가능 해를 포함할 수 있으므로 전체 시스템의 가용한 비용을 초과하는 경우 벌금함수(Penalty Function)를 적용하며 벌금함수는 다음 식과 같다.

$$P_C = \begin{cases} 1, & total\ \cos t \le C_S \\ \dfrac{1}{total\ \cos t}, & otherwise \end{cases} \tag{6.169}$$

적합도 평가 함수는 비용의 제약을 만족하면서 시스템의 신뢰도를 최대화하고, 실행 불가능 해가 선택되지 않도록 하기 위하여 다음 식과 같이 목적함수와 벌금함수의 곱으로 한다.

$$fitness = R_S \cdot P_C \tag{6.170}$$

4) 선별

선별은 적자생존의 자연법칙에 기초하여 환경에 대한 적응도에 의해 현 세대의 모집단으로부터 다음 세대에 생존할 개체를 선택하는 과정이다. 세대별 우수한 해의 생존을 보장하고, 지역해로의 수렴을 방지하기 위하여 적합도가 작은 해의 생존을 확률적으로 보장해주는 룰렛 휠(Roulette Wheel) 방법을 적용한다. 예시된 집단에서 선별 연산이 수행된 구체적인 결과는 다음 〈표 6.28〉과 같다. 선택확률이 높은 2번 염색체는 2번 선택되었고, 1번과 3번 염색체는 각각 1번씩 선택되었으며, 4번 염색체는 확률적으로 선택되지 못하고 소멸된다.

〈표 6.28〉 룰렛 휠 방법

i	염색체	적합도	선택확률	$i+1$	염색체
1	214633	9.8	18.0	1	652341
2	652341	24.5	45.0	2	523162
3	523162	16.9	31.0	3	652341
4	232342	3.2	6.0	4	214633
합 계		54.4	100.0		

또한 집단 내에서 가장 강한 개체가 다음 세대로 변경되지 않고 전달되는 것을 보장하기 위하여 세대별 우수한 해는 반드시 생존할 수 있도록 하는 엘리트 보전 전략(Elitism Strategy)을 적용한다.

5) 교차

교차 연산은 부모 세대의 개체를 조합하여 자손 세대를 형성하기 위한 과정으로 부모 세대보다 우수한 자손 세대를 만들어 낼 수 있다는 장점이 있으며, 균등 교차(Uniform Crossover)를 적용한 세부 절차는 다음 〈그림 6.12〉와 같다.

단계 1 : 각각의 개체들에게 난수를 발생시킨 후 교차율과 비교하여 교차대상자를 선정한다.

단계 2 : 교차대상자로 선정된 개체들에 대하여 짝을 지워준다.

단계 3 : 짝지어진 개체들에 대하여 비트 수 만큼 0과 1로 구성된 난수를 발생시킨다.

단계 4 : 난수가 1에 해당하는 두 부모 개체의 비트를 교차시켜 두 자손 개체를 생성한다.

P_1	3	5	5	1	1	3
P_2	4	2	2	3	3	5
RN	0	0	1	1	0	1
O_1	3	5	2	3	1	5
O_2	4	2	5	1	3	3

〈그림 6.12〉 균등 교차

6) 돌연변이

돌연변이 연산은 의도적으로 부모 개체에 없는 형질을 갖게 하여 개체를 재생산하는 과정으로 국부 최적해에 빠지거나 열등한 개체집단으로 수렴하는 것을 방지하는 유전 연산자이며, 균등 돌연변이(Uniform Mutation)를 적용한 세부 절차는 다음 〈그림 6.13〉과 같다.

단계 1 : 모든 개체의 비트마다 0~1사이의 난수를 발생시킨 후 돌연변이율과 비교하여 돌연변이 대상 비트를 선정한다.

단계 2 : 선정된 비트에 각 서브시스템에서 가용할 수 있는 구성품 번호 중에서 난수를 발생시켜 새로운 값으로 대체한다.

O_1	3	5	2	3	3	5
RN	0.55	0.91	0.43	0.02	0.18	0.09
O_1	3	5	2	1	3	5

〈그림 6.13〉 균등 돌연변이

7) 이주(Migration)

병렬 알고리즘의 경우 이주 연산은 이웃하는 부분 모집단 간에 서로 유용한 정보를 주고받기 위하여 일정 주기 또는 임의의 주기로 적응도가 높은 개체들을 교환하는 연산이다. 이웃 연산의 중요한 사항들로 이주가 일어나는 부분 모집단 간의 구성을 나타내는 이웃구조와 이주시킬 개체 및 교체될 개체의 선별, 부분 모

집단의 수(Sub-pop Size), 이주 주기(Migration Interval), 이주율(Migration Rate) 등의 이주 파라미터가 있다. 다음 〈그림 6.14〉의 이웃구조 및 〈표 6.29〉의 이주 파라미터는 연구[2]에 실제 적용한 내용이다.

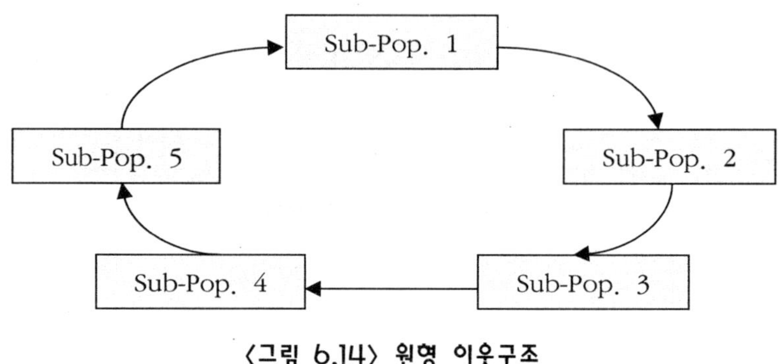

〈그림 6.14〉 원형 이웃구조

〈표 6.29〉 이주 파라미터

이주 파라미터	부분 모집단 수	이주 주기	이주율
값	20	50	0.2

8) 유전 파라미터

유전 파라미터들이 적합도에 미치는 영향을 반복 실험을 통해 비교한 후 알고리즘과 문제의 특성에 맞는 파라미터를 다음과 같이 선정한다. 다음 표의 유전 파라미터는 연구[2]에 실제 적용한 값이다.

〈표 6.30〉 유전 파라미터

유전 파라미터	모집단 수	교차율	돌연변이율	종료 세대수
값	100	0.8	0.02	1,000

9) 해 개선

병렬 유전자 알고리즘에서 생성된 해를 개선하고, 최종해를 산출하기 위하여 Swap 및 2-opt 휴리스틱의 활용이 가능하다. Swap 기법은 병렬 유전자 알고리즘에서 생성된 5개의 해 중에서 2개의 해를 선택하여 하나의 비트를 상호 교환하는 방법이다. Swap 기법을 적용한 후 적합도가 가장 우수한 해를 병렬 유전자 알고리즘의 해로 선정하며, 선정된 하나의 해에서 2개의 비트를 선택하여 상호 교환하는 2-opt 기법을 적용한 후 적합도가 가장 우수한 해를 산출한다.

6.4.6.3 혼합사용이 가능한 신뢰도-중복 최적화

신뢰도-중복 최적화 문제는 다음 〈그림 6.15〉와 같이 직렬 구조의 시스템에 동일한 기능을 갖지만 신뢰도와 비용, 중량이 서로 다른 구성품들이 비용과 중량의 제약을 만족하면서 시스템의 신뢰도를 최대화하기 위한 최적의 구성품과 중복 수를 결정하는 문제이다. 최적화 모형에서 사용되는 용어와 결정변수는 다음과 같다.

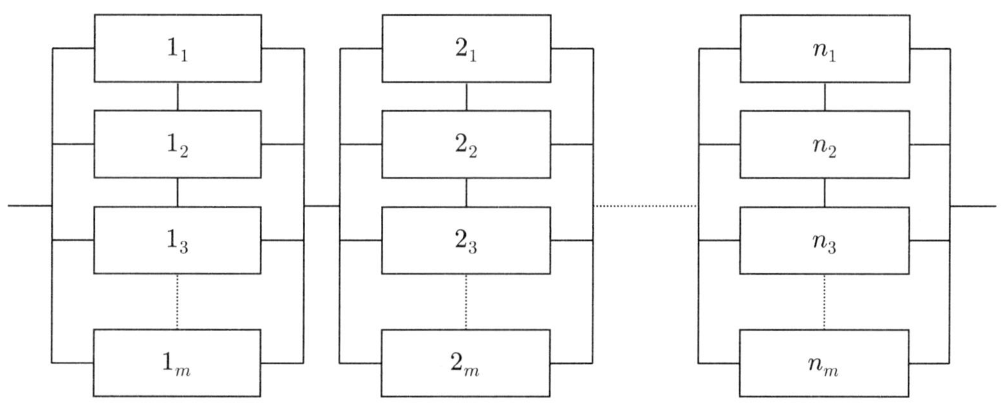

〈그림 6.15〉 중복을 사용한 직렬 시스템

[용어]

i : 서브시스템($i = 1, 2, \cdots, n$)

j : 구성품($j = 1, 2, \cdots, m$)

R_S : 시스템의 신뢰도

R_i : 서브시스템 i의 신뢰도

C_S : 시스템의 가용한 비용

W_S : 시스템의 가용한 중량

r_{ij} : 서브시스템 i에 사용된 구성품 j의 신뢰도

c_{ij} : 서브시스템 i에 사용된 구성품 j의 비용

w_{ij} : 서브시스템 i에 사용된 구성품 j의 중량

u_i : 서브시스템 i에 사용된 구성품 수량의 상한

[결정변수]

x_{ij} : 서브시스템 i에 사용된 구성품 j의 수량

중복을 사용하여 구성한 직렬 구조 시스템의 신뢰도를 최대화하고, 비용과 중량의 제약을 만족하는 신뢰도-중복 최적화 문제의 모형은 다음과 같다.

$$Maximize \quad R_S = \prod_{i=1}^{n} R_i = \prod_{i=1}^{n} \left\{ 1 - \prod_{j=1}^{m} [1 - r_{ij}]^{x_{ij}} \right\} \tag{6.171}$$

$$s.t. \quad \sum_{i=1}^{n} \sum_{j=1}^{m} c_{ij} \cdot x_{ij} \le C_S \tag{6.172}$$

$$\sum_{i=1}^{n} \sum_{j=1}^{m} w_{ij} \cdot x_{ij} \le W_S \tag{6.173}$$

$$1 \le \sum_{j=1}^{m} x_{ij} \le u_i \ , \ i = 1, 2, \cdots, n \tag{6.174}$$

$$x_{ij} \ge 0 \ , \ i = 1, 2, \cdots, n, \ j = 1, 2, \cdots, m, \ \text{integer} \tag{6.175}$$

목적함수는 중복을 사용하여 구성한 직렬 구조 시스템의 전체 신뢰도를 최대화하는 것이고, 제약함수 식 (6.172)는 전체 시스템을 구성하고 있는 구성품의 비용 총합이 가용한 비용을 초과할 수 없음을 의미하며, 제약함수 식 (6.173)은 구성품의 중량 총합이 가용한 중량을 초과할 수 없음을 의미한다. 제약함수 식 (6.174)는 각 서브시스템에 사용될 수 있는 구성품 수량의 하한과 상한을 나타내는 제약이며, 제약함수 식 (6.175)는 결정변수의 정수제약을 나타낸다.

구성품의 혼합사용이 가능한 신뢰도-중복 최적화 문제의 비용과 중량의 제약을 만족하고, 신뢰도를 최대화하기 위한 해를 구하기 위하여 병렬 유전자 알고리즘을 수행한 이후 지역 탐색 알고리즘인 Swap, 2-opt, Interchange 휴리스틱을 통하여 해를 개선하는 하이브리드 병렬 유전자 알고리즘을 적용하며, 앞서 제시한 알고리즘과의 차이는 Solution Improvement(Interchange) 휴리스틱의 추가를 제외하고는 동일하다.

1) 유전자 표현

유전자 표현은 다음 〈표 6.31〉과 같이 정수 문자열로 표현된 일차원 배열의 형

태로 나타낼 수있다. 서브시스템은 각 서브시스템의 번호와 구성품의 종류를 나타내지만 불필요한 부분으로 실제 구성은 하지 않으며, 각 서브시스템을 유전 인자로 두고, 인자는 각 서브시스템에서 가용할 수 있는 복수개의 구성품으로 표현한다.

〈표 6.31〉 유전자 표현

서브시스템 (구성품 대안 수)	1(4)				2(3)			3(4)			
구성품 중복 수	2	1	1	0	1	0	2	0	1	3	0

예를 들어, 서브시스템 1은 C1 구성품 2개, C2 구성품 1개, C3 구성품 1개로 이루어지며 다음 〈그림 6.16〉과 같이 표현된다.

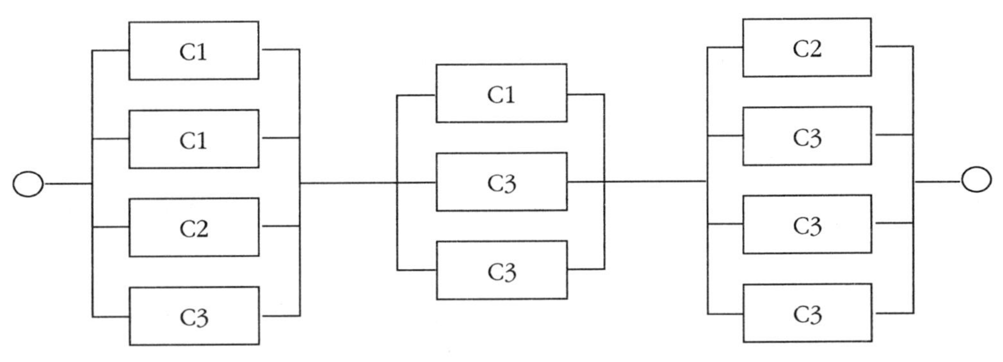

〈그림 6.16〉 시스템 구조

2) 모집단

병렬 유전자 알고리즘의 모집단은 초기 모집단과 부분 모집단이 있으며, 발견적 기법에 의해 생성된 해들은 조기에 수렴하여 다양한 해공간의 탐색을 방해하는 경향이 있기 때문에 임의생성 기법을 사용한다.

3) 적합도 평가

적합도 평가는 목적함수를 만족시키는 정도를 의미하며, 임의생성 기법에 의해 생성된 해는 실행 불가능 해를 포함할 수 있으므로 벌금함수(Penalty Function)를 사용하였다. 비용 벌금함수 및 중량 벌금함수는 다음과 같다.

$$P_C = \begin{cases} 1, & total\ \mathrm{cost} \le C_S \\ \dfrac{1}{total\ \mathrm{cost}}, & otherwise \end{cases} \tag{6.176}$$

$$P_W = \begin{cases} 1, & total\ weight \le W_S \\ \dfrac{1}{total\ weight}, & otherwise \end{cases} \tag{6.177}$$

적합도 평가 함수는 비용과 중량의 제약을 만족하면서 시스템의 신뢰도를 최대화하고, 실행 불가능 해가 선택되지 않도록 하기 위하여 다음 식과 같이 시스템 신뢰도와 비용 및 중량 벌금함수의 곱으로 한다.

$$fitness = R_S \cdot P_C \cdot P_W \tag{6.178}$$

4) 선별

선별은 적자생존의 자연법칙에 기초하여 환경에 대한 적응도에 의해 현 세대의 모집단으로부터 다음 세대에 생존할 개체를 선택하는 과정이다. 세대별 우수한 해의 생존을 보장하고, 지역해로의 수렴을 방지하기 위하여 적합도가 작은 해의 생존을 확률적으로 보장해주는 룰렛 휠 방법을 적용하며, 집단 내에서 가장 강한 개체가 다음 세대로 변경되지 않고 전달되는 것을 보장하기 위하여 세대별 우수한 해는 반드시 생존할 수 있도록 하는 엘리트 보전전략을 적용한다.

5) 교차

교차 연산은 부모 세대의 개체를 조합하여 자손 세대를 형성하기 위한 과정으로 부모 세대보다 우수한 자손 세대를 만들어 낼 수 있다는 장점이 있으며, 균등 교차를 적용한다.

6) 돌연변이

돌연변이 연산은 의도적으로 부모 개체에 없는 형질을 갖게 하여 개체를 재생산하는 과정이며, 국부 최적해에 빠지거나 열등한 개체집단으로 수렴하는 것을 방지하는 유전 연산자로 균등 돌연변이를 적용한다.

7) 이주

병렬 알고리즘의 경우 이주 연산의 이웃구조는 원형 이웃구조를 사용하며, 이주시킬 개체 및 교체될 개체의 선별은 적합도 평가 함수를 적용한 다음 〈표 6.32〉의 이주 파라미터는 연구[3]에 실제 적용한 값이다.

〈표 6.32〉 이주 파라미터

이주 파라미터	부분 모집단 수	이주 주기	이주율
값	20	50	0.2

8) 유전 파라미터

유전 파라미터들이 적합도에 미치는 영향을 반복 실험을 통해 비교한 후 문제의 특성에 맞는 파라미터를 적용한다. 다음 〈표 6.33〉의 유전 파라미터는 연구[3]에 실제 적용한 값이다.

〈표 6.33〉 유전 파라미터

유전 파라미터	모집단 수	교차율	돌연변이율	종료 세대수
값	100	0.8	0.02	1,000~3,000

9) 해 개선

병렬 유전자 알고리즘으로 생성된 해를 개선하고 최종해를 산출하기 위하여 Swap, 2-opt, Interchange 휴리스틱의 적용이 가능하다. Swap 기법은 병렬 유전자 알고리즘에서 생성된 5개의 해 중에서 2개의 해를 선택하여 하나의 비트를 상호 교환하는 방법이다. Swap 기법을 적용한 후 적합도가 가장 좋은 해를 병렬 유전자 알고리즘의 해로 선정한다. 선정된 하나의 해를 대상으로 2개의 비트를 선택하여 상호 교환하는 2-opt 기법을 적용하여 해의 개선이 가능하며 개선된 해를 대상으로 각 서브시스템 내에서 순서를 교환하는 Interchange 기법을 적용하여 적합도가 가장 우수한 최종 해의 산출이 가능하다.

6.4.6.4 $k-out-of-n$: G 시스템 신뢰도 최적화

동일 종류 구성품을 이용한 직렬-$k-out-of-n$: G 시스템의 신뢰도 최적화 문제는 동일한 기능을 갖지만 신뢰도와 비용, 중량이 서로 다른 구성품들이 비용

과 중량의 제약을 만족하면서 시스템의 신뢰도를 최대화하기 위한 최적의 구성품을 선정하고, 동일 종류 구성품의 중복 수를 결정하는 문제이다. 최적화 모형에서 사용되는 용어와 결정변수는 다음과 같다.

[용어]

i : 서브시스템 ($i = 1, 2, \cdots, s$)

j : 구성품 ($j = 1, 2, \cdots, m$)

R_S : 전체 시스템의 신뢰도

C_S : 전체 시스템의 가용한 비용

W_S : 전체 시스템의 가용한 중량

r_{ij} : 서브시스템 i에 사용된 구성품 j의 신뢰도

c_{ij} : 서브시스템 i에 사용된 구성품 j의 비용

w_{ij} : 서브시스템 i에 사용된 구성품 j의 중량

u_i : 서브시스템 i에 사용된 구성품 수량의 상한

k_i : 서브시스템 i의 최소 작동 구성품 수량

[결정변수]

$$x_{ij} = \begin{cases} 1, & \text{서브시스템 } i\text{에 구성품 } j\text{를 사용하면} \\ 0, & \text{그렇지 않으면} \end{cases}$$

y_{ij} : 서브시스템 i에 사용된 구성품 j의 수량

n_i : 서브시스템 i에 사용된 구성품 수량

직렬 시스템($n = k = 1$)의 신뢰도 최적화 문제는 동일한 기능을 갖지만 신뢰도와 비용, 중량이 서로 다른 다양한 구성품 대안들 중에서 가용한 자원제약을 만족하고, 각 서브시스템에 하나의 구성품을 사용하여 시스템의 신뢰도를 최대화하기 위한 최적의 구성품을 결정하는 문제이며, 최적화 모형은 다음과 같다.

$$Maximize \quad R_S = \prod_{i=1}^{s} \left(\sum_{j=1}^{m} r_{ij} \cdot x_{ij} \right) \tag{6.179}$$

$$s.t. \quad \sum_{i=1}^{s}\sum_{j=1}^{m} c_{ij} \cdot x_{ij} \le C_S \tag{6.180}$$

$$\sum_{i=1}^{s}\sum_{j=1}^{m} w_{ij} \cdot x_{ij} \le W_S \tag{6.181}$$

$$\sum_{j=1}^{m} x_{ij} = 1, \ i = 1,2,\cdots,s \tag{6.182}$$

$$x_{ij} = \{0,1\}, \ i = 1,2,\cdots,s, \ j = 1,2,\cdots,m \tag{6.183}$$

목적함수는 직렬 구조를 갖는 전체 시스템의 신뢰도를 최대화 하는 것이고, 식(6.180)은 전체 시스템을 구성하고 있는 구성품들의 비용 총합이 가용한 비용을 초과할 수 없음을 의미하며, 식(6.181)은 구성품들의 중량 총합이 가용한 중량을 초과할 수 없음을 의미한다. 식(6.182)는 각 서브시스템이 하나의 구성품으로만 구성된다는 제약이며, 식(6.183)은 구성품의 사용여부 의사를 결정하는 결정변수이다.

직렬-병렬 시스템($n > k = 1$)의 신뢰도-중복 최적화 문제는 동일한 기능을 갖지만 신뢰도와 비용, 중량이 서로 다른 다양한 구성품 대안들 중에서 가용한 자원 제약을 만족하고, 각 서브시스템 내에 동일 종류의 구성품으로 중복 설계함으로써 시스템의 신뢰도를 최대화하는 최적의 부품과 중복 수를 결정하는 문제이며, 최적화 모형은 다음과 같다.

$$Maximize \quad R_S = \prod_{i=1}^{s}\left\{1 - \prod_{j=1}^{m}\left[1 - r_{ij}\right]^{x_{ij} \cdot y_{ij}}\right\} \tag{6.184}$$

$$s.t. \quad \sum_{i=1}^{s}\sum_{j=1}^{m} c_{ij} \cdot x_{ij} \cdot y_{ij} \le C_S \tag{6.185}$$

$$\sum_{i=1}^{s}\sum_{j=1}^{m} w_{ij} \cdot x_{ij} \cdot y_{ij} \le W_S \tag{6.186}$$

$$1 \le \sum_{j=1}^{m} y_{ij} \le u_i, \ i = 1,2,\cdots,s, \ \text{integer} \tag{6.187}$$

$$\sum_{j=1}^{m} x_{ij} = 1, \ i = 1,2,\cdots,s \tag{6.188}$$

$$y_{ij} \geq 1 \ , \ i = 1,2,\cdots,s, \ j = 1,2,\cdots,m, \ \text{integer} \tag{6.189}$$

$$x_{ij} = \{0,1\}, \ i = 1,2,\cdots,s, \ j = 1,2,\cdots,m \tag{6.190}$$

목적함수는 직렬-병렬 구조를 갖는 시스템의 전체 신뢰도를 최대화 하는 것이고, 식(6.185)와 식(6.186)은 시스템의 자원제약을 의미하며, 식(6.187)은 각 서브시스템에 사용될 수 있는 구성품 수량의 하한과 상한을 나타내는 제약이다. 식(6.188)은 각 서브시스템에 사용되는 구성품이 동일 종류의 구성품으로만 중복 구성된다는 제약이고, 식(6.189)는 서브시스템 i에 사용된 구성품 j의 수량을 나타내는 결정변수의 정수제약이며, 식(6.190)은 구성품의 사용여부 의사를 결정하는 결정변수이다.

직렬-$k-out-of-n$: G 시스템($n > k > 1$)의 신뢰도-중복 최적화 문제는 동일한 기능을 갖지만 신뢰도와 비용, 중량이 서로 다른 다양한 구성품 대안들 중에서 가용한 자원제약을 만족하고, 각 서브시스템 내에 동일 종류의 구성품으로 k개 이상을 중복 설계함으로써 시스템의 신뢰도를 최대화하는 최적의 부품과 중복수를 결정하는 문제이며, 최적화 모형은 다음과 같다.

$$Maximize \quad R_S = \prod_{i=1}^{s} \sum_{j=1}^{m} \sum_{k=k_i}^{n_i} \binom{n_i}{k} (r_{ij} \cdot x_{ij})^k (1 - r_{ij} \cdot x_{ij})^{n_i - k} \tag{6.191}$$

$$s.t. \quad \sum_{i=1}^{s} \sum_{j=1}^{m} c_{ij} \cdot n_i \cdot x_{ij} \leq C_S \tag{6.192}$$

$$\sum_{i=1}^{s} \sum_{j=1}^{m} w_{ij} \cdot n_i \cdot x_{ij} \leq W_S \tag{6.193}$$

$$1 \leq n_i \leq u_i, \ i = 1,2,\cdots,s, \ \text{integer} \tag{6.194}$$

$$\sum_{j=1}^{m} x_{ij} = 1, \ i = 1,2,\cdots,s \tag{6.195}$$

$$1 \leq k_i \leq n_i, \ i = 1,2,\cdots,s, \ \text{integer} \tag{6.196}$$

$$x_{ij} = \{0,1\},\ i=1,2,\cdots,s,\ j=1,2,\cdots,m \tag{6.197}$$

목적함수는 직렬-$k-out-of-n$: G 시스템의 전체 신뢰도를 최대화 하는 것이고, 식(6.192)와 식(6.193)은 시스템의 자원제약을 의미하며, 식(6.194)는 서브시스템 i에 사용될 수 있는 구성품 수량의 하한과 상한을 나타내는 제약이다. 식(6.195)는 각 서브시스템에 사용되는 구성품이 동일 종류의 구성품으로만 중복 구성된다는 제약이고, 식(6.196)은 서브시스템 i의 최소 작동 구성품 수량이 서브시스템 i의 구성품 수량을 초과할 수 없음을 의미하며, 식(6.197)은 구성품의 사용 여부 의사를 결정하는 결정변수이다.

다음은 이를 해결하기 위한 유전자 알고리즘 수행 절차이다.

1) 유전자 표현

신뢰도 최적화 문제의 유전자 표현은 다음 〈표 6.34〉와 같이 1개의 정수문자열로 표현한다. 첫 번째 행은 각 서브시스템의 번호를 나타내지만 불필요한 부분으로 실제 구성은 하지 않으며, 두 번째 행은 각 서브시스템에서 가용할 수 있는 구성품의 번호를 의미한다.

〈표 6.34〉 신뢰도 최적화 문제 유전자 표현

서브시스템	1	2	…	14
구 성 품	1	3	…	2

신뢰도-중복 최적화 문제의 유전자 표현은 다음 〈표 6.35〉와 같이 2개의 정수문자열로 표현한다. 첫 번째 행은 각 서브시스템의 번호를 나타내지만 불필요한 부분으로 실제 구성은 하지 않으며, 두 번째 행은 각 서브시스템에서 가용할 수 있는 구성품 번호, 세 번째 행은 각 서브시스템의 중복 수를 의미한다.

〈표 6.35〉 신뢰도 최적화 문제 유전자 표현

서브시스템	1	2	…	14
구 성 품	1	3	…	2
중복 수	3	2	…	3

2) 초기 모집단

병렬 유전자 알고리즘의 모집단은 초기 모집단과 부분 모집단으로 구성되며, 임의생성 기법을 사용하고 직렬-$k-out-of-n$: G 시스템의 경우 중복 수는 최소 선택수량을 고려하여 구성한다.

3) 적합도 평가

적합도 평가는 목적함수를 만족시키는 정도를 의미한다. 임의생성기법에 의해 생성된 해는 실행 불가능 해를 포함할 수 있으므로 전체 시스템의 가용한 비용과 중량을 초과하는 경우 다음과 같이 벌금함수(Penalty Function)를 적용한다.

$$P_C = \begin{cases} 1, & total\ \text{cost} \le C_S \\ \dfrac{1}{2}, & otherwise \end{cases} \tag{6.198}$$

$$P_W = \begin{cases} 1, & total\ weight \le W_S \\ \dfrac{1}{2}, & otherwise \end{cases} \tag{6.199}$$

적합도 평가 함수는 다음 식과 같이 시스템 신뢰도와 벌금함수의 곱으로 한다.

$$fitness = R_S \cdot P_C \cdot P_W \tag{6.200}$$

4) 선별

선별은 세대별 우수한 해의 생존을 보장하고, 지역해로의 수렴을 방지하기 위하여 적합도가 작은 해의 생존을 확률적으로 보장해주는 룰렛 휠 방법을 적용하였으며, 세대별 우수한 해는 반드시 생존할 수 있도록 엘리트 보전전략을 적용한다.

5) 교차

교차는 두 부모해의 유전자를 조합하여 새로운 자손 유전자를 생성해 나가는 과정으로 구성품은 2점 교차(Two-Points Crossover), 중복 수는 균등 교차를 적용한다.

6) 돌연변이

돌연변이는 한 개체에서 아주 작은 수의 유전자를 임의로 변화시켜 새로운 유전자를 생성하는 과정으로 구성품은 교환 돌연변이(Exchange Mutation), 중복 수는 점 돌연변이(Point Mutation)를 적용하며, 직렬-$k-out-of-n$: G 시스템의 경우 최소선택수량을 고려하여 돌연변이를 적용한다.

7) 이주

이웃구조는 원형 이웃구조를 사용하였고, 이주시킬 개체 및 교체될 개체의 선별은 적합도 평가 함수를 적용한 다음 〈표 6.36〉의 이주 파라미터는 연구[9]에 실제 적용한 값이다.

〈표 6.36〉 이주 파라미터

이주 파라미터	부분 모집단 수	이주 주기	이주율
값	100	50	0.1

8) 유전 파라미터

유전 파라미터들이 적합도에 미치는 영향을 반복 실험을 통해 비교한 후 알고리즘과 문제의 특성에 맞는 파라미터를 적용한다. 다음 〈표 6.37〉의 유전 파라미터는 연구[9]에 실제 적용한 값이다.

〈표 6.37〉 유전 파라미터

유전 파라미터	모집단 수	교차율	돌연변이율	종료 세대수
값	500	0.8	0.05	1,000

6.4.7 개체 군집 최적화(Particle Swarm Optimization)

개체군집최적화(PSO : Particle Swarm Optimization)는 J. Kennedy(사회심리학자)와 R. C. Eberhart(전기공학자)의 사회적 교호작용(Social Interaction)에 의한 생체군집의 행동양식 시뮬레이션 모형(Model) 연구에서 출발하여 새 떼가 먹이를 찾아가는 과정에 착안하여 최적화 기법으로 발전시켜 1995년에 제안하였으며 이후 활발한 연구가 진행되어 다양한 PSO 모형이 발표되었다[90].

PSO의 기본개념은 무리(Swarm)가 먹이를 찾아가는 과정에서 무리 전체가 정보를 공유한다는 가설과 무리 내부의 각 개체(Particle)가 자신의 지금까지의 경험이 무리 전체에 공유되어 있는 정보를 기초로 행동한다는 것이다. 각 개체는 최적해를 찾기 위해 다차원 공간(Multi-Dimensional Space)을 날아다니며 이전에 경험했던 자신의 최적 위치정보와 이웃(Neighbor)의 경험 정보를 이용하여 최적의 위치로 이동한다. 일반적으로 PSO는 연산의 효율성을 바탕으로 짧은 계산시간에 양질의 해를 제공하며, 파라미터의 조정을 통해 개체의 전역탐색(Global Search)과 지역탐색(Local Search)에 대한 균형을 유지할 수 있어 다른 확률적 알고리즘들에 비해 안정적인 수렴특징을 나타내고 있다[14].

1) 개체의 표현(Particle Representation)

PSO 알고리즘의 첫 번째 단계는 최적화 문제의 잠재해(Potential Solution)를 개체의 위치벡터로 표현하는 것이다. 위치벡터의 표현은 PSO 연산과 적합도 평가에 영향을 주므로 문제의 특성을 충분히 반영하여야 한다. 신뢰도-중복 최적화의 경우, 각 개체의 위치벡터를 각 서브시스템의 선택된 부품의 번호와 부품수를 정수문자열(Integer String)의 형태로 표현하며, 혼합 중복전략이 고려되는 경우에도 동일하게 적용 가능하다.

2) 초기 모집단(Initial Particle Swarm)

시스템의 신뢰도는 가용한 자원(비용, 무게)을 충분히 활용하여 고신뢰도의 부품을 선택하고, 보다 많은 부품수로 중복 설계할 때 향상될 수 있으므로, 최적해는 자원 제약의 경계지역에 존재할 확률이 높다. 따라서 초기 개체들을 실행가능영역(Feasible Region) 내에서 생성하도록 하는 Heuristic 기법과 주로 자원의 제약을 초과하여 생성되는 임의생성 기법을 혼용한다. 이는 다음 〈그림 6.17〉과 같은 개념에서 개체들이 실행가능영역의 내·외에 분포되어 개체간의 교호작용(Interact)을 통해 자원 제약의 경계영역을 충분히 탐색하는 방법을 주로 사용한다.

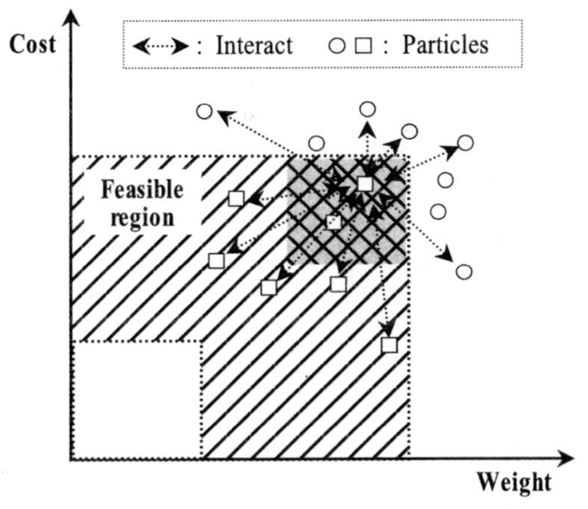

〈그림 6.17〉 제약의 경계지역 탐색 개념

3) 적합도 평가(Fitness Evaluation)

적합도 평가는 각 개체의 선택된 부품의 번호, 부품수와 중복전략에 의해 계산된 시스템의 신뢰도와 가용한 자원의 범위를 초과하는 실행불가능해(Infeasible Solution)에 부여되는 벌금함수(Penalty Function)를 적용하여 해의 품질을 평가하는 과정이다.

시스템의 신뢰도는 신뢰도가 좋은 부품으로 많은 중복을 갖을수록 높아지게 되므로 가용한 자원을 충분히 사용하여 제약조건에 근접한 영역에서 보다 좋은 해가 탐색될 확률이 높다. 하지만 기존 연구들에서는 주로 자원 제약을 초과한 양에 상관없이 제약을 초과하는 경우 1/2 등의 1미만의 실수(Real Number)를 시스템 신뢰도(목적함수 값)에 곱하여 적합도가 낮게 산출되도록 하는 벌금함수를 사용하고 있다. 이러한 벌금함수는 자원 제약에 근접하여 초과한 개체, 즉 좋은 정보를 많이 내포하고 있을 가능성이 높은 개체의 적합도를 낮게 평가하여 배제시킴으로써 현재의 좋은 정보들을 상실하고 무리에 공유되는 정보의 질을 저하시키는 결과를 초래할 수 있다.

4) 속도/위치벡터(Velocity/Position Vector)

각 개체는 해를 탐색하는 과정에서 다차원 공간(Multi-Dimensional Space)을 날아다니며 이전에 경험했던 자신의 최적 위치정보(Pbest)를 기억하고, 무리의 모든 개체들이 발견한 해중 최적의 위치정보(Gbest)를 공유하게 된다. 따라서 각 개체들은 Pbest와 Gbest의 위치정보를 이용하여 자신의 속도와 위치를 변경하고, 탐

색과정에서 지속적으로 Pbest와 Gbest의 정보를 갱신(Update)하면서 해를 탐색하게 된다

일반적인 PSO는 연속적인(Continuous) 다차원 공간에서 해를 탐색하지만, 신뢰도-중복 최적화 문제는 정수 계획법 문제로 이산적인(Discrete) 다차원 공간에서 해를 탐색하므로 해를 표현하는 개체의 위치벡터는 정수형 문자열로 구성된다.

5) 이주(Migration)

이주는 이웃하는 무리 간에 일정 주기로 적합도 평가 결과가 좋은 개체들을 교환하여 양질의 해에 대한 정보를 교환하는 과정으로, 무리들이 분산된 공간에서 독립적으로 해를 탐색하고 상호 정보를 교환함으로써 전역 최적해 탐색에 대한 성공 확률을 높이고 국부 최적해로 조기 수렴하는 문제를 방지할 수 있을 것으로 기대하였다.

PSO는 유전자(Genetic), 모의담금질(Simulated Annealing) 알고리즘 등과 같이 모집단 기반의 메타 휴리스틱(Population Based Meta-Heuristic) 알고리즘이다. 이러한 알고리즘들에 있어 최적해를 탐색하는데 가장 중요한 요소는 모집단을 구성하고 있는 개체들의 다양성(Diversity)이다. 하지만 PSO에서는 개체들이 확률적으로 무리의 최선해(Gbest)로 수렴되는 현상을 보임으로써, 연산이 진행될수록 다양성이 저하되게 된다[64, 92]. 따라서 이주를 수행하기 전에 무리 내에서 유일한 위치벡터들만을 추출하여 무리가 갖고 있는 다양성은 유지하면서 무리의 규모를 감소시켜 계산시간을 단축할 수 있다.

6) PSO 파라미터

PSO 알고리즘에 사용되는 파라미터는 모집단의 크기(Pop_size), PSO 연산회수(PSO_iter, 이주주기), Pbest와 Gbest 방향에 대한 가속계수(ϕ_1, ϕ_2)와 개체 속도벡터의 각 차원의 속도를 통제하기 위한 속도 제한치($\pm V_{max}$) 있으며, 병렬 PSO에서는 무리의 개수(Swarm), 이주회수(Mig_Freq)와 이주율(Mig_Frac)이 추가적으로 사용된다. 모집단의 크기, PSO 연산회수는 사전 실험을 통해 PSO의 수렴성을 결정할 수 있으며, 가속계수는 기존 연구에서 입증된 값의 적용이 가능하다.

다음은 위에서 소개한 개체 군집 최적화를 이용하여 직렬-병렬 시스템과 k-out-of-n 두 개 의 시스템을 대상으로 활성 중복(Active Redundancy) 및 혼합중복(Active Redundancy or Cold Standby Redundancy) 최적화 문제에 사용한 예를 소개한다.

6.4.7.1 활성중복 직렬-병렬 시스템 최적화

14개의 서브시스템이 직렬로 연결되고 각 서브시스템은 동일한(Identical) 부품이 활성중복의 병렬 구조를 갖는 직렬-병렬시스템으로 다음 〈그림 6.18〉과 같다.

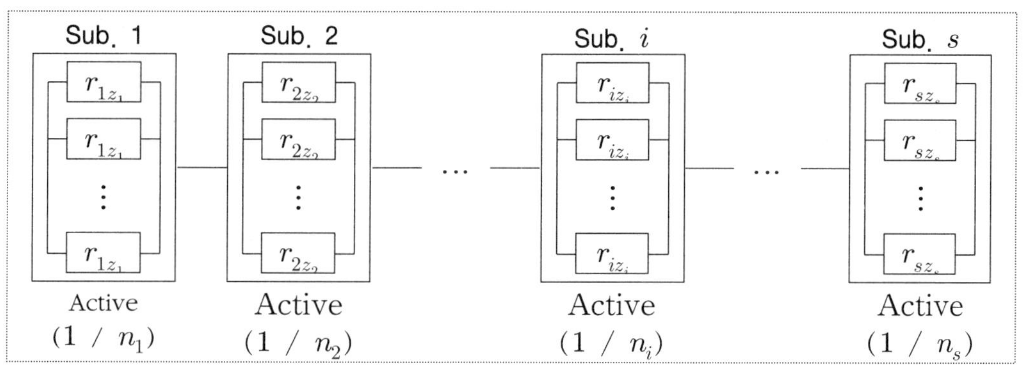

〈그림 6.18〉 활성중복 직렬-병렬 시스템 구조

6.4.7.2 활성중복 k-out-of-n 시스템 최적화

14개의 서브시스템이 직렬로 연결되고 각 서브시스템은 동일한(Identical) 부품이 활성중복의 k-out-of-n 구조를 갖는 시스템으로 다음 〈그림 6.19〉와 같다.

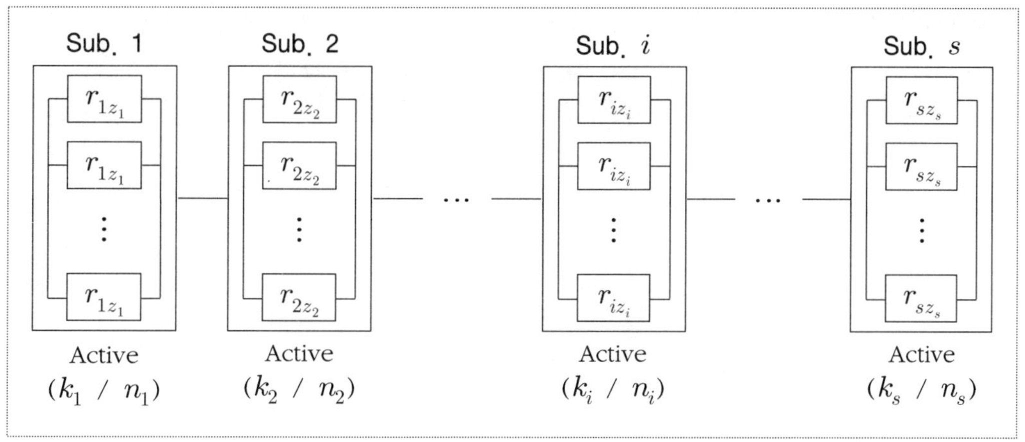

〈그림 6.19〉 활성중복 k-out-of-n 시스템 구조

6.4.7.3 혼합중복 직렬-병렬 시스템 최적화

14개의 서브시스템이 직렬로 연결되고 각 서브시스템은 동일한(Identical) 부품이 활성중복 또는 Cold Standby, 즉, 혼합 중복전략이 고려된 병렬 구조를 갖는 직렬-병렬 시스템으로 다음 〈그림 6.20〉과 같다.

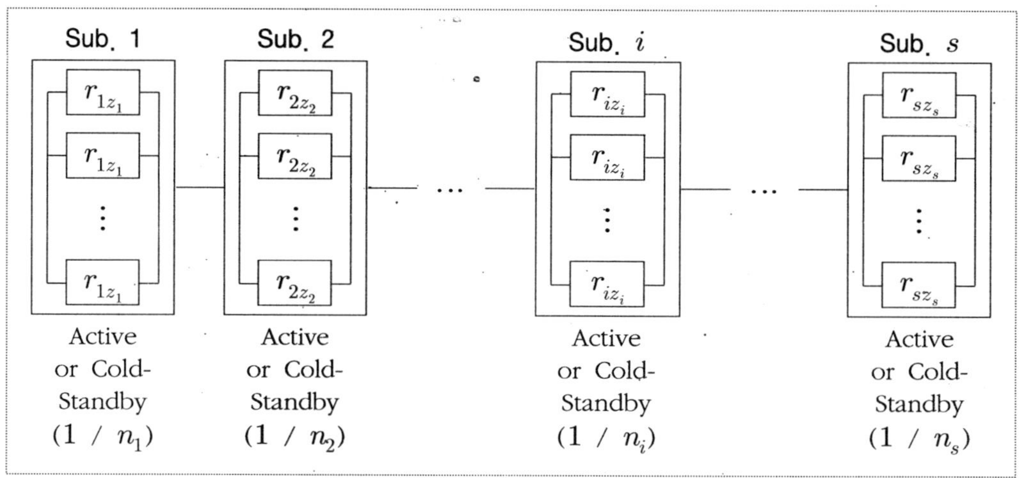

〈그림 6.20〉 혼합중복 직렬-병렬 시스템 구조

6.4.7.4 혼합중복 k-out-of-n 시스템 최적화

예제 IV는 14개의 서브시스템이 직렬로 연결되고 각 서브시스템은 동일한 (Identical) 부품이 활성중복 또는 Cold Standby, 즉, 혼합 중복전략이 적용된 k-out-of-n 구조를 갖는 시스템으로 다음 〈그림 6.21〉과 같다.

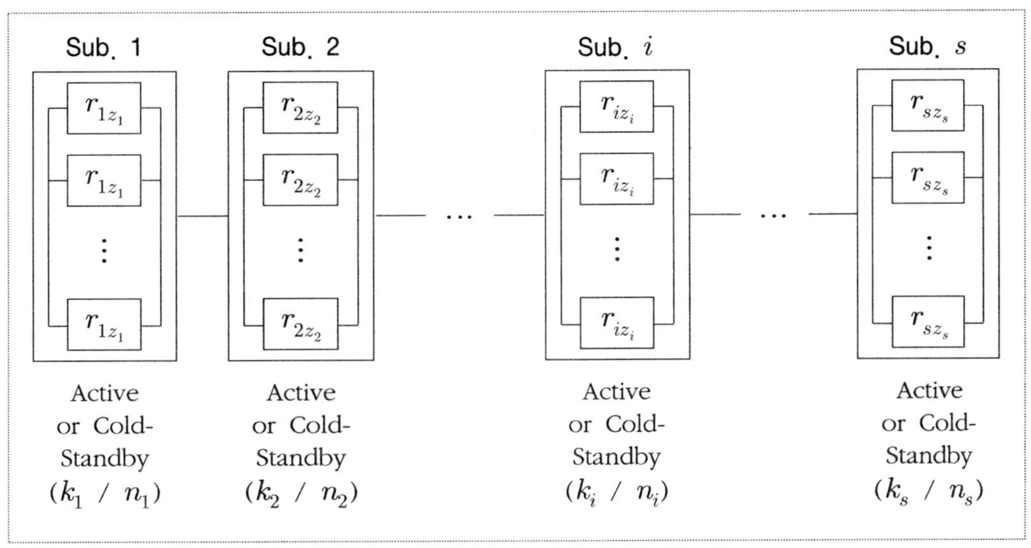

〈그림 6.21〉 혼합중복 k-out-of-n 시스템 구조

위에서 언급한 시스템 구조들의 해법으로 인공위성 시스템의 신뢰도 최적 설계 시 적용한 개체 군집 최적화의 예제는 다음과 같다[8].

복수의 무리들이 분산된 공간에서 독립적으로 해를 탐색하고 상호 정보를 교환함으로써 전역 최적해(Global Optimum) 탐색에 대한 성공 확률을 높이고 PSO의 가장 큰 단점으로 지적되고 있는 국부 최적해(Local Optimum)로 조기 수렴(Premature Convergence)하는 문제를 방지할 것이라는 것에 착안하여, 각각의 무리가 먹이를 찾아가는 과정에서 무리 간의 주기적인 정보 교환을 통해 협력하는 구조를 묘사하는 병렬 PSO(PPSO : Parallel PSO) 알고리즘은 다음 〈그림 6.22〉와 같다. 이는 군사적인 부분에 있어 지·해·공 및 우주에서 운용되는 다양한 종류의 정보자산들(무리)로부터 획득된 정보들을 통합하고 공유함으로써 빠르고 정확하게 핵심 표적(최적해)을 탐지/식별하여 작전템포를 증가(계산시간 감소)시키는 네트워크중심전(NCW : Network Centric Warfare)의 개념과 일맥상통 한다고 할 수 있다.

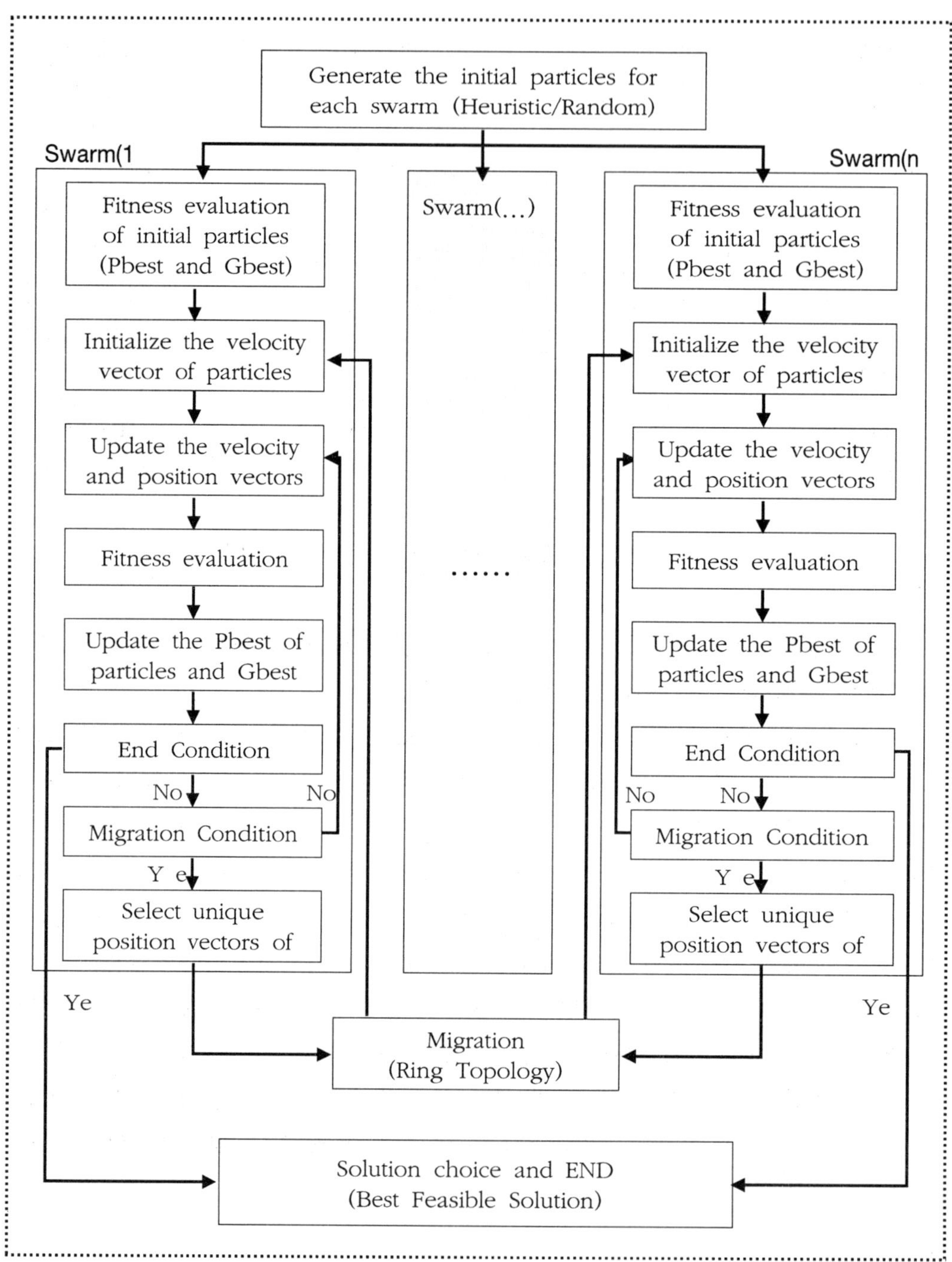

〈그림 6.22〉 PPSO 알고리즘

1) 개체의 표현(Particle Representation)

각 개체의 위치벡터를 각 서브시스템의 선택된 부품의 번호와 부품수를 다음

<그림 6.23>과 같은 정수 문자열(Integer String)의 형태로 표현이 가능하며, 이는 혼합 중복전략을 고려하는 경우에도 동일하게 적용할 수 있다. 부품 번호(z_i)의 범위는 각 서브시스템별 1부터 대안 부품수(q_i)까지이고, 부품수의 범위는 각 서브시스템별 최소 작동 부품수(k_i)부터 최대 부품수($n_{\max,i}$)까지이다. 즉, 서브시스템 개수를 s개라 할 때, 위치벡터의 i열과 $s+i$열은 각각 서브시스템 i의 선택된 부품의 번호와 부품수를 의미한다.

	Selected Component					Number of Components				
Subsystem(i)	1	2	$\cdots$	$s-1$	s	1	2	$\cdots$	$s-1$	s
Position vector$(\overrightarrow{x_i})$	$1 \le z_i \le q_i$					$k_i \le n_i \le n_{\max,i}$				

<그림 6.23> 개체의 위치벡터 표현

혼합 중복전략을 고려하는 경우, Tavakkoli-Moghaddam et al.[103]과 Safari et al.[93]은 서브시스템별 중복전략, 부품 번호와 부품수를 결정변수(Decision Variable)로 고려하여 유전자의 길이가 $3s$였으나, 본 절에서 제시하는 연구[8]의 경우 서브시스템의 중복전략을 선택 부품의 신뢰도와 부품수에 따라 결정되는 종속변수(Dependent Variable)로 고려함으로써 위치벡터의 길이를 $2s$로 줄일 수 있다. 이러한 위치벡터 길이의 감소는 PSO의 연산을 단순화하고 해의 탐색공간(Search Space)을 $(1/2)^s$배로 축소시켜 계산시간 단축과 최적해 탐색에 대한 성공 확률을 높이는 효과로 나타낼 수 있다.

2) 초기 모집단(Initial Particle Swarm)

초기 모집단은 초기 개체들을 실행가능영역(Feasible Region) 내에서 생성하도록 하는 Heuristic 기법과 주로 자원의 제약을 초과하여 생성되는 임의생성 기법을 혼용 사용이 가능하다. 사용되는 용어는 다음과 같다.

d_{iz_i} : 서브시스템 i의 대안 부품 z_i의 상대적 기여도
p_{iz_i} : d_{iz_i}를 정규화(Normalization)한 값
$c_{a,i}^h$, $w_{a,i}^h$: Heuristic 기법의 단계 h에서 서브시스템 i에 할당한 자원
$U(a,b)$: 구간 $[a, b]$에서 Uniform 분포의 난수

$U_{Int}(a,b)$: 구간 $[a, b]$에서 Uniform 분포의 정수형 난수
c_r, w_r : Heuristic 기법의 1단계에서 할당 후 남은 자원량

• Heuristic 기법

Heuristic 기법은 각 개체별 가용한 자원(비용, 무게)을 각 서브시스템에 할당하고, 각 서브시스템이 활성중복 k-out-of-n 시스템이라 가정하여 할당된 자원 내에서 서브시스템의 신뢰도를 최대화하는 부품과 부품수를 결정하여 초기 모집단으로 반영한다.

첫 번째 단계에서는, 유전자 알고리즘의 선별(Selection) 방법의 일종인 확률바퀴(Roulette-Wheel) 방법을 적용한다. 서브시스템의 각 대안 부품의 자원 소요 대비 신뢰도 개념의 상대적 기여도[5]를 식 (6.201)과 같이 계산하고, 각 대안 부품의 상대적 기여도를 식 (6.202)와 같이 정규화하여 해당 부품이 선택될 확률로 고려한다. 따라서 상대적 기여도가 높은, 즉 적은 자원이면서 신뢰도가 높은 부품이 선택될 확률이 커지게 된다. 이후 $U[0, 1]$로 부품을 선택하고 식 (6.203)과 같이 선택된 부품의 비용과 무게를 서브시스템의 최소 작동 부품수(k_i)와 곱하여 자원을 할당한다.

$$d_{iz_i} = \frac{r_{iz_i}}{\left(c_{iz_i}/C\right) + \left(w_{iz_i}/W\right)} \tag{6.201}$$

$$p_{iz_i} = d_{iz_i} / \sum_{z_i=1}^{q_i} d_{iz_i} \tag{6.202}$$

$$c_{a,i}^1 = c_{iz_i} \times k_i,\ w_{a,i}^1 = w_{iz_i} \times k_i \tag{6.203}$$

두번째 단계에서는, 첫 번째 단계에서 자원 할당 후 남은 자원 잔여량을 임의적으로 각 서브시스템에 할당한다. 할당 방법은 정수형 Uniform 난수를 통해 자원을 할당할 서브시스템을 선택하고, 비용과 무게 제약의 잔여량 범위 내에서 할당할 자원량을 결정한다. 이러한 방법은 모든 자원의 잔여량이 소진될 때까지 반복적으로 수행한다. 2단계 할당 방법의 의사코드(Pseudo Code)는 다음 〈그림 6.24〉와 같다.

$c_r = C - \sum_{i=1}^{s} c_{a,i}^{1}$ and $w_r = W - \sum_{i=1}^{s} w_{a,i}^{1}$
While $c_r > 0$ or $w_r > 0$
　Select the subsystem ; $i = U_{Int}[1,\ s]$
　Determine the allocated amount of each resource
　　; $c_{a,i}^{2} = U_{Int}[1,\ c_r]$, $w_{a,i}^{2} = U_{Int}[1,\ w_r]$
　Update the c_r and w_r ; $w_r = w_r - w_{a,i}^{2}$,
End

〈그림 6.24〉 Heuristic 기법 2단계의 의사코드

세번째 단계에서는, 위의 두 단계에서 각 서브시스템에 할당된 자원($c_{a,i}$, $w_{a,i}$)으로 활성중복 k-out-of-n 시스템을 가정하고, 서브시스템의 신뢰도를 최대화하는 부품과 부품수(n_{iz_i})의 조합을 초기 개체로 반영한다. 3단계에서 사용할 부품과 부품수를 결정하는 절차의 의사코드(Pseudo Code)는 다음 〈그림 6.25〉와 같다.

$c_{a,i} = \sum_{h=1}^{2} c_{a,i}^{h}$ and $w_{a,i} = \sum_{h=1}^{2} w_{a,i}^{h}$
For $i = 1$ to $i = s$
　For $z_i = 1$ to $z_i = q_i$
　　Decide the number of components
　　　; $n_{iz_i} = Min(\lfloor c_{a,i}/c_{iz_i} \rfloor,\ \lfloor w_{a,i}/w_{iz_i} \rfloor)$
　　Calculate subsystem reliability(R_{ij}) by Eq. 3-17
　End
　Determine the component(z_i) for subsystem(i)
　　; z_i =component index of $Max(R_{iz_i})$
End

〈그림 6.25〉 Heuristic 기법 3단계의 의사코드

• 임의생성 기법

임의생성 기법은 각 서브시스템에 사용할 부품 번호와 부품수를 Uniform 분포의 난수를 통해 생성하였으며, 생성된 초기 모집단은 주로 자원의 제약을 초과하여 적합도 평가 결과가 좋지는 않으나 Heuristic 기법으로 생성된 모집단에 비해 모집단 개체들의 다양성이 우수하게 나타난다. 따라서 임의생성 기법으로 생성된 모집단은 다양성이 부족한 Heuristic 기법으로 생성된 모집단을 보완하여 다양한 해공간의 탐색이 가능토록 한다. 임의생성 기법의 의사코드(Pseudo Code)는 다음 <그림 6.26>과 같다.

```
1 : For i = 1 to i = s
2 :   Decide the component(z_i) of subsystem(i)
        ; z_i = U_Int(1, q_i)
3 :   Decide the number(n_i) of redundancy
        ; n_i = U_int(k_i, n_max,i)
4 : End
```

<그림 6.26> 임의생성 기법의 의사코드

3) 적합도 평가(Fitness Evaluation)

다음 식 (6.204)와 같이 자원 제약에 대한 초과 허용치(NFT : Near Feasible Threshold)를 설정하여 허용치 내에서는 벌금을 부여하지 않고, 계산이 진행될수록 초과 허용치를 식 (6.205)와 같이 감소시킴으로써 제약조건을 엄격하게 적용하는 개념의 Coit and Smith[37, 38]의 적응형 벌금함수(APF : Adaptive Penalty Function) 모형의 사용이 가능하다. 적응형 벌금함수(APF)는 알고리즘의 초기에는 제약조건에 대해 허용치를 제공하여 유용한 정보를 포함한 개체들이 배제되는 것을 방지하고, PSO 알고리즘의 연산이 진행됨에 따라 각 개체가 성숙되고 무리 내에 해에 대한 양질의 정보가 축적될수록 제약조건을 엄격하게 관리함으로써 최종적으로는 최적화 문제의 모든 제약조건을 만족하는 실행가능해 중 최선해(Best Feasible Solution)가 도출되도록 한다.

또한, 식 (6.206)의 적응형 벌금함수는 복수의 제약조건을 동시에 고려함으로써 제약조건이 많은 문제에서도 효율적으로 활용할 수 있는 장점이 있다. 사용되는 용어는 다음과 같다.

[용어]

$\overrightarrow{x_i}$: Particle i의 위치벡터(해)

$R_{p,i}(\overrightarrow{x_i})$: Particle i의 벌금함수가 적용된 적합도 평가 값

$R(\overrightarrow{x_i})$: Particle i의 벌금함수가 적용되지 않은 시스템 신뢰도

R_{all} : 무리 전체 $R(x)$ 중 최대 시스템 신뢰도

R_{feas} : 모든 제약조건을 만족하는 $R(x)$ 중 최대 시스템 신뢰도

g : 제약조건의 개수

$d_j(\overrightarrow{x_i}, b_j)$: Particle i의 자원 j 제약량(b_j)에 대한 초과량

NFT_j : t-Iteration에서 자원 j의 초과 허용치

$NFT_{o,j}$: $t=0$에서의 자원 j의 초과 허용치

t : Iteration index

θ_j : 자원 j의 제약에 대한 파라미터

ψ : 감쇄 상수

Δw_i : Particle i의 무게제약 초과량 ; 단, $w_i < W$이면 $\Delta w_i = 0$

Δc_i : Particle i의 비용제약 초과량 ; 단, $c_i < C$이면 $\Delta c_i = 0$

$$R_{p,i}(\overrightarrow{x_i}) = R(\overrightarrow{x_i}) - (R_{all} - R_{feas}) \sum_{j=1}^{g} \left[\frac{d_j(\overrightarrow{x_i}, b_j)}{NFT_j} \right]^{\theta_j} \tag{6.204}$$

$$NFT_j = \frac{NFT_{o,j}}{1 + \psi t} \tag{6.205}$$

적응형 벌금함수는 시스템 신뢰도를 목적함수로 하고 비용과 무게의 제약만을 고려하므로 위의 식 (6.204)는 다음 식과 같이 표현할 수 있다.

$$R_{p,i}(\overrightarrow{x_i}) = R(\overrightarrow{x_i}) - (R_{all} - R_{feas}) \left[\left(\frac{\Delta w_i}{NFT_w} \right)^{\theta_w} + \left(\frac{\Delta c_i}{NFT_c} \right)^{\theta_c} \right] \tag{6.206}$$

4) 속도/위치벡터(Velocity/Position Vector)

개체의 운동방정식에서 계산된 위치벡터의 좌표들을 반올림(Round-up)하여 정수화하며, 사용되는 용어는 다음과 같다.

[용어]

i : Particle index; $i=1,2,\ldots,N$

d : Dimension index; $d=1,2,\ldots,D$

t : Iteration index; $t=1,2,\ldots,T$

ω : Inertia weight

$\overrightarrow{v_i}(t)$: t시점에서의 Particle i의 속도벡터; $\overrightarrow{v_i}=[v_{i1}, v_{i2}, \ldots, v_{iD}]$

$v_{id}(t)$: t시점에서의 Particle i의 d차원 속도

$\overrightarrow{x_i}(t)$: t시점에서의 Particle i의 위치벡터; $\overrightarrow{x_i}=[x_{i1}, x_{i2}, \ldots, x_{iD}]$

$x_{id}(t)$: t시점에서의 Particle i의 d차원 위치

$\overrightarrow{p_i}$: Particle i가 경험한 최적 위치벡터(Pbest)

$\overrightarrow{p_g}$: 무리 전체의 최적 위치벡터(Gbest)

ϕ_1, ϕ_2 : Pbest, Gbest 방향에 대한 가속계수

$\overrightarrow{U}(a,b)$: $[a,b]$구간에서의 Uniform 난수 벡터

$\otimes$: Component-wise multiplication

$round\{f\}$: 실수 f에 대한 반올림(Round-up)

Inertia Weight(ω)는 기존 연구에서 실험적으로 좋은 결과를 얻었던 식 (6.207)의 적용이 가능하다. 개체의 속도벡터와 위치벡터는 각각 식 (6.208) 및 식 (6.209)에 의해 갱신된다. PSO의 초기에는 $\omega > 1$인 불안정(Unstable) 상태에서 시작할 수는 있으나, 연산이 진행됨에 따라서는 $\omega \leq 1$인 안정상태가 되도록 하여야 한다[90].

$$\omega = U(0.5,\ 1) \tag{6.207}$$

$$\overrightarrow{v_i}(t+1) = \omega\overrightarrow{v_i}(t) + \left[\overrightarrow{U}(0,\phi_1)\otimes\left(\overrightarrow{p_i}-\overrightarrow{x_i}(t)\right) + \overrightarrow{U}(0,\phi_2)\otimes\left(\overrightarrow{p_g}-\overrightarrow{x_i}(t)\right)\right] \tag{6.208}$$

$$\overrightarrow{x_i}(t+1) = round\left\{\overrightarrow{x_i}(t)+\overrightarrow{v_i}(t+1)\right\} \tag{6.209}$$

이산적인 공간을 고려할 때, 개체의 위치벡터 갱신 과정을 2차원 공간에서 표현하면 다음 〈그림 6.27〉과 같다. 결과적으로 개체는 현재 위치벡터 (4, 1)에서 (8, 5)로 이동하게 된다.

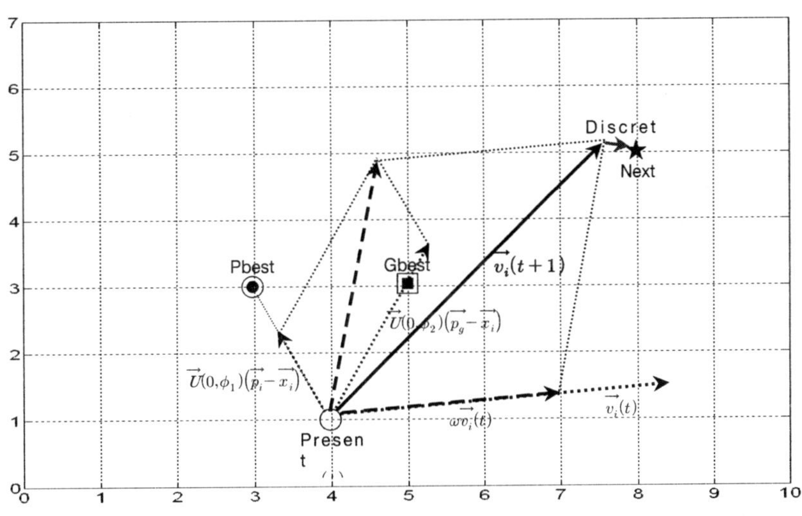

〈그림 6.27〉 개체의 위치벡터 갱신 과정

PSO 알고리즘에서 개체가 급격하게 발산(Explosion)하거나 조기 수렴하는 현상이 발생할 수 있다는 것이 일반적으로 알려져 있다. 따라서 발산현상을 방지하기 위해 속도벡터의 상·하한치 $\pm V_{\max}$를 설정하였으며, 연산이 진행될수록 다음 식 (6.210)과 같이 $V_{\max}$를 감소시켜 국부(Local) 영역에서 해를 세밀하게 탐색할 수 있도록 한다. 또한 위치벡터의 좌표는 서브시스템의 대안 부품수(q)와 최대 부품수($n_{\max}$) 제약을 초과하지 못하도록 제한하여 강제적으로 제약을 충족시킬 수 있다. 다음 〈그림 6.28〉은 이러한 내용을 포함한 속도·위치벡터 갱신에 대한 의사코드(Pseudo Code)이다.

$$V_{\max}(t+1) = \left(V_{\max}(t) - 0.5\right)\exp\left[-\frac{0.1t}{T}V_{\max}(t)\right] + 0.5 \qquad (6.210)$$

Evaluate the fitness of initial particles(Select initial $\overrightarrow{p_i}$, $\overrightarrow{p_g}$)
Generate the initial velocity vector
(Uniform Random vector from $-V_{\max}$ to $+V_{\max}$)
For $t=1$ to $t=T$
Calculate $V_{\max}$ by Eq. (3-83)
% Update the velocity vector
Generate Inertia weight(ω) by Eq. (3-80)
Calculate Velocity vectors of particles by Eq. (3-81)
Regulate Velocity vectors within $\pm V_{\max}(t)$
% Update the position vector of particles
Calculate Position vectors of particles by Eq. (3-82)
Regulate Position vectors in $[1, q]$ or $[1, n_{\max}]$
Evaluate the fitness of new position vectors
Update the Pbest$\left(\overrightarrow{p_i}\right)$ and Gbest$\left(\overrightarrow{p_g}\right)$
End

〈그림 6.28〉 속도·위치벡터 갱신에 대한 의사코드

5) 이주(Migration)

병렬 알고리즘의 경우, 이주구조의 형태는 완전 연결형, 원형, 2차원 배열 이웃구조 등 다양한 형태가 제시[14]되었으나, 다음 〈그림 6.29〉와 같은 구조의 원형 이웃구조(Ring Neighbor Topology)를 사용하였다. 이주시킬 개체는 적합도 평가값이 좋은 순으로 *round*{이주율×개체수}까지 선별한다. 따라서 이주 주기에 따라 PPSO 알고리즘은 종료조건을 만족할 때까지 'PSO → 유일한 위치벡터 선별 → 이주 → PSO ...'의 절차에 따라 수행한다.

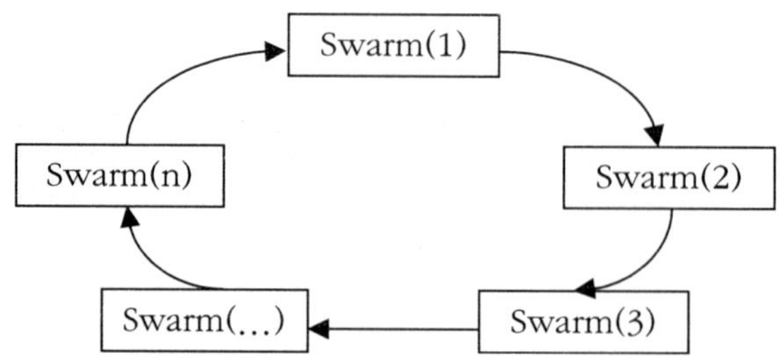

〈그림 6.29〉 Ring Neighbor Topology

6) PPSO 파라미터

다음 〈표 6.38〉의 PPSO 파라미터는 연구[8]에 실제 적용한 값이다.

〈표 6.38〉 PPSO 파라미터

Class.	Parameter	Value	Parameter	Value	Parameter	Value
PSO	Swarm_size	200	PSO_iter	50	ϕ_1 / ϕ_2	2 / 2
Parallel	Swarm	3 or 5	Mig_Freq	5	Mig_Frac	0.3

평가에 적용되는 적응형 벌금함수에 사용되는 파라미터는 비용과 무게 제약에 대한 초기 초과 허용치($NFC_{o,c}$, $NFC_{o,w}$), 감쇄상수(ψ)와 제약별 벌금부여 수준의 가중 파라미터(θ_c, θ_w)가 사용된다. 초과 허용치와 감쇄상수는 PSO 연산회수를 고려하여 결정 가능하며, 제약별 가중 파라미터는 비용과 무게의 제약량을 바탕으로 벌금부여 효과가 유사하도록 설정할 수 있다. 다음 〈표 6.39〉의 적응형 벌금함수 파라미터는 연구[8]에 실제 적용한 값이다.

〈표 6.39〉 적응형 벌금함수 파라미터

Parameter	$NFC_{o,c}$	$NFC_{o,w}$	ψ	θ_c	θ_w
Value	$0.01C$	$0.01W$	1	2	1

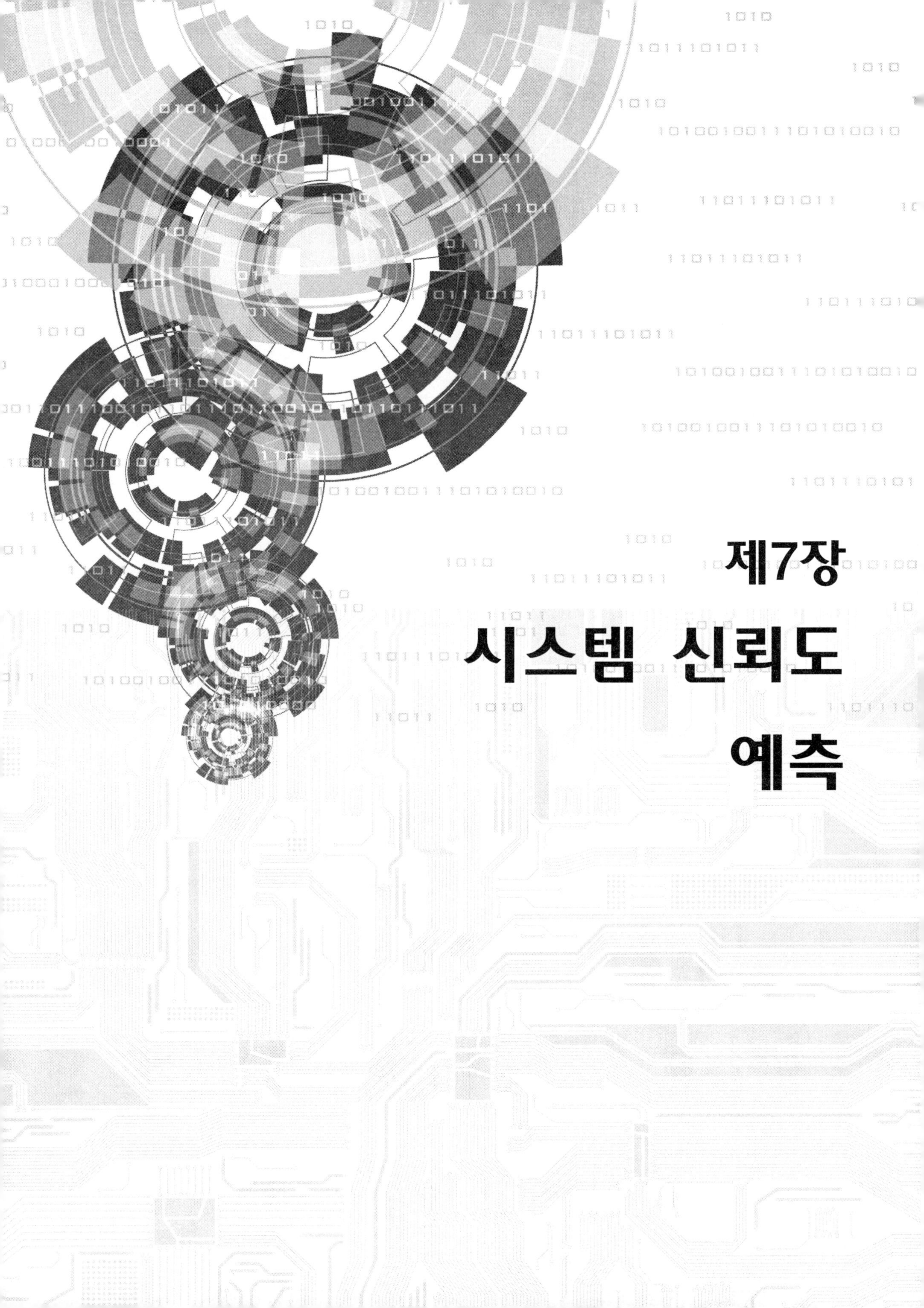

제7장
시스템 신뢰도 예측

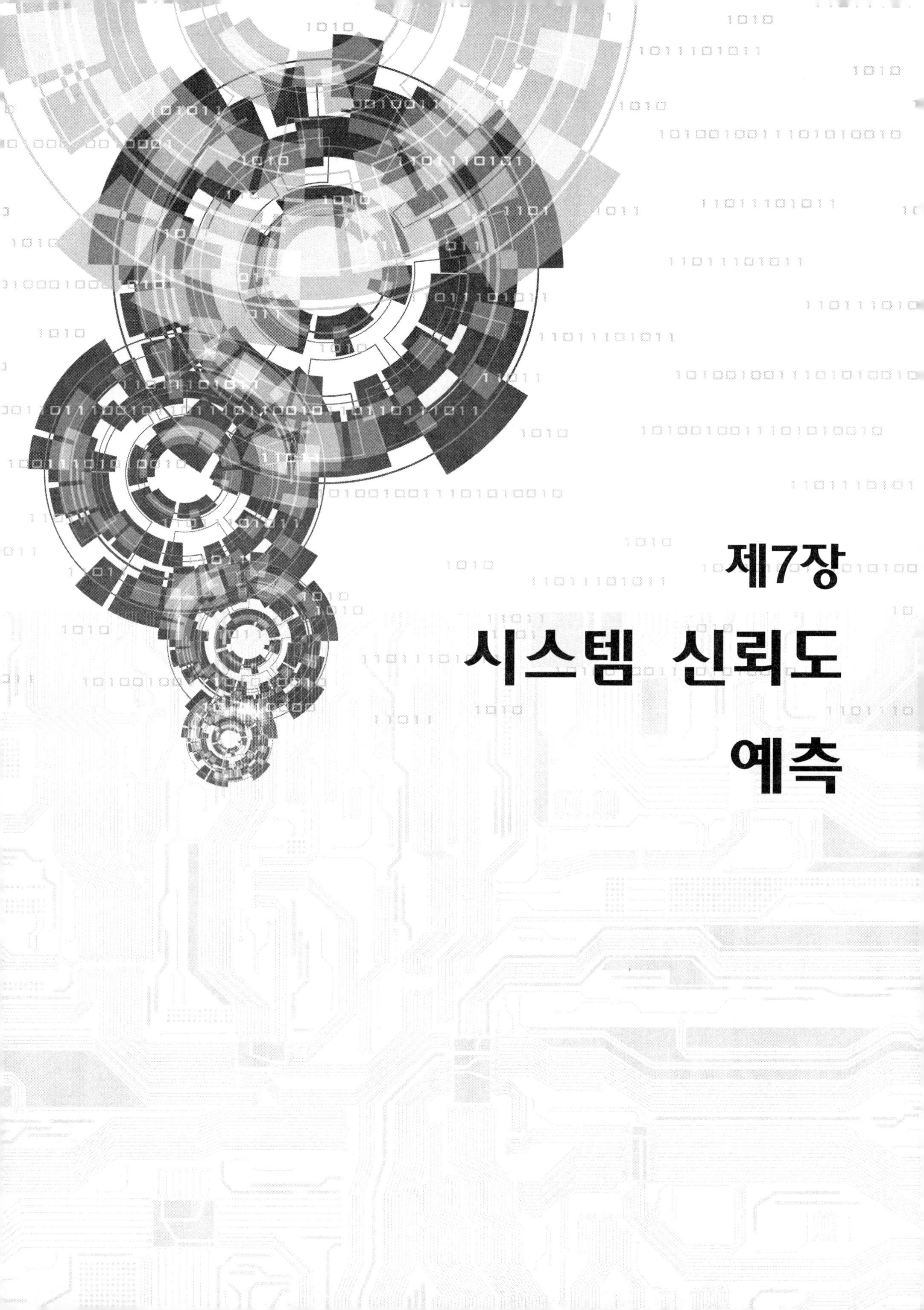

제7장
시스템 신뢰도 예측

제7장 시스템 신뢰도 예측

7.1 예측개요

신뢰도 예측은 시스템의 초기 개념형성단계부터 개발, 제조에 이르기까지 시스템 설계를 평가하는 근본적인 함수이며 또한 양산시 관리의 변화를 주는데 도움을 준다. 신뢰도 예측은 개념의 선택, 부품 품질 수준의 변경, 감쇠 요소의 적절한 적용, 최신의 방법 사용 또는 입증된 방법의 사용 등 설계를 결정하기 위한 합리적인 기본 자료를 제공한다. 새로운 제품이 제조되거나 시장이 형성되기 전에 그 상품의 정확한 신뢰도 예측은 매우 바람직한 것이며 이를 기초로 유지비용, 재고량, 품질보증 비용, 시장성 등을 정확하게 예측한다. 새로운 제품에 대한 설계와 개발단계에서 설계자 및 신뢰도 엔지니어는 현장(Field)에서 사용된 적이 없는 제품에 대한 신뢰도 데이터를 얻는다는 것은 매우 힘이 들것이다. 설계자와 군수지원분석(LSA : Logistic Support Analysis) 분야 종사자 및 신뢰도 엔지니어는 분석대상이 되는 새로운 제품의 신뢰도를 획득하기 위해 다양한 방법과 시도를 하기 위해 각 품목에 대한 적절한 판단을 해야 한다. 우선 개발초기의 개념설계단계에서는 최소한 시스템의 구성과 기능에 대한 지식을 운영에 대한 깊이 있는 이해가 있어야 할 것이다. 그러나 신뢰도 예측은 단지 품목이 갖는 기대치의 평균만을 의미하는 것이며, 그 제품이나 부품이 표현된 신뢰도 값을 항상 유지한다는 보장은 없다. 때로는 예측된 제품의 신뢰도가 예측한 것보다 좋지 않게 나타날 수도 있고 어떠한 경우에는 예측보다 좋게 나타나는 경우가 있는데 이는 신뢰도 예측에 의해 산출된 신뢰도는 종종 실제 운용환경에서 발생하는 신뢰도와 현저히 다양한 요소를 모두 고려한다는 것은 불가능하기 때문이다.

7.2 예측방법 및 예측모델

신뢰도 예측의 방법에는 정보 수집시기와 수집정보의 필요성에 따른 분류와 대

상 장비의 유형이나 설계의 상태에 따라 다음과 같이 분류할 수 있다.

7.2.1 유사장비/회로 신뢰도 예측

유사장비 신뢰도 예측법은 유사장비의 특정 경험 제원을 이용하는 방법으로 가장 빠르게 장비의 신뢰도를 예측할 수 있는 방법이다. 이 방법은 연속성을 가지고 있으며 규칙적으로 임무가 수행되는 장비에 대해 적용되나 기존의 설계방법이 유사한 장비뿐만 아니라 약간의 설계방법상 차이가 있는 장비 또한 쉽게 신뢰도를 예측할 수 있다. 예를 들어, 현재 T-50 항공기의 경우 KF-16 항공기와 유사한 체계를 갖추고 있어 KF-16 항공기 개발시 신뢰도 기초자료와 한국 공군에서 운용중인 KF-16 항공기의 야전 경험자료를 바탕으로 신뢰도를 예측이 가능하다.

7.2.2 대상장비의 유형 및 설계상태에 따른 예측방법

MIL-STD-756B(Reliability Modeling And Prediction) 및 MIL-HDBK-338에서는 장비의 신뢰도를 예측하는 방법들이 수록되어 있다. 일반적으로 신뢰도 예측에 사용되는 여러 종류의 예측규격을 살펴보면 지난 40년간 신뢰도 예측분야에서 중심 역할을 하여 왔던 MIL-HDBK-217을 포함하여 NPRD-95, TR-332, RDF 2000 및 PRISM 등이 있다. 다음은 이들 예측 규격에 대한 설명이다.

7.2.2.1 MIL-HDBK-217

MIL-HDBK-217 규격은 전기/전자부품과 약간의 기계부품에 대한 예측방식을 제공하고 있으며 고장률 단위를 10^{-6}으로 표현한다. 만일 부품의 고장분포가 일정한 지수분포라 가정하면, 하위 부품의 고장률의 합으로 그 상위수준의 어셈블리 또는 시스템에 대한 신뢰도를 산출하게 된다. MIL-HDBK-217 규격은 제품이 동작하는 상태의 운용환경(Π_E)을 14가지로 구분하고 있다. MIL-HDBK-217F/N2는 최근(90년대 중반 이후)에 개발된 전자부품을 포함하고 있지는 않지만 대부분의 전자부품의 고장률 예측 모델을 제시하고 있으며, 방산분야 뿐 아니라 민수분야에서도 가장 널리 사용되고 있는 규격이다. 예측을 실시하는 접근방식으로는 Parts Stress Analysis와 Parts Count Analysis로 구분되어 있다.

1) Parts Stress Analysis

부품에 대한 고장률을 결정하기 위해 각 부품에 실제 인가되는 스트레스 수준을 적용하여 고장률을 얻는 방식으로서 부품의 특성마다 고장률을 계산하는 방식이 다르며 고장률 산출에 대한 예를 들면 다음과 같다.

$$\lambda_p = \lambda_b \cdot \pi_T \cdot \pi_A \cdot \pi_R \cdot \pi_S \cdot \pi_C \cdot \pi_Q \cdot \pi_E \tag{7.1}$$

여기서,

λ_p : 부품 고장률 (고장수/ 10^6시간)

λ_b : 부품의 운용환경이나 전기적 영향에 따른 기본 고장률

π_T : 부품의 온도 factor

π_A : 부품의 application factor

π_R : 부품의 power rating factor

π_S : 부품의 voltage stress factor

π_C : 부품의 contact construction factor

π_Q : 부품의 품질 factor

π_E : 부품의 환경 factor

2) Parts Count Analysis

초기 설계단계에서 각 부품에 인가되는 스트레스 수준을 평균값으로 가정하고 운영환경 및 품질등급 등 극히 소수의 펙터로서 시스템의 고장률을 예측하는 방식이다. 특히 이 방식은 부품에 대한 고장률 산출시 이용 가능한 정보가 충분히 없을 경우에 적용하는 방식으로서 일반적으로 많이 사용되고 있다.

$$\lambda_{equip} = \sum_{i=1}^{n} N_i(\lambda_g \cdot \pi_Q) \tag{7.2}$$

여기서,

λ_{equip} : 장비 전체 고장률 (고장수/10^6시간)

n : 장비 하위 품목 수량

N_i : i 번째 부품의 수량

λ_g : i 번째 부품의 고장률 (고장수/10^6 간)

π_Q : i 번째 부품의 품질 factor

MIL-HDBK-217 모델은 앞에서 언급한 바와 같이 군수 및 민수분야에서 가장 널리 사용되고 있지만, 시스템 고장률 계산을 단순히 개별 부품 고장률의 합으로 나타냄으로써 시스템 차원에서 고려되어야 할 많은 요소들을 간과하였다. 또한 제품의 수명주기 기간 중 안정상태(Steady-states)만을 고려하여 분석한 점과 최근에 새로 개발된 부품에 대한 고장률을 정확히 예측하지 못하는 점 등을 단점으로 지적할 수 있을 것이다.

7.2.2.2 Bellcore(현재 Telcordia)

Bellcore는 Bell Communications Research의 약어로 1984년 AT&T가 분리되면서 Ameritech, Bell Atlantic, Nynex, Pacific Telesia, SBC Communication 등 7개의 지역 Bell사가 통신 네트워크 장비 및 R&D를 공동으로 추진하기 위해 설립된 연구 컨소시엄이다. 1997년 방위산업제품 공급업체인 SAIC(Science Applications International Corp.)가 Bellcore를 인수하여 Telcordia로 명칭이 변경되었다. Telcordia는 신뢰도 관련 분야 뿐 아니라 통신장비 전반에 걸쳐 규격, 기준, 권고안들을 발행해 왔으며, 전자부품의 신뢰도 예측규격인 SR-332(Special Report 332, Reliability Prediction Procedure for Electronic Equipment) Issue 1은 2001년도에, Issue 2는 2004년도에 발행하였다. MIL-HDBK-217에서 규정하는 14개의 군수 시스템 운용환경을 대폭 축소하여 5개의 운용환경으로 구분하고 있으며 MIL-HDBK-217과 마찬가지로 고장 확률밀도함수를 지수분포로 가정하고 계산된다. 특히 Bellcore는 고장률 단위를 10^{-9}으로 표현하지만 MIL-HDBK-217 에서 제공하는 Part Stress와 Part Count 분석방식과 유사하게 Methods Ⅰ, Methods Ⅱ 및 Methods Ⅲ로 구분되어 있으며 이에 대한 설명은 다음과 같다.

1) Methods Ⅰ : 개별적인 부품이나 유니트에 적용하며 부품 고장률의 합으로서 어셈블리의 고장률을 예측하는 Part Count 방식(case 1, case 2, case 3)
2) Methods Ⅱ : 실험실 data와 method Ⅰ의 조합을 통한 고장률 산출 방식(case L1, case L2, case L3, case L4)

3) Methods Ⅲ : field 고장률을 기초로 한 신뢰도의 통계적 예측 방식
[methods Ⅲ(a), methods Ⅲ(b), methods Ⅲ(c)]

7.2.2.3 기타 규격

1) NPRD-95

NPRD-95 데이터 베이스는 25,000개 이상의 기계 및 전자기계 부품과 어셈블리를 포함하는 다양한 항목의 고장률을 제공한다. NPRD-95는 MIL-HDBK-217에서 규정하는 운용환경 펙터(Π_E)를 동일하게 적용하고 있으며 비록 NPRD-95 데이터 자료에 대한 적용과 접근이 일반적으로 정확한 고장률 자료를 산출하기 위한 근거로서 약간의 부족한 점이 있다 하더라도 신규 무기체계 개발시 또는 고장률 산출을 위한 가용한 자료가 부족할 때 유사 품목에 대한 초기 고장률을 예측하는 방법으로 가장 경제적이며 일반적으로 많이 활용되고 있다.

2) RDF 2000

RDF 2000 규격은 MIL-HDBK-217에서 지원하는 대부분의 부품 종류를 지원하고 있고 전원의 on/off 사이클, 온도사이클 및 매우 복잡한 정보를 요구하는 집적회로 등에 매우 우수한 예측기술을 제공하고 있으며 열분석과 잠재적 시스템 모델링 분석이 가능하다.

3) NSWC-98

전자 부품의 고장률을 예측하기 위한 수학적 모델들은 많이 존재하지만 기계부품의 고장률을 예측하기 위한 수학적 모델은 미국 NSWC(Naval Surface Warfare Center)에서 발간한 NSWC-98 (The Handbook of Reliability Prediction Procedures for Mechanical Equipment)이 유일하다. 이는 기계부품의 고장률에 영향을 주는 요소들이 전자 부품의 그것 보다 훨씬 다양하고 복잡하기 때문이다. NSWC 모델을 적용하여 고장률을 계산하는 것은 결코 쉬운 일이 아니며, 설사 적용한다 하더라도 모델이 요구하는 정확한 파라메터들을 입력하지 않는 한 정확한 예측은 불가하다.

4) PRISM

PRISM은 미국 신뢰성 분석 센터(RAC, Reliability Analysis Center)에서 MIL-HDBK-217 모델의 단점을 극복하기 위해 개발되어 기존에 RAC에서 개발한

다양한 고장 데이터 베이스인 NPRD-95, EPRD 등과 같은 자료와 호환성이 있으며, 특히 시스템 개발 공정에 대한 등급을 설정하기 위한 정교한 예측방식을 제공한다. 또한 PRISM은 소프트웨어 신뢰도 분석도 포함하나 온도, 습도 및 진동 등과 같은 요소가 있어야 한다. 또한 MIL-HDBK-217 모델이 개별부품 단위로 고장률을 계산하고, 시스템의 고장률을 개별부품의 단순 합(Summation)으로 도출하는 반면, PRISM은 다양한 기법을 도입하여 개별부품 차원이 아닌 시스템 차원에서 고장률을 예측하는 모델을 제공한다. PRISM은 제품의 안정상태(Steady-states) 뿐 아니라 초기고장(Infant Mortality) 및 마모기간(Wear Out)을 포함한 제품읜 전 수명주기에 대한 고장률 예측모델을 제시한다.

5) 217 PLUS

217 Plus는 1999년 RAC(2005년 이후에는 RIAC으로 변경)에서 발표한 PRISM의 다음 세대 모델로, 근본적으로 PRISM의 방법론을 공유하면서 PRISM이 갖고 있던 내재적 한계를 보완하여 2006년 RIAC에 의해 발표되었다. 이는 PRISM과 마찬가지로 과거 MIL-HDBK-217모델이 갖고 있는 개별부품 중심의 분석모델의 한계를 극복하기 위한 시스템 차원에서의 여러 가지 분석 기법들을 채택하고 있고, 또한 개별부품 차원에서는 90년대 중반(MIL-HDBK-217F/N2의 최신화 작업이 중단 된 시점)부터 최근까지 빠른 속도로 발전하고 있는 전자 소자들의 Reliability Growth Factor를 반영하여 고장률 계산식에 적용하고 있는 실정이다.

7.3 고장률 분석

본 절에서는 MIL-HDBK-217에 의한 고장률 분석에 기초한다.

7.3.1 환경요소

부품 온도 다음으로 고장률에 영향을 많이 미치는 환경 요소는 부품 제조자가 아닌 주로 시스템(완제품 또는 어셈블리)을 생산하는 부서에서 고려해야 한다. 또한 양산된 제품의 동작 환경이 항상 동일한 조건이면 위의 언급된 내용에 문제가 없겠지만 제품 구매자에 따라 가변적이라면 그에 맞는 조건을 부여하여야 한다. 물론 동일한 제품일지라도 용도에 따라 다양한 모델이 제조되는 추세이므로 각 모델 마다 상이한 조건을 적용하여 고장률을 계산하여야 한다. 예를 들어 동일한 전자 교환기라도 일반 사무실에 고정하여 사용하는 사용 제품이 있고 야전에서 차량에 탑재와 지상 고정을 반복하는 군수용 제품은 모두 상이한 환경 조건이 적용되어야 한다는 것이다.

위의 예에서 군수용 전자 교환기가 훈련이나 이동을 위해 주기적으로 차량 탑재, 사무실 고정을 반복해야 하는 경우라면 일정 시간 동안의 환경이 적용되는 비율을 산정하여 가변 환경 조건을 적용하여야 할 것이다.

MIL-HDBK-217F에서 구분하는 환경 조건은 총 14가지이며, 크게 지상, 해상 및 항공 등으로 분류하며 이 세 가지는 다시 세부적인 조건들로 나누어진다. Telcordia에서는 총 5가지의 환경 조건으로 분류하고, 이중 지상 조건만 세부적으로 재분류가 되고 항공 및 우주는 단일 조건이며 해상은 포함하지 않고 있다.

MIL-HDBK-217F의 환경 조건의 팩터값(π_E)은 각 부품마다 모두 상이한 반면 Telcordia의 팩터값은 부품에 관계없이 항상 동일하다. 또한 Telcordia의 환경 조건은 상용 목적 제품에 맞추어져 있어 MIL-HDBK -217F에 비해 환경 조건의 수준이 떨어짐을 알 수 있다. 규격별 환경 조건에 대한 설명은 다음 〈표 7.1〉과 같다.

〈표 7.1〉 규격별 환경 조건

환경조건(π_E)	MIL-HDBK-217F	Telcordia(SR-332)
Ground, Benign (Fixed, Controlled) G_B	이동성이 한정되어 있으며 온도 및 습도가 항상 가변적인 환경 조건 유지보수를 하기가 비교적 용이한 환경조건 예) 시험실 장비, 테스트 기기, 사무용 컴퓨터, 지하 격납 설비에 포함되는 장치들	최적의 공학적 동작과 관리 레벨을 지니고 있으며 스트레스가 거의 제로로 간주된다. 전형적인 예로는 중요 사무실, 환경적인 통제가 가능한 보관실, 원거리 보호시설 등이 있다.
Ground, Benign(Fixed, Uncontrolled) G_F	반영구적으로 고정되어 있으며 냉각기를 기본 장착하고 있거나 외부적인 열 인자가 많이 발생하지 않는 건물에 설치된 환경 조건 예) 항공 교통관제 레이더 및 통신 설비	제한된 관리를 적용하는 환경적인 스트레스, 전형적인 예로는 맨홀, 극지방, 원거리 터미널, 진동 또는 온도, 대기 변화에 노출된 복리시설
Ground, Mobile G_M	차륜 및 궤도 차량에 설치된 기기 예) 전술용 미사일 지상 이동	충격과 진동에서 G_F보다 심한 조건, 더욱 제한된 관리와 사용자

	장치 및 이동 통신 장치	가 소홀하기 쉬운 조건임. 전형적인 예로서 휴대 전화, 휴대 작동 장치 및 테스트 장치
Naval, Sheltered N_S	보호장치나 갑판이 있는 선박 및 잠수함에 장착된 장치	
Naval, Unsheltered N_U	기후조건에 노출된 비방호 선박의 장치 및 해수 내에서 작동하는 장치 예) Sonar 시스템과 수중익 선박에 장착된 장치	
Airborne, Inhabited, Fighter A_{IF}	A_{IC}와 동일하나 전투기 및 요격기처럼 대규모 임무 수행 항공기에 장착되는 조건 예) F15, F16, F111, F/A 18, A10 항공기	
Airborne, Inhabited, Cargo A_{IC}	승무원이 통제할 수 있는 적재함에 장착되어 있거나 극심한 압력, 온도, 충격 및 진동이 미약한 조건 예) C130, C5, B52, C141등과 같은 장시간 임무 수행 항공기, T38과 같이 소형, 소규모 임무 수행 항공기에 있는 탑승 부분	압력, 온도, 충격 및 진동에서 G_F보다 심한 조건 예) 민간 항공기의 승객 격실
Airborne, Uninhabited, Cargo A_{UC}	비행 중 승무원의 통제가 불가능한 위치에 탑재되는 조건. 외부적압력, 온도 및 충격이 심한 경우 예) 장시간 임무 수행용 C130, C5, B52, C141 항공기에서 승무원이 탑승하지 않은 부분. 소형, 소규모 임무 수행용. T38에서 승무원이 탑승하지 않은 부분	
Airborne, Uninhabited, Flight A_{UF}	A_{UC}와 동일하나 전투기나 요격기 같이 대규모 임무수행 항공기에 장착되는 조건	
Airborne, Rotary, Winged A_{RW}	헬기에 장착되는 조건이며 레이져 거리측정기, 화재 통제 시스템 및 통신 시스템 등과 같이 헬기 내부에 장착된 장치들	
Space, Flight S_F	지구 궤도에서 동작하는 위성. 무동력, 대기권 진입을 하지 않는 기체들 예) 위성 및 우주왕복선	저궤도 조건. A_G 조건과 유사하지만 관리가 전혀되지 않음. 예로서는 상용 통신 위성
Missile, Flight M_F	공기 유입식(Air Breathing), 순항(Cruise) 미사일 또는 무동력 미사일과 관련된 조건	

Missile, Launch M_L	궤도 추진 장치, 낙하산 이용 착륙 및 궤도 재진입, 미사일 발사 장치와 관련된 조건. 고체 추진체 로켓 모터가 장착된 기체, 잠수함의 어뢰 및 미사일 발사 장치 등도 포함
Cannon, Launch C_L	5인치 유도 발사체, 155mm포의 발사 장치에 관련된 극심한 조건. 발사체로부터 표적 타격을 하는 모든 발사체

7.3.2 품질요소

품질 요소는 부품 제조에서 어떠한 방식을 이용하고 얼마나 엄격한 기준으로 양산을 했느냐에 따라 고장률에 영향을 주는 정도가 달라지나 특히 신뢰도가 더욱 강조되는 군수 제품이라면 관련 Spec에 따라 구분하는 부품의 품질 등급으로 특정 군수 분야에서 요구되는 수준을 달성하느냐를 가늠할 수 있게 된다.

다음 표에 있는 전기전자 부품들은 각각의 등급을 지니고 있으며 Application Spec에 지정되어 있으므로 그 값을 참조하면 된다. 이와 달리 집적회로(Microcircuit)는 스크리닝의 정도에 따라 품질 요소가 분류된다(MIL-STD-883을 참고하기 바란다).

〈표 7.2〉 부품별 품질 등급

부품 종류	품질 등급
Microcircuits	S, B, B-1, Others : 스크리닝에 따라 판단
Discrete Semiconductors	JANTXV, JANTX, JAN
Capacitors, Established Reliability(ER)	D, C, S, R, B, P, M, L
Resistor, Established Reliability(ER)	S, R, P, M
Coils, Molded, R.F., Reliability(ER)	S, R, P, M
Relays, Established Reliability(ER)	R, P, M, L

해외 부품 업체들은 특히 군수 제품용인 경우는 명확히 등급을 구분한 경우가 많지만 국내에서 생산하는 대부분의 부품들은 위의 품질 등급을 명확히 구분하지 않는 경우가 많아서 MIL-HDBK-217F에 품질 팩터를 적용하자면 불편한 점이 많다. 이렇듯 부품에 대한 품질 등급이 미리 지정되지 않는 경우라면 반드시 관련 Spec자료를 참조하여 적용해야 한다.

부품 제조에서 MIL 규격이 정의하고 있지 않는 과거 Spec을 이용하였다면 MIL-HDBK-217F에서 정의한 품질 등급에 적용할 수 없는 경우가 있을 수 있다. 예를 들면 Fixed Composition 저항이라면 원래 Spec은 MIL-R-39008을 따라서 제조를 해야 하나, 이전 규격을 사용하는 경우에는 MIL-HDBK-217F에서는 Nonestablished Reliability라 분류하고 과거 Spec에 정확히 만족한 경우라면 품질 등급에 "MIL-SPEC"을 적용하고 과거도 현재 Spec에 적용되지 않은 부품이라면 "Lower"를 적용하여야 한다.

이러한 품질 등급을 명확하게 판단 할 수 없거나 주로 민수용으로 활용되는 부품 또는 시스템(완제품)인 경우는 대부분 Commercial(민수제품 등급 기준)을 적용하여 활용하는 것이 편리하다. 하지만 각 부품별로 지정된 품질 팩터를 살펴보면 품질 수준이 가장 저등급인 것을 가정한 것이 된다.

7.3.3 부품별 활용방법

MIL-HDBK-217F 및 Tecordia의 활용은 어느 정도 전자 부품의 메커니즘과 전자 부품 종류에 대한 기본 이해를 필요로 한다. 각 소자에 대한 규격별 계산 방법 및 활용을 알아보기 이전에 전자부품에 대한 기본 설명을 하여 MIL-HDBK-217F 및 Telcordia 규격에 사용되는 팩터에 대한 이해를 돕고자 한다. 또한 자세한 특징과 설명이 필요한 부품은 담당자가 직접 찾아서 습득하는 것이 필요하다. 본 절에서의 활용방법으로는 저항기의 예를 살펴본다.

MIL-HDBK-217F에서 저항기는 크게 고정형(Fixed)과 가변형(Variable)으로 분류하고 아래의 기본 고장률 표와 같이 분류하며 각각의 형태에 대한 기본 고장률(λ_b) 및 저항팩터(π_R), 품질 팩터(π_Q), 환경 팩터(π_E)등이 정의되어 있다.

또한 저항기의 경우는 신뢰도 예측에 있어서 전력 스트레스 비율(Electrical Power Stress Ratio)의 계산이 중요하므로 충분히 이해할 필요가 있다. 스트레스의 계산은 다음 식을 사용한다.

$$\text{스트레스(Stress)} = \frac{\text{실제동작전력(Operating Power)}}{\text{정격전력(Rated Power)}} \quad (7.3)$$

다음 〈그림 7.1〉은 MIL-R-39008 저항기(Composition Fixed Resistors)의 디레이팅 커브(Derating Curve)를 보여주고 있다.

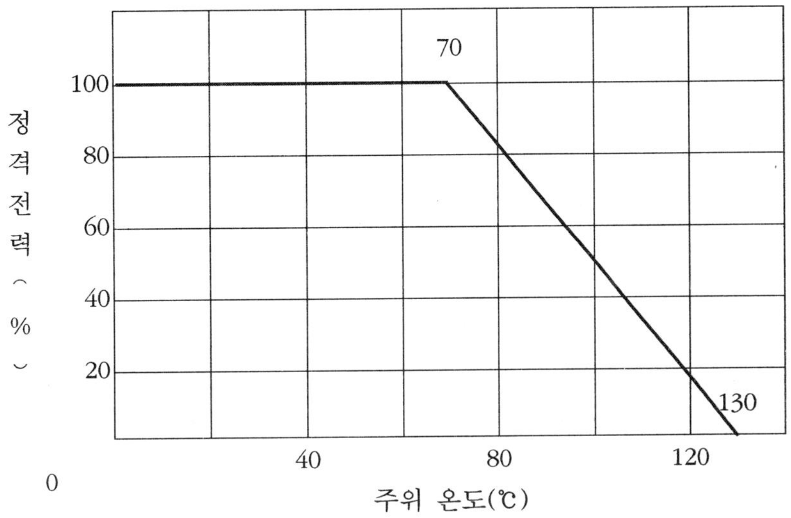

〈그림 7.1〉 MIL-R-39008 저항기의 Derating Curve

이 그림의 의미는 저항기의 정격 전력치가 1W라면 주위 온도가 70℃ 이하에서는 1W로 사용할 수 있지만, 이를 초과해서 만일 100℃에서 사용한다면 1W의 45%인 0.45W까지 밖에 사용할 수 없다는 것이다. 이를 초과해서 작동시킬 경우는 소손되는 등의 문제가 발생한다. 즉 커브의 아래 부분에서 회로를 작동시키는 것이 원칙이며 실제로 50% 범위 내에서 사용하는 것이 일반적으로 디레이팅 값(Derating Factor) 50%를 부여한 것이다. 디레이팅 커브의 아래 부분을 안전 동작 영역(SOA, Safety Operating Area)이라고 한다.

고정 저항기 경우의 고장률 계산식은 다음과 같다.

$$\lambda_p = \lambda_b \ \pi_E \ \pi_Q \ \pi_E [\text{고장횟수}/10^6\text{시간}] \tag{7.4}$$

여기서,

π_E : 기본 고장률(Base Failure Rate)

π_R : 저항 팩터(Resistance Factor)

π_Q : 품질 팩터(Quality Factor)

π_E : 환경 팩터(Environment Factor)

기본 고장률(Base Failure Rate : λ_b)은 다음 표와 같다.

〈표 7.3〉 기본 고장률

Style	Spec MIL-R-	Description	λ_b	관련 KS기호	관련 KSC
RCR	39008	Fixed, Composition(Insulated), Established Reliability	0.0017		
RC	11	Fixed, Composition(Insulated)	0.0017	RC	5116
RLR	39017	Fixed, Film, Insulated Established Reliability	0.0037		
RL	22684	Fixed, Film, Insulated	0.0037	RD,RS,RK	6057
RNR	55182	Fixed, Film, Established Reliability	0.0037		
RN	10509	Fixed, Film, High Stability	0.0037	RN,RS,RK	6057
RM	55342	Fixed, Film, Chip Established Reliability	0.0037		
RD	11804	Fixed, Film, Power Type	0.037	RN,RS,RK	6057
RZ	83401	Resistor Networks, Fixed, Film	0.0019		
RBR	39005	Fixed, Wirewound, Accurate, Established Reliability	0.0024		6057
RB	93	Fixed, Wirewound, Accurate	0.0024	RB	
RWR	39007	Fixed, Wirewound, Power Type Established Reliability	0.0024		
RW	26	Fixed, Wirewound, Power Type	0.0024	RW	6419
RER	39009	Fixed, Wirewound, Power Type Chassis Mounted, Established Reliability	0.0024		
RE	18546	Fixed, Wirewound, Power Type Chassis Mounted	0.0024		
RTH	23648	Thermally Sensitive Resistor, Insulated, Bead, Disk and Rod Type	0.0019		
RTR	39015	Variable, Wirewound, Lead Screw Activated, Established Reliability	0.0024		
RT	27208	Variable, Wirewound, Lead Screw Activated,	0.0024		
RR	12934	Variable, Wirewound, Precision	0.0024	RR	
RA	19	Variable, Wirewound Seni Precision (Low Operating Temperature)	0.0024	RA	
RK	39002	Variable, Wirewound Seni Precision	0.0024	RA	
RP	22	Variable, Wirewound Power Type	0.0037	RG	

RJ	22097	Variable, Nonwirewound (Adjustment Type)	0.0037		
RJR	39035	Variable, Nonwirewound(Adjustment Type) Established Reliability	0.0037		
RV	94	Variable, Nonwirewound Low Precision	0.037	RM	6409
RQ	39023	Variable, Nonwirewound Film, Precision	0.0037		
RVC	23285	Variable, Composition, Film	0.0037	RM	

※ 출처 : MIL-HDBK-217F2 "Reliability Prediction of Electronic Equipment"

위의 표는 Resistor의 종류별 기본 고장률과 Military Spec을 설명하고 있다. 저항 팩터(Resistance Factor : π_R)는 다음 표와 같다.

〈표 7.4〉 저항 팩터

저항치 범위(Ohm)	π_R
〈 .1M	1.0
〉.1M ~ 1M	1.1
〉1.0M ~ 10M	1.6
〉10M	2.5

상기 데이터는 RCR과 RC의 경우이고 저항기의 종류에 따라서 차이가 있다. 품질 팩터(Quality Factor : π_Q)는 다음 표와 같다.

〈표 7.5〉 품질 팩터

품질등급		π_Q
Established Reliability Styles	S	0.03
	R	0.1
	P	0.3
	M	1.0
Non-Established Reliability Style (대부분 2문자로 씌여진 타입)	Mil-Spec	3.0
	Commercial	10

Established Reliability 스타일인 경우 수명 테스트에 따라서 S, R, P, M등 총 4가지 등급으로 분류되며, 이 ER 스타일은 저항 종류 중 R을 포함한 3문자 형태들만 적용된다.(RCR, RWR, RER 등)

상기 데이터는 RCR과 RC의 경우이고 저항기의 종류에 따라서 차이가 있다. 환경 팩터(Environment Factor : π_E)는 다음 표와 같다.

〈표 7.6〉 환경 팩터

환경조건	π_E
G_B	1.0
G_F	3.0
G_M	8.0
N_S	5.0
N_U	13
A_{IC}	4.0
A_{IF}	5.0
A_{UC}	7.0
A_{UF}	11
A_{RW}	19
S_F	0.50
M_F	11
M_L	27
C_L	490

상기 데이터는 RCR과 RC의 경우이고 저항기의 종류에 따라서 차이가 있다. 이러한 환경 팩터는 사용하는 환경조건에 의하여 지정된다.

부록

<부록 1> 카이제곱 분포 표

<부록 2> F 분포 표

<부록 3> Cold Standby 서브시스템 신뢰도

<부록 4> 중복전략 임계 부품수($n_{iz_i}^c$)의 상한

<부록 1> 카이제곱 분포 표

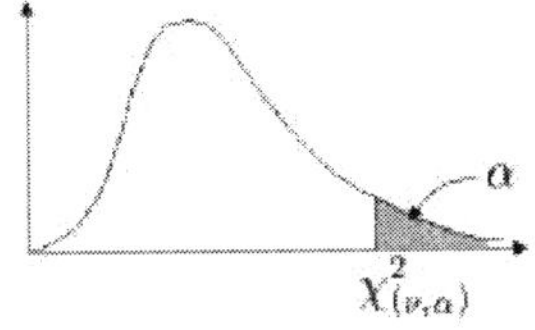

ν \ α	0.995	0.99	0.975	0.95	0.9	0.5	0.1	0.05	0.025	0.00	0.005
1	.00+	.00+	.00+	.00+	.02	.45	2.71	3.84	5.02	6.63	7.88
2	.01	.02	.05	.10	.21	1.39	6.61	5.99	7.38	9.21	10.60
3	.07	.11	.22	.35	.58	2.37	6.25	7.81	9.35	11.34	12.84
4	.21	.30	.48	.71	1.06	3.36	7.78	9.49	11.14	13.28	14.86
5	.41	.55	.83	1.15	1.61	4.35	9.24	11.07	12.82	15.09	16.75
6	.68	.87	1.24	1.64	2.20	5.35	10.65	12.59	14.45	16.81	18.55
7	.99	1.24	1.69	2.17	2.83	6.35	12.02	14.07	16.01	18.48	20.28
8	1.34	1.65	2.18	2.73	3.49	7.34	13.36	15.51	17.53	20.09	21.96
9	1.73	2.09	2.70	3.33	4.17	8.34	14.68	16.92	19.02	21.67	23.59
10	2.16	2.56	3.25	3.94	4.87	9.34	15.99	18.31	20.48	23.21	25.19
11	2.60	3.05	3.82	4.57	5.58	10.34	17.28	19.68	21.92	24.72	26.76
12	3.07	3.57	4.40	5.23	6.30	11.34	18.55	21.03	23.34	26.22	28.30
13	3.57	4.11	5.01	5.89	7.04	12.34	19.81	22.36	24.74	27.69	29.82
14	4.07	4.66	5.63	6.57	7.79	13.34	21.06	23.68	26.12	29.14	31.32
15	4.60	5.23	6.27	7.26	8.55	14.34	22.31	25.00	27.49	30.58	32.80
16	5.14	5.81	6.91	7.96	9.31	15.34	23.54	26.30	28.85	32.00	34.27
17	5.70	6.41	7.56	8.67	10.09	16.34	24.77	27.59	30.19	33.41	35.72
18	6.26	7.01	8.23	9.39	10.87	17.34	25.99	28.87	31.53	34.81	37.16
19	6.84	7.63	8.91	10.12	11.65	18.34	27.20	30.14	32.85	36.19	38.58
20	7.43	8.26	9.59	10.85	12.44	19.34	28.41	31.41	34.18	37.57	40.00
21	8.03	8.90	10.28	11.59	13.24	20.34	29.62	32.67	35.48	38.93	41.40
22	8.64	9.54	10.98	12.34	14.04	21.34	30.81	33.92	36.78	40.29	42.80
23	9.26	10.20	11.69	13.09	14.85	22.34	32.01	35.17	38.08	41.64	44.18
24	9.89	10.86	12.40	13.85	15.66	23.34	33.20	36.42	39.36	42.98	45.56
25	10.52	11.52	13.12	14.61	16.47	24.34	34.28	37.65	40.65	44.31	46.93
26	11.16	12.20	13.84	15.38	17.29	25.34	35.56	38.89	41.92	45.64	48.29
27	411.81	12.88	14.57	16.15	18.11	26.34	36.74	40.11	43.19	46.96	49.65
28	12.46	13.57	15.31	16.93	18.94	27.34	37.92	41.34	44.46	48.28	50.99
29	13.12	14.26	16.05	17.71	19.77	28.34	39.09	42.56	45.72	49.59	52.34
30	13.79	14.95	16.79	18.49	20.60	29.34	40.26	43.77	46.98	50.89	53.67
40	20.71	22.16	24.43	26.51	29.05	39.34	51.81	55.76	59.34	63.69	66.77
50	27.99	29.71	32.36	34.76	37.69	49.33	63.17	67.50	71.42	76.15	79.49
60	35.53	37.48	40.48	43.19	46.46	59.33	74.40	79.08	83.30	88.38	91.95
70	43.28	54.44	48.76	51.74	55.33	69.33	85.53	90.53	95.02	100.42	104.22
80	51.17	53.54	57.15	60.39	64.28	79.33	96.58	101.88	106.63	112.33	116.32
90	59.20	61.75	65.65	69.13	73.29	89.33	107.57	113.14	118.14	124.12	128.30
100	67.33	70.06	74.22	77.93	82.36	99.33	118.50	124.34	129.56	135.81	140.17

<부록 2> F 분포 표

F Values for $\alpha = 0.10$

d_2 \ d_1	1	2	3	4	5	6	7	8	9
1	39.86	49.5	53.59	55.83	57.24	58.2	58.91	59.44	59.86
2	8.53	9.00	9.16	9.24	9.29	9.33	9.35	9.37	9.38
3	5.54	5.46	5.39	5.34	5.31	5.28	5.27	5.25	5.24
4	4.54	4.32	4.19	4.11	4.05	4.01	3.98	3.95	3.94
5	4.06	3.78	3.62	3.52	3.45	3.40	3.37	3.34	3.32
6	3.78	3.46	3.29	3.18	3.11	3.05	3.01	2.98	2.96
7	3.59	3.26	3.07	2.96	2.88	2.83	2.78	2.75	2.72
8	3.46	3.11	2.92	2.81	2.73	2.67	2.62	2.59	2.56
9	3.36	3.01	2.81	2.69	2.61	2.55	2.51	2.47	2.44
10	3.29	2.92	2.73	2.61	2.52	2.46	2.41	2.38	2.35
11	3.23	2.86	2.66	2.54	2.45	2.39	2.34	2.3	2.27
12	3.18	2.81	2.61	2.48	2.39	2.33	2.28	2.24	2.21
13	3.14	2.76	2.56	2.43	2.35	2.28	2.23	2.20	2.16
14	3.10	2.73	2.52	2.39	2.31	2.24	2.19	2.15	2.12
15	3.07	2.70	2.49	2.36	2.27	2.21	2.16	2.12	2.09
16	3.05	2.67	2.46	2.33	2.24	2.18	2.13	2.09	2.06
17	3.03	2.64	2.44	2.31	2.22	2.15	2.10	2.06	2.03
18	3.01	2.62	2.42	2.29	2.20	2.13	2.08	2.04	2.00
19	2.99	2.61	2.40	2.27	2.18	2.11	2.06	2.02	1.98
20	2.97	2.59	2.38	2.25	2.16	2.09	2.04	2.00	1.96
21	2.96	2.57	2.36	2.23	2.14	2.08	2.02	1.98	1.95
22	2.95	2.56	2.35	2.22	2.13	2.06	2.01	1.97	1.93
23	2.94	2.55	2.34	2.21	2.11	2.05	1.99	1.95	1.92
24	2.93	2.54	2.33	2.19	2.10	2.04	1.98	1.94	1.91
25	2.92	2.53	2.32	2.18	2.09	2.02	1.97	1.93	1.89
26	2.91	2.52	2.31	2.17	2.08	2.01	1.96	1.92	1.88
27	2.90	2.51	2.30	2.17	2.07	2.00	1.95	1.91	1.87
28	2.89	2.50	2.29	2.16	2.06	2.00	1.94	1.90	1.87
29	2.89	2.50	2.28	2.15	2.06	1.99	1.93	1.89	1.86
30	2.88	2.49	2.28	2.14	2.05	1.98	1.93	1.88	1.85
40	2.84	2.44	2.23	2.09	2.00	1.93	1.87	1.83	1.79
60	2.79	2.39	2.18	2.04	1.95	1.87	1.82	1.77	1.74
120	2.75	2.35	2.13	1.99	1.90	1.82	1.77	1.72	1.68
inf	2.71	2.30	2.08	1.94	1.85	1.77	1.72	1.67	1.63

F Value for $\alpha = 0.10$

					d_1					
d_2	10	12	15	20	24	30	40	60	120	inf
1	60.19	60.71	61.22	61.74	62	62.26	62.53	62.79	63.06	63.33
2	9.39	9.41	9.42	9.44	9.45	9.46	9.47	9.47	9.48	9.49
3	5.23	5.22	5.20	5.18	5.18	5.17	5.16	5.15	5.14	5.13
4	3.92	3.90	3.87	3.84	3.83	3.82	3.80	3.79	3.78	3.76
5	3.30	3.27	3.24	3.21	3.19	3.17	3.16	3.14	3.12	3.10
6	2.94	2.90	2.87	2.84	2.82	2.80	2.78	2.76	2.74	2.72
7	2.70	2.67	2.63	2.59	2.58	2.56	2.54	2.51	2.49	2.47
8	2.54	2.50	2.46	2.42	2.40	2.38	2.36	2.34	2.32	2.29
9	2.42	2.38	2.34	2.30	2.28	2.25	2.23	2.21	2.18	2.16
10	2.32	2.28	2.24	2.20	2.18	2.16	2.13	2.11	2.08	2.06
11	2.25	2.21	2.17	2.12	2.10	2.08	2.05	2.03	2.00	1.97
12	2.19	2.15	2.10	2.06	2.04	2.01	1.99	1.96	1.93	1.90
13	2.40	2.10	2.05	2.01	1.98	1.96	1.93	1.90	1.88	1.85
14	2.10	2.05	2.01	1.96	1.94	1.91	1.89	1.86	1.83	1.80
15	2.06	2.02	1.97	1.92	1.90	1.87	1.85	1.82	1.79	1.76
16	2.03	1.99	1.94	1.89	1.87	1.84	1.81	1.78	1.75	1.72
17	2.00	1.96	1.91	1.86	1.84	1.81	1.78	1.75	1.72	1.69
18	1.98	1.93	1.89	1.84	1.81	1.78	1.75	1.72	1.69	1.66
19	1.96	1.91	1.86	1.81	1.79	1.76	1.73	1.70	1.67	1.63
20	1.94	1.89	1.84	1.79	1.77	1.74	1.71	1.68	1.64	1.61
21	1.92	1.87	1.83	1.78	1.75	1.72	1.69	1.66	1.62	1.59
22	1.90	1.86	1.81	1.76	1.73	1.70	1.67	1.64	1.60	1.57
23	1.89	1.84	1.80	1.74	1.72	1.69	1.66	1.62	1.59	1.55
24	1.88	1.83	1.78	1.73	1.70	1.67	1.64	1.61	1.57	1.53
25	1.87	1.82	1.77	1.72	1.69	1.66	1.63	1.59	1.56	1.52
26	1.86	1.81	1.76	1.71	1.80	1.65	1.61	1.58	1.54	1.50
27	1.85	1.80	1.75	1.70	1.67	1.64	1.60	1.57	1.53	1.49
28	1.84	1.79	1.74	1.69	1.66	1.63	1.59	1.56	1.52	1.48
29	1.83	1.78	1.73	1.68	1.65	1.62	1.58	1.55	1.51	1.47
30	1.82	1.77	1.72	1.67	1.64	1.61	1.57	1.54	1.50	1.46
40	1.76	1.71	1.66	1.61	1.57	1.54	1.51	1.47	1.42	1.38
60	1.71	1.66	1.60	1.54	1.51	1.48	1.44	1.40	1.35	1.29
120	1.65	1.60	1.55	1.48	1.45	1.41	1.37	1.32	1.26	1.19
inf	1.60	1.55	1.49	1.42	1.38	1.34	1.30	1.24	1.17	1.00

F Values for $\alpha = 0.05$

d_2 \ d_1	1	2	3	4	5	6	7	8	9
1	161.4	199.5	215.7	224.6	230.2	234.0	236.8	238.9	240.5
2	18.51	19.00	19.16	19.25	19.3	19.33	19.35	19.37	19.38
3	10.13	9.55	9.28	9.12	9.01	8.94	8.89	8.85	8.81
4	7.71	6.94	6.59	6.39	6.26	6.16	6.09	6.04	6.00
5	6.61	5.79	5.41	5.19	5.05	4.95	4.88	4.82	4.77
6	5.99	5.14	4.76	4.53	4.39	4.28	4.21	4.15	4.10
7	5.59	4.74	4.35	4.12	3.97	3.87	3.79	3.73	3.68
8	5.32	4.46	4.07	3.84	3.69	3.58	3.50	3.44	3.39
9	5.12	4.26	3.86	3.63	3.48	3.37	3.29	3.23	3.18
10	4.96	4.10	3.71	3.48	3.33	3.22	3.14	3.07	3.02
11	4.84	3.98	3.59	3.36	3.20	3.09	3.01	2.95	2.90
12	4.75	3.89	3.49	3.26	3.11	3.00	2.91	2.85	2.80
13	4.67	3.81	3.41	3.18	3.03	2.92	2.83	2.77	2.71
14	4.60	3.74	3.34	3.11	2.96	2.85	2.76	2.70	2.65
15	4.54	3.68	3.29	3.06	2.90	2.79	2.71	2.64	2.59
16	4.49	3.63	3.24	3.01	2.85	2.74	2.66	2.59	2.54
17	4.45	3.59	3.20	2.96	2.81	2.70	2.61	2.55	2.49
18	4.41	3.55	3.16	2.93	2.77	2.66	2.58	2.51	2.46
19	4.38	3.52	3.13	2.90	2.74	2.63	2.54	2.48	2.42
20	4.35	3.49	3.10	2.87	2.71	2.60	2.51	2.45	2.39
21	4.32	3.47	3.07	2.84	2.68	2.57	2.49	2.42	2.37
22	4.30	3.44	3.05	2.82	2.66	2.55	2.46	2.40	2.34
23	4.28	3.42	3.03	2.80	2.64	2.53	2.44	2.37	2.32
24	4.26	3.40	3.01	2.78	2.62	2.51	2.42	2.36	2.30
25	4.24	3.39	2.99	2.76	2.60	2.49	2.40	2.34	2.28
26	4.23	3.37	2.98	2.74	2.59	2.47	2.39	2.32	2.27
27	4.21	3.35	2.96	2.73	2.57	2.46	2.37	2.31	2.25
28	4.20	3.34	2.95	2.71	2.56	2.45	2.36	2.29	2.24
29	4.18	3.33	2.93	2.70	2.55	2.43	2.35	2.28	2.22
30	4.17	3.32	2.92	2.69	2.53	2.42	2.33	2.27	2.21
40	4.08	3.23	2.84	2.61	2.45	2.34	2.25	2.18	2.12
60	4.00	3.15	2.76	2.53	2.37	2.25	2.17	2.10	2.04
120	3.92	3.07	2.68	2.45	2.29	2.17	2.09	2.02	1.96
inf	3.84	3.00	2.60	2.37	2.21	2.10	2.01	1.94	1.88

F Values for $\alpha = 0.05$

d_2 \ d_1	10	12	15	20	24	30	40	60	120	inf
1	241.9	243.9	245.9	248.0	249.1	250.1	251.1	252.2	253.3	254.3
2	19.4	19.41	19.43	19.45	19.45	19.46	19.47	19.48	19.49	19.5
3	8.79	8.74	8.70	8.66	8.64	8.62	8.59	8.57	8.55	8.53
4	5.96	5.91	5.86	5.80	5.77	5.75	5.72	5.69	5.66	5.63
5	4.74	4.68	4.62	4.56	4.53	4.50	4.46	4.43	4.40	4.36
6	4.06	4.00	3.94	3.87	3.84	3.81	3.77	3.74	3.70	3.67
7	3.64	3.57	3.51	3.44	3.41	3.38	3.34	3.30	3.27	3.23
8	3.35	3.28	3.22	3.15	3.12	3.08	3.04	3.01	2.97	2.93
9	3.14	3.07	3.01	2.94	2.90	2.86	2.83	2.79	2.75	2.71
10	2.98	2.91	2.85	2.77	2.74	2.70	2.66	2.62	2.58	2.54
11	2.85	2.79	2.72	2.65	2.61	2.57	2.53	2.49	2.45	2.40
12	2.75	2.69	2.62	2.54	2.51	2.47	2.43	2.38	2.34	2.30
13	2.67	2.60	2.53	2.46	2.42	2.38	2.34	2.30	2.25	2.21
14	2.60	2.53	2.46	2.39	2.35	2.31	2.27	2.22	2.18	2.13
15	2.54	2.48	2.40	2.33	2.29	2.25	2.20	2.16	2.11	2.07
16	2.49	2.42	2.35	2.28	2.24	2.19	2.15	2.11	2.06	2.01
17	2.45	2.38	2.31	2.23	2.19	2.15	2.10	2.06	2.01	1.96
18	2.41	2.34	2.27	2.19	2.15	2.11	2.06	2.02	1.97	1.92
19	2.38	2.31	2.23	2.16	2.11	2.07	2.03	1.98	1.93	1.88
20	2.35	2.28	2.20	2.12	2.08	2.04	1.99	1.95	1.90	1.84
21	2.32	2.25	2.18	2.10	2.05	2.01	1.96	1.92	1.87	1.81
22	2.30	2.23	2.15	2.07	2.03	1.98	1.94	1.89	1.84	1.78
23	2.27	2.20	2.13	2.05	2.01	1.96	1.91	1.86	1.81	1.76
24	2.25	2.18	2.11	2.03	1.98	1.94	1.89	1.84	1.79	1.73
25	2.24	2.16	2.09	2.01	1.96	1.92	1.87	1.82	1.77	1.71
26	2.22	2.15	2.07	1.99	1.95	1.90	1.85	1.80	1.75	1.69
27	2.20	2.13	2.06	1.97	1.93	1.88	1.84	1.79	1.73	1.67
28	2.19	2.12	2.04	1.96	1.91	1.87	1.82	1.77	1.71	1.65
29	2.18	2.10	2.03	1.94	1.90	1.85	1.81	1.75	1.70	1.64
30	2.16	2.09	2.01	1.93	1.89	1.84	1.79	1.74	1.68	1.62
40	2.08	2.00	1.92	1.84	1.79	1.74	1.69	1.64	1.58	1.51
60	1.99	1.92	1.84	1.75	1.70	1.65	1.59	1.53	1.47	1.39
120	1.91	1.83	1.75	1.66	1.10	1.55	1.50	1.43	1.35	1.25
inf	1.83	1.75	1.67	1.57	1.52	1.46	1.39	1.32	1.22	1.00

F Values for $\alpha = 0.01$

d_2 \ d_1	1	2	3	4	5	6	7	8	9
1	4052	4999.5	5403	5625	5764	5859	5928	5982	6022
2	98.50	99.00	99.17	99.25	99.30	99.33	99.36	99.37	99.39
3	34.12	30.82	29.46	28.71	28.24	27.91	27.67	27.49	27.35
4	21.20	18.00	16.69	15.98	15.52	15.21	14.98	14.80	14.66
5	16.26	13.27	12.06	11.39	10.97	10.67	10.46	10.29	10.16
6	13.75	10.92	9.78	9.15	8.75	8.47	8.26	8.10	7.98
7	12.25	9.55	8.45	7.85	7.46	7.19	6.99	6.84	6.72
8	11.26	8.65	7.59	7.01	6.63	6.37	6.18	6.03	5.91
9	10.56	8.02	6.99	6.42	6.06	5.80	5.61	5.47	5.35
10	10.04	7.56	6.55	5.99	5.64	5.39	5.2	5.06	4.94
11	9.65	7.21	6.22	5.67	5.32	5.07	4.89	4.74	4.63
12	9.33	6.93	5.95	5.41	5.06	4.82	4.64	4.50	4.39
13	9.07	6.70	5.74	5.21	4.86	4.62	4.44	4.30	4.14
14	8.86	6.51	5.56	5.04	4.69	4.46	4.28	4.14	4.03
15	8.68	6.36	5.42	4.89	4.56	4.32	4.14	4.00	3.89
16	8.53	6.23	5.29	4.77	4.44	4.20	4.03	3.89	3.78
17	8.40	6.11	5.18	4.67	4.34	4.10	3.93	3.79	3.68
18	8.29	6.01	5.09	4.58	4.25	4.01	3.84	3.71	3.60
19	8.18	5.93	5.01	4.50	4.17	3.94	3.77	3.63	3.52
20	8.10	5.85	4.94	4.43	4.10	3.87	3.70	3.56	3.46
21	8.02	5.78	4.87	4.37	4.04	3.81	3.64	3.51	3.40
22	7.95	5.72	4.82	4.31	3.99	3.76	3.59	3.45	3.35
23	7.88	5.66	4.76	4.26	3.94	3.71	3.54	3.41	3.30
24	7.82	5.61	4.72	4.22	3.90	3.67	3.50	3.36	3.26
25	7.77	5.57	4.68	4.18	3.85	3.63	3.46	3.32	3.22
26	7.72	5.53	4.64	4.14	3.82	3.59	3.42	3.29	3.18
27	7.68	5.49	4.60	4.11	3.78	3.56	3.39	3.26	3.15
28	7.64	5.45	4.57	4.07	3.75	3.53	3.36	3.23	3.12
29	7.60	5.42	4.54	4.04	3.73	3.50	3.33	3.20	3.09
30	7.56	5.39	4.51	4.02	3.70	3.47	3.30	3.17	3.07
40	7.31	5.18	4.31	3.83	3.51	3.29	3.12	2.99	2.89
60	7.08	4.98	4.13	3.65	3.34	3.12	2.95	2.82	2.72
120	6.85	4.79	3.95	3.48	3.17	2.96	2.79	2.66	2.56
inf	6.63	4.61	3.78	3.32	3.02	2.80	2.64	2.51	2.41

F Values for $\alpha = 0.01$

d_2 \ d_1	10	12	15	20	24	30	40	60	120	inf
1	6056	6106	6157	6209	6235	6261	6287	6313	6339	6366
2	99.40	99.42	99.43	99.45	99.46	99.47	99.47	99.48	99.49	99.50
3	27.23	27.05	26.87	26.69	26.60	26.50	26.41	26.32	26.22	26.13
4	14.55	14.37	14.20	14.02	13.93	13.84	13.75	13.65	13.56	13.46
5	10.05	9.89	9.72	9.55	9.47	9.38	9.29	9.20	9.11	9.02
6	7.87	7.72	7.56	7.40	7.31	7.23	7.14	7.06	6.97	6.88
7	6.62	6.47	6.31	6.16	6.07	5.99	5.91	5.82	5.74	5.65
8	5.81	5.67	5.52	5.36	5.28	5.20	5.12	5.03	4.95	4.86
9	5.26	5.11	4.96	4.81	4.73	4.65	4.57	4.48	4.40	4.31
10	4.85	4.71	4.56	4.41	4.33	4.25	4.17	4.08	4.00	3.91
11	4.54	4.40	4.25	4.10	4.02	3.94	3.86	3.78	3.69	3.60
12	4.30	4.16	4.01	3.86	3.78	3.70	3.62	3.54	3.45	3.36
13	4.10	3.96	3.82	3.66	3.59	3.51	3.43	3.34	3.25	3.17
14	3.94	3.80	3.66	3.51	3.43	3.35	3.27	3.18	3.09	3.00
15	3.80	3.67	3.52	3.37	3.29	3.21	3.13	3.05	2.96	2.87
16	3.69	3.55	3.41	3.26	3.18	3.10	3.02	2.93	2.84	2.75
17	3.59	3.46	3.31	3.16	3.08	3.00	2.92	2.83	2.75	2.65
18	3.51	3.37	3.23	3.08	3.00	2.92	2.84	2.75	2.66	2.57
19	3.43	3.30	3.15	3.00	2.92	2.84	2.76	2.67	2.58	2.49
20	3.37	3.23	3.09	2.94	2.86	2.78	2.69	2.61	2.52	2.42
21	3.31	3.17	3.03	2.88	2.80	2.72	2.64	2.55	2.46	2.36
22	3.26	3.12	2.98	2.83	2.75	2.67	2.58	2.50	2.40	2.31
23	3.21	3.07	2.93	2.78	2.70	2.62	2.54	2.45	2.35	2.26
24	3.17	3.03	2.89	2.74	2.66	2.58	2.49	2.40	2.31	2.21
25	3.13	2.99	2.85	2.70	2.62	2.54	2.45	2.36	2.27	2.17
26	3.09	2.96	2.81	2.66	2.58	2.50	2.42	2.33	2.23	2.13
27	3.06	2.93	2.78	2.63	2.55	2.47	2.38	2.29	2.20	2.10
28	3.03	2.90	2.75	2.60	2.52	2.44	2.35	2.26	2.17	2.06
29	3.00	2.87	2.73	2.57	2.49	2.41	2.33	2.23	2.14	2.03
30	2.98	2.84	2.70	2.55	2.47	2.39	2.30	2.21	2.11	2.01
40	2.80	2.66	2.52	2.37	2.29	2.20	2.11	2.02	1.92	1.80
60	2.63	2.50	2.35	2.20	2.12	2.03	1.94	1.84	1.73	1.60
120	2.47	2.34	2.19	2.03	1.95	1.86	1.76	1.66	1.53	1.38
inf	2.32	2.18	2.04	1.88	1.79	1.70	1.59	1.47	1.32	1.00

<부록 3> Cold Standby 서브시스템 신뢰도

1. 병렬 서브시스템

1.1 Case 1 : Continual monitoring and detection

서브시스템의 신뢰도 $R(t)$는 n번째 고장이 발생하는 시간이 임의의 시점 t 보다 크고, 고장감지기의 고장시간이 $n-1$번째 고장이 발생하는 시간 보다 클 확률이다. 부품과 고장감지기의 고장은 독립이므로 식 (A3.1)과 같이 정의된다.

$$R(t) = P[S_n > t] \cdot P[T_s > S_{n-1}] \qquad \text{(A3.1)}$$

따라서 식 (A3.1)은 임의의 시점 t에서 첫 번째 부품이 정상 작동하고 있을 확률, 첫 번째 고장이 발생하고 두 번째 부품으로 전이가 정상적으로 이루어지고, 두 번째 부품이 정상 작동하고 있을 확률, 이후 동일한 확률과정의 모든 확률들의 합이 $R(t)$가 되며, 식 (A3.2)와 같이 표현된다. 식 (A3.2)에 조건부 확률을 적용하면 다음 식 (A3.3)과 같다.

$$\begin{aligned} R(t) &= P[T_1 > t] + P[(T_1 + T_2 > t) \cap (T_1 < t)]P[T_s > T_1] + \dots \\ &+ P[(T_1 + \dots + T_{j+1} > t) \cap (T_1 + \dots + T_j < t)]P[T_s > T_1 + \dots + T_j] + .. \\ &+ P[(T_1 + \dots + T_n > t) \cap (T_1 + \dots + T_{n-1} < t)]P[T_s > T_1 + \dots + T_{n-1}] \end{aligned} \qquad \text{(A3.2)}$$

$$\begin{aligned} R(t) = r(t) &+ \int_0^\infty \rho(u) P[(T_2 > t - T_1) \cap (T_1 < t) | T_1 = u] f_{S_1}(u) du + \dots \\ &+ \int_0^\infty \rho(u) P[(T_{j+1} > t - S_j) \cap (S_j < t) | S_j = u] f_{S_j}(u) du + \dots \\ &+ \int_0^\infty \rho(u) P[(T_n > t - S_{n-1}) \cap (S_{n-1} < t) | S_{n-1} = u] f_{S_{n-1}}(u) du \end{aligned} \qquad \text{(A3.3)}$$

$P[S_j < t | S_j = u,\ u \ge t] = 0$이므로 식 (A3.3)은 식 (A3.4)와 같이 정리할 수 있

으며, 이를 부품의 신뢰도로써 표현하면 식 (A3.5)와 같이 변환되고, 최종적으로 정리된 표현은 식 (A3.6)과 같다.

$$\begin{aligned} R(t) = r(t) &+ \int_0^t \rho(u) P[T_2 > t-u] f_{S_1}(u)du + \ldots \\ &+ \int_0^t \rho(u) P[T_{j+1} > t-u] f_{S_j}(u)du + \ldots \\ &+ \int_0^t \rho(u) P[T_n > t-u] f_{S_{n-1}}(u)du \end{aligned} \tag{A3.4}$$

$$\begin{aligned} R(t) = r(t) &+ \int_0^t \rho(u) r(t-u) f_{S_1}(u)du + \ldots + \int_0^t \rho(u) r(t-u) f_{S_j}(u)du \\ &+ \ldots + \int_0^t \rho(u) r(t-u) f_{S_{n-1}}(u)du \end{aligned} \tag{A3.5}$$

$$R(t) = r(t) + \sum_{j=1}^{n-1} \int_0^t \rho(u) r(t-u) f_{S_j}(u)du \tag{A3.6}$$

1.2 Case 2. Detection and switching only at time of failure

서브시스템의 신뢰도 $R(t)$는 n번째 고장이 발생하는 시간이 임의의 시점 t 보다 크고, 고장발생 시마다 고장감지기가 정상 작동할 확률로 정의된다. 또한 부품의 고장과 고장감지기의 작동 여부는 상호 독립이므로 식 (A3.2)를 변형하여 식 (A3.7) 같이 표현할 수 있다.

$$\begin{aligned} R(t) = P[T_1 > t] &+ P[(T_1 + T_2 > t) \cap (T_1 < t)] \cdot \rho_s + \ldots \\ &+ P[(T_1 + \ldots + T_{j+1} > t) \cap (T_1 + \ldots + T_j < t)] \cdot \rho_s^j + \ldots \\ &+ P[(T_1 + \ldots + T_n > t) \cap (T_1 + \ldots + T_{n-1} < t)] \cdot \rho_s^{n-1} \end{aligned} \tag{A3.7}$$

식 (A3.7)에 조건부 확률을 적용하여 표현하면 식 (A3.8)과 같으며,

$P[S_j < t | S_j = u, u \geq t] = 0$이므로 식 (A3.9)와 같이 정리할 수 있다.

$$R(t) = r(t) + \rho_s \int_0^\infty P[(T_2 > t - T_1) \cap (T_1 < t) | T_1 = u] f_{S_1}(u) du + \ldots$$
$$+ \rho_s^j \int_0^\infty P[(T_{j+1} > t - S_j) \cap (S_j < t) | S_j = u] f_{S_j}(u) du + \ldots \quad \text{(A3.8)}$$
$$+ \rho_s^{n-1} \int_0^\infty P[(T_n > t - S_{n-1}) \cap (S_{n-1} < t) | S_{n-1} = u] f_{S_{n-1}}(u) du$$

$$R(t) = r(t) + \rho_s \int_0^t P[T_2 > t - u] f_{S_1}(u) du + \ldots$$
$$+ \rho_s^j \int_0^t P[T_{j+1} > t - u] f_{S_j}(u) du + \ldots \quad \text{(A3.9)}$$
$$+ \rho_s^{n-1} \cdot \int_0^t P[T_n > t - u] f_{S_{n-1}}(u) du$$

식 (A3.9)를 부품의 신뢰도로써 표현하면 식 (A3.10)과 같이 변환되고, 최종적으로 정리된 표현은 식 (A3.11)과 같다.

$$R(t) = r(t) + \rho_s \int_0^t r(t-u) f_{S_1}(u) du + \ldots + \rho_s^j \int_0^t r(t-u) f_{S_j}(u) du$$
$$+ \ldots + \rho_s^{n-1} \int_0^t r(t-u) f_{S_{n-1}}(u) du \quad \text{(A3.10)}$$

$$R(t) = r(t) + \sum_{j=1}^{n-1} \rho_s^j \int_0^t r(t-u) f_{S_j}(u) du \quad \text{(A3.11)}$$

1.3 부품의 고장시간 분포(Erlang) 적용

(0, t] 동안 고장이 발생한 부품의 수를 $N(t)$라고 정의하면, $N(t) < n$인 경우

$N(t)$는 Erlang 도착간격 시간을 갖는 재생과정(Renewal Process)이다. 모수 m (Shape)과 λ(Scale)를 갖는 Erlang(m,λ) 분포는 i.i.d. Exp(λ) 분포의 m차 합성적(m-convolution)이므로, $N_m^*(t)$을 모수가 λ인 포아송 과정(Poisson Process)이다. 따라서 $P[N(t)<x]=P\left[N_m^*(t)<mx\right]$이고, 다음 식 (A3.12)와 같다.

$$\begin{aligned}
&\int_0^t r(t-u)f_{S_x}(u)du \\
&= P[T_1+T_2+\ldots+T_x+T_{x+1}>t|T_1+T_2+\ldots+T_x<t] \\
&= P[S_{x+1}>t|S_x<t] \\
&= P[N(t)=x] \qquad\qquad (A3.12) \\
&= P[x\le N(t)<x+1] \quad \left(\because N_m^*(t)=mx\right) \\
&= P\left[mx\le N_m^*(t)<m(x+1)\right] \\
&= \exp(-\lambda t)\sum_{l=mx}^{m(x+1)-1}\frac{(\lambda t)^l}{l!}
\end{aligned}$$

2. *k*-out-of-*n* 서브시스템

고장시간 분포가 Exp(λ)를 따르는 부품으로 구성된 k-out-of-n 서브시스템은 정상 작동하는 동안 항상 k개의 부품이 작동 중에 있고, 부품의 고장시간 분포 Exp의 무기억 속성으로 인해 작동 중인 k개의 부품은 고장시간 분포가 Exp($k\lambda$)인 하나의 Set 부품으로 고려할 수 있다. 따라서 k-out-of-n 서브시스템은 고장시간 분포가 Exp($k\lambda$)를 따르는 부품 $(n-k+1)$개로 구성된 병렬 시스템으로 고려할 수 있다.

따라서 (0, t] 동안 고장이 발생한 부품의 수를 $N(t)$라고 정의하면, $N(t)<n$인 경우 $N(t)$는 Exp 도착간격 시간을 갖는 재생과정이고, 모수가 $k\lambda$인 포아송 과정(Poisson Process)이 되므로 식 (1.13)과 같다.

$$\begin{aligned}
&\int_0^t r(t-u) f_{S_x}(u) du \\
&= P[T_1 + T_2 + \ldots + T_x + T_{x+1} > t | T_1 + T_2 + \ldots + T_x < t] \\
&= P[S_{x+1} > t | S_x < t] \\
&= P[N(t) = x] \\
&= P[x \leq N(t) < x+1] \\
&= \exp(-k\lambda t) \frac{(k\lambda t)^x}{x!}
\end{aligned} \tag{1.13}$$

<부록 4> 중복전략 임계 부품수의 상한

1. 병렬 서브시스템

고장시간 분포가 Erlang(m,λ)를 따르는 부품으로 구성된 서브시스템에서 중복 전략이 활성중복인 경우의 서브시스템 신뢰도 $R_a(t)$는 식 (6.84)와 같고, Cold Standby 중복인 $R_c(t)$는 식 (6.89)와 같다. 임계 부품수 n^c는 $R_c(t)$가 $R_a(t)$ 보다 높은 최대 부품수이므로 식 (A4.1)과 같이 정의된다.

$$n^c = \text{Max}\left[n\ ;\ R_c > R_a\right] \tag{A4.1}$$

따라서 n^c의 상한을 도출하기 위해 식 (A4.2)와 같은 부등식을 사용하며, 식 (A4.3)의 근사조건을 적용하면 R_c의 상한은 $r(t)+\rho(t)\,[1-r(t)]$가 된다.

$$r(t)+\rho(t)\left[\exp(-\lambda t)\sum_{l=m}^{mn-1}\frac{(\lambda t)^l}{l!}\right] > 1-[1-r(t)]^n \tag{A4.2}$$

$$\exp(-\lambda t)\sum_{l=0}^{mn-1}\frac{(\lambda t)^l}{l!} \simeq 1,\ (\because \lambda t \ll mn-1) \tag{A4.3}$$

따라서 식 (A4.4)의 부등식을 정리하여 n^c의 상한 $\overline{n^c}$를 식 (A4.5)와 같이 도출할 수 있다.

$$r(t)+\rho(t)\,[1-r(t)] > 1-[1-r(t)]^n \tag{A4.4}$$

$$\overline{n^c_{iz_i}} = \left\lfloor 1+\frac{\ln\left[1-\rho_i(t)\right]}{\ln\left[1-r_{iz_i}(t)\right]} \right\rfloor \tag{A4.5}$$

2. k-out-of-n 서브시스템

고장시간 분포가 Exp(λ)를 따르는 부품으로 구성된 서브시스템에서 중복전략이 활성중복인 경우의 서브시스템 신뢰도 $R_a(t)$는 식 (6.99)와 같고, Cold Standby 중복인 $R_c(t)$는 식 (6.107)과 같다. 임계 부품수 n^c의 상한을 보수적으로 결정하기 위해 $R_c(t)$의 상한 $\overline{R_c}$가 $R_a(t)$의 하한 $\underline{R_a}$ 보다 높은 최대 부품수로 정의하고 식 (A4.6)과 같이 표현한다.

$$\overline{n_{iz_i}^c}=\text{Max}\left[n\ ;\ \overline{R_c}>\underline{R_a}\right] \tag{A4.6}$$

$\overline{R_c}$은 식 (A4.7)의 근사조건을 적용하면 다음 식 (A4.8)과 같다.

$$\exp(-k\lambda t)\sum_{l=0}^{n-k}\frac{(k\lambda t)^l}{l!}\simeq 1,\ (\because k\lambda t\ll n-k) \tag{A4.7}$$

$$\overline{R_c}(t)=[1-\rho(t)]\,r_k(t)+\rho(t) \tag{A4.8}$$

$\underline{R_a}(t)$는 식 (A4.9)의 상한에서 결정된다. 따라서 식 (A4.10)과 같은 Hoeffding의 부등식[59]을 이용하면, $\underline{R_a}(t)$는 식 (A4.11)과 같다. 단, r은 $r(t)$를 약식으로 표현한 것이다.

$$\sum_{l=0}^{k-1}\binom{n}{l}[r(t)]^l[1-r(t)]^{n-1} \tag{A4.9}$$

$$F(k-1\ ;\ n,r)\le\frac{1}{2}\exp\left[-2\frac{(nr-k+1)^2}{n}\right] \tag{A4.10}$$

$$\underline{R_a}=1-\frac{1}{2}\exp\left[-2\frac{(nr-k+1)^2}{n}\right] \tag{A4.11}$$

따라서 임계 부품수 n^c의 상한을 유도하기 위한 부등식은 식 (A4.12)와 같다.

$$\overline{R_c} > 1 - \frac{1}{2}\exp\left[-2\frac{(nr-\alpha)^2}{n}\right],\ \alpha = k-1 \tag{A4.12}$$

식 (A4.12)에서 양변에 자연로그를 취하면 식 (A4.13)과 같이 정리된다. 여기서 식 (A4.14)와 같은 β와 $x=\sqrt{n}$을 정의하면, 식 (A4.15)와 같은 2차 부등식을 도출할 수 있다.

$$(nr-\alpha)^2 < -\frac{n}{2}\ln\left[2\left(1-\overline{R_c}\right)\right] \tag{A4.13}$$

$$\beta = \sqrt{-\frac{1}{2}\ln\left[2\left(1-\overline{R_c}\right)\right]} \tag{A4.14}$$

$$rx^2 - \beta x - \alpha < 0 \tag{A4.15}$$

$r>0$이고 $n \geq k \geq 1$임을 고려하면, 식 (A4.15)를 만족하는 x의 범위는 식 (A4.16)과 같다. 따라서 $x=\sqrt{n}$이므로 n의 범위는 식 (A4.17)이 되므로 임계 부품수의 상한 $\overline{n^c}$는 식 (A4.18)과 같이 도출할 수 있다.

$$\sqrt{k} \leq x \leq \frac{\beta + \sqrt{\beta^2 + 4\alpha}}{2r} \tag{A4.16}$$

$$k \leq n \leq \left[\frac{\beta + \sqrt{\beta^2 + 4\alpha}}{2r}\right]^2 \tag{A4.17}$$

$$\overline{n^c} = \left\lfloor \left(\frac{\beta + \sqrt{\beta^2 + 4(k-1)}}{2r}\right)^2 \right\rfloor \tag{A4.18}$$

보수적으로 결정된 $\overline{n^c}$를 검증하고 보다 효율적 알고리즘을 검토하기 위해 k의 구간은 [1, 10], 고장감지기의 신뢰도는 구간 [0.6, 0.99], 부품 신뢰도의 구간은 [0.5, 0.95]에서 수치실험을 수행하였다. 수치실험 결과, $\overline{n^c}$과 k의 평균 주변에서 실제 임계 부품수 n^c를 관찰할 수 있었으며, 평균을 올림한 값(정수)과 실제 임계

부품수 n^c의 차이는 최대 5개, 최소 0개, 차이의 평균은 2개였다. 이러한 내용을 반영하여 임계 부품수 탐색 알고리즘에서는 초기 임계 부품수 n_o^c를 식 (A4.19)와 같이 설정하여 실제 임계 부품수를 탐색한다.

$$n_o^c = \text{ceil}\left\{\frac{\overline{n^c} + k}{2}\right\} \qquad (A4.19)$$

참 고 문 헌

[1] 김기태, 전건욱, "자원제약하 시스템 신뢰도 최적화 기법 비교 연구", 국방과학기술, 제2권 4호, pp.108-117, 2009.

[2] 김기태, 전건욱, "직렬 시스템의 신뢰도 최적 설계를 위한 Hybrid 병렬 유전자 알고리즘 해법", 산업경영시스템학회지, 제33권 2호, pp.48-55, 2010.

[3] 김기태, 전건욱, "하이브리드 병렬 유전자 알고리즘을 이용한 최적 신뢰도-중복 할당 문제", IE Interfaces, 제23권 2호, pp.147-155, 2010.

[4] 김원경, 시스템 신뢰도 공학, 교우사, 2005.

[5] 김재윤, 신경석, "최대 시스템 신뢰도를 위한 최적 중복 설계 : 유전알고리즘에 의한 접근", 품질경영학회지, 제32권, 제4호, pp125-139, 2004

[6] 김호균, 배창옥, 김재환, 손주영, "부품선택이 존재하는 직렬시스템의 신뢰성 최적화 해법", 대한산업공학회지, 제34권 1호, pp.49-56, 2008.

[7] 김호균, 배창옥, 백천현, "다중 부품선택이 존재하는 직렬구조 시스템의 최적 신뢰성 설계를 위한 시뮬레이티드 어닐링 알고리듬", IE Interfaces, 제17권(Special Edition), pp.69-78, 2004.

[8] 김흥섭, 전건욱, "인공위성 시스템의 신뢰도 최적화 설계에 관한 연구", 한국항공우주학회지, 39(12), p.1150-1159, 2011

[9] 문영민, 김기태, 전건욱, "병렬유전자 알고리즘을 이용한 k-out-of-n : G 시스템 신뢰도 최적화 문제", 대한산업공학회 추계학술대회, 동국대학교, 2010.11

[10] 박경수, 신뢰도 및 보전공학, 영지문화사, 2004.

[11] 박종화, 김기태, 전건욱, "운영유지비용을 고려한 신뢰도 할당 모형의 선정", 국방경영분석학회지, 제35권 3호, pp.31-45, 2009.

[12] 이무궁화, 김기태, 전건욱, "유전자 알고리즘을 이용한 저고도 레이더의 비용 기반 최적 신뢰도 할당", 국방과학기술, 제3권 1호, pp.17-26, 2010.

[13] 이상용, 신뢰성 공학, 형설출판사, 1999.

[14] 이상헌, 황선호, "Hybrid-PSO 해법을 이용한 수요지 제한이 있는 다용량 차량경로문제", Journal of the Korean Institute of Industrial Engineers,

Vol.35, No.2, pp150-159, 2009

[15] 전건욱, 무기체계 신뢰도 예측 및 군사적 응용, 국방대학교, 2007.

[16] 최석철, 무기체계 신뢰성 개론, 국방대학교, 2000.

[17] Aggarwal, K. K., Gupta, J. S., and Misra, K. B., "A Fast Algorithm for Reliability Evaluation", IEEE Transactions on Reliability, Vol.24(1), p.83-85, 1975.

[18] Ait-Kadi, D. and Nourelfath, M., Availability Optimization of Fault-Tolerant Systems, International Conference Industrial Engineering Production Management, Quebec, Canada, 2001.

[19] Argrawal, A. and Barlow, R.E., "A Survey of Network Reliability and Domination Theory", Operations Research, Vol.32(3), p.478-492, 1984.

[20] Bae, C. O., Kim, H. G., Kim, J. H., Son, J. Y., and Yun, W. Y., "Solving the Redundancy Allocation Problem with Multiple Component Choice using Metaheuristics", International Journal of Industrial Engineering, Special Issue, p.315-323, 2007.

[21] Bai, D. S., Yun, W. Y., and Chung, S. W., "Redundancy Optimization of k-out-of-n:G Systems with Common-Cause Failures", IEEE Transaction on Reliability, Vol.40(1), p.56-59, 1991.

[22] Barlow, R. E. and Proschan, F., Importance of System Components and Fault Tree Analysis, ORC-74-3, Operations Research Center, University of California, Berkeley, 1974

[23] Barlow, R. E. and Proschan, F., Mathematical Theory of Reliability, New York : Wiley, 1965

[24] Baxter, L. A. and Harche, F., "On the Optimal Assembly of Series-Parallel Systems", Operations Research Letters, Vol.11(3), p.153-157, 1992.

[25] Bellman, R. and Dreyfus, S., "Dynamic Programming and the Reliability of Multicomponent Devices", Operations Research, Vol.6(2), p.200-206, 1958.

[26] Borland, P.J. and El-Neweihi, E., "Measures of Component Importance in Reliability Theory", Computers and Operations Research, Vol.22(4), p.455-463, 1995.

[27] Bolland, P. J., Proschan, F., and Tong, Y. L., "Optimal Arrangement of

Components via Pairwise Rearrangement", Naval Research Logistics, Vol.36(6), p.807-815, 1989.

[28] Case, T., "A Reduction Technique for Obtaining a Simplified Reliability Expression", IEEE Transactions on Reliability, Vol.26(4), p.248-249, 1977.

[29] Chen, T. C. and You, P. S., "Immune Algorithms Based Approach for Redundant Reliability Problems with Multiple Component Choices", Computers in Industry, Vol.56(2), p.195-205, 2005.

[30] Chern, M. S., "On the Computational Complexity of Reliability Redundancy Allocation in a Series System", Operations Research Letters, Vol.11(5), p.309-315, 1992.

[31] Chern, M. S. and Jan, R. H., "Reliability Optimization Problems with Multiple Constraints", IEEE Transactions on Reliability, Vol.35(4), p.431-436, 1986.

[32] Chiang, D.T. and Niu, S.C., "Reliability of Consecutive-k-out-of-n:F System", IEEE Transactions on Reliability Vol.30, p.87-89, 1981.

[33] Coit, D. W., "Cold-Standby Redundancy Optimization for Nonrepairable Systems", IEEE Transactions, Vol.33, p.471-478, 2001.

[34] Coit, D. W, "Maximization of System Reliability with a Choice of Redundancy Strategies", IIE Transaction, Vol.35(6), p.535-543, 2003.

[35] Coit, D. W., and Liu, J., "System Reliability Optimization with k-out-of-n Subsystems", International Journal of Reliability, Quality and Safety Engineering, Vol.7(2), p.129-142, 2000.

[36] Coit, D. W. and Smith, A. E., "Reliability Optimization of Series-Parallel Systems using a Genetic Algorithm", IEEE Transactions on Reliability, Vol.45(2), p.254-260, 1996.

[37] Coit, D. W., and Smith, A. E., "Adaptive Penalty Methods for Genetic Optimization of Constrained Combinatorial Problems", INFORMS Journal on Computing, Vol.8(2), 1996.

[38] Coit, D. W., and Smith, A. E., "Penalty Guided Genetic Search for Reliability Design Optimization", Computers and Industrial Engineering, Vol.30(4), 1996.

[39] Dakin, R. J., "A Tree Search Algorithm for Mixed Integer Programming

Problem", The Computer Journal, Vol.8(3), p.250-255, 1965.

[40] Dantzig, G., Fulkerson, R., and Johnson, S., "Solution of a Large Scale Traveling Salesman Problem", Journal of the Operations Research Society of America, Vol.2(4), p.393-410, 1954.

[41] Derman, C., Lieberman, G. J., and Ross, S. M., "On Optimal Assembly of Systems", Naval Research Logistics Quarterly, Vol.19(4), p.568-574, 1972.

[42] Djerdjour, M. and Rekab, K., "A Branch and Bound Algorithm for Designing Reliable Systems at a Minimum Cost", Applied Mathematics and Computation, Vol.118(2-3), p.247-259, 2001.

[43] El-Neweihi, E., Proschan, F., and Sethuraman, J., "Optimal Allocation of Components in Parallel-Series and Series-Parallel Systems", Journal of Applied Probability, Vol.23(3), p.770-777, 1986.

[44] Elandt-Johnson, R. C., and Johnson, N. L., Survival Models and Data Analysis. New York : John Wiley, 1981.

[45] Elsayed, E. A., Reliability Engineering, Addison Wesley Longman Inc., 1996.

[46] Elsayed, E. A., and Boucher, T. O., Analysis and control of Production Systems, Englewood Cliffs, NJ: Prentice-Hall, 1994.

[47] Feller, W., An Introduction to Probability Theory and its Applications(3rd ed.), New York : Wiley, 1968.

[48] Fyffe, D. E., Hines, W. W., and Lee, N. K., "System Reliability Allocation and a Computational Algorithm", Operations Research, Vol.17(2), p.64-69, 1968.

[49] Gandini, A., "Importance and Sensitive Analysis in Assessing System Reliability", IEEE Transactions on Reliability 39(1), p.61-69, 1990.

[50] Garey, M. and Johnson, D., Computers and Intractability; A Guide to the Theory of NP-Completeness, W.H. Freeman and Company, San Francisco, 1976.

[51] Gen, M., Ida, K., Sasaki, M., and Lee, J. U., "Algorithm for Solving Large Scale 0-1 Goal Programming and its Application to Reliability Optimization Problem", Computers and Industrial Engineering, Vol.17(1), p.525-530, 1989.

[52] Gen, M., Ida, K., and Taguchi, T., Reliability Optimization Problems; A Novel Genetic Algorithm Approach, Technical Report, ISE93-5, Ashikaga Institute of Technology, Ashikaga, Japan, 1993.

[53] Ghare, P. M. and Taylor, R. E., "Optimal Redundancy for Reliability in Series System", Operations Research, Vol.17(5), p.838-847, 1969.

[54] Glover, F., "Heuristics for Integer Programming Using Surrogate Constraints", Decision Sciences, Vol.8(1), p.156-166, 1977.

[55] Gomory, R. E., "Outline of an Algorithm for the Integer Solutions to Linear Programs", Bulletin of the American Mathematical Society, Vol.64(5), p.275-278, 1958.

[56] Gopal, K., Aggarwal, K. K., and Gupta, J. S., "An Improved Algorithm for Reliability Optimization", IEEE Transaction on Reliability, Vol.27 (27), p.325-328, 1978.

[57] Henley, E. J. and Kumamoto, H., Reliability Engineering and Risk Assessment, Englewood Cliffs, NJ : Prentice-Hall, 1981

[58] Hoeffding, W., "Probability Inequalities for Sums of Bounded Random Variables", Journal of the American Statistical Association, Vol.58 (301), p.13-30, 1963.

[59] Hoffman, K. L. and Padberg, M., "Improving LP-Representations of Zero-One Linear Programs for Branch and Cut", ORSA Journal on Computing, Vol.3(2), p.121-134, 1991.

[60] Holland, J. H., Adaption in Natural and Artificial Systems, University of Michigan Press, Ann Arbor, 1975.

[61] Hooke, R. and Jeeves, T.A., "Direct Search Solution of Numerical and Statistical Problems", Journal of the Association of Computing Machinery, Vol.8(2), p.212-229, 1961.

[62] Hsieh, Y. C., "A Linear Approximation for Redundant Reliability Problems with Multiple Component Choices", Computers and Industrial Engineering, Vol.44(1), p.91-103, 2002.

[63] Ida, K., Gen, M., and Yokota, T., "System Reliability Optimization with Several Failure Modes by Genetic Algorithm", Proceedings of the 16th International Conference on Computers and Industrial Engineering, p.349-352, Ashikaga, Japan, 1994.

[64] Jacques Riget and Jakob S. Vesterstrøm, A Diversity-Guided Particle Swarm Optimizer–the ARPSO", EVALife Technical Report no. 2002-02, Department of Computer Science, University of Aarhus, 2002

[65] Jianping, L., “A Bound Heuristic Algorithm for Solving Reliability Redundancy Optimization”, Microelectronics and Reliability, Vol.3(5), p.335-339, 1996.

[66] Kapur, K. C., Lamberson, L. R., Reliability in Engineering Design, Wayne State University, 1977.

[67] Kaufmann, A. Grouchko, D., and Croun, R., Mathematical Models for The Study of The Reliability of Systems, New York : Academic Press, 1977.

[68] Kirlpatric, S., Gelatt Jr., C. D., and Vecchi, M. P., “Optimization by Simulated Annealing”, Science, Vol.220, p.671-680, 1983.

[69] Kulturel-Konak, S., Smith, A. E., and Coit, D. W., “Efficiently Solving the Redundancy Allocation Problem using Tabu Search”, IIE Transactions, Vol.35(6), p.515-526, 2003.

[70] Kuo W., Hwang, C. L., and Tillman, F. A., “A Note on Heuristic methods in Optimal System Reliability”, IEEE Transaction on Reliability, Vol.27(27), p.320-324, 1978.

[71] Kuo, W., Lin, H., Xu, Z., and Zhang, W., “Reliability Optimization with the Lagrange Multiplier and Branch-and-Bound Technique”, IEEE Transactions on Reliability, Vol.36(5), p.624-630, 1987.

[72] Kuo, W. and Prasad, V. R., “An Annotated Overview of System Reliability Optimization”, IEEE Transactions on Reliability, Vol.49(2), p.176-187, 2000.

[73] Kuo, W., Prasad, V. R., Tillman, F. A., and Hwang C. L., Optimal Reliability Design: Fundamentals and Applications, Cambridge University Press, 2001.

[74] Kuo, W. and Wan, R., “Recent Advances in Optimal Reliability Allocation”, IEEE Transactions on Systems, Man, and Cybernetics-Part A : Systems and Humans, Vol.37(2), p.143-156, 2007.

[75] Land, A. H. and Doig, A. G., “An Automatic Method of Solving

Discrete Programming Problems", Econometrica, Vol.28(3), p.497-520, 1960.

[76] Leemis, L. M., Reliability : Probabilistic Models and Statistical Methods. Englewood Cliffs, NJ : Prentice Hall, 1995

[77] Liang, Y. C. and Smith, A. E., "An Ant Colony Optimization Algorithm for the Redundancy Allocation Problem", IEEE Transactions on Reliability, Vol.53(3), p.417-423, 2004.

[78] Lie, C.H., Hwang, C.L., and Tillman, F.A., "Availability of Maintained Systems : A State of the Art Survey", AIIE Transaction 9(3), p.247-259, 1977.

[79] Little, J. D. C., Murty, K. G., Sweency, D. W., and Karel, C., "An Algorithm for the Traveling Salesman Problem", Operations Research, Vol.11(6), p.972-989, 1963.

[80] Makino, T., "Mean Hazard Rate and its Application to the Normal Approximation of the Weibull Distribution", Naval Research Logistics Quarterly 31, p.1-8, 1984.

[81] Malon, D. M., "When is Greedy Module Assembly Optimal?", Naval Research Logistics, Vol.37(6), p.847-854, 1990.

[82] Misra, K. B., "A Simple Approach for Constrained Redundancy Optimization Problems", IEEE Transaction on Reliability, Vol.21(21), p.30-34, 1972.

[83] Nahas, N. and Nourelfath, M., "Ant System for Reliability Optimization of a Series System with Multiple Choice and Budget Constraints", Reliability Engineering and System Safety, Vol.87(1), p.1-12, 2005.

[84] Nakagawa, Y. and Miyazaki, S., "Surrogate Constraints Algorithm for Reliability Optimization Problem with two constraints", IEEE Transaction on Reliability, Vol.30(2), p.175-180, 1981.

[85] Nakagawa, Y. and Nakashima, K., "A Heuristic Method for Determining Optimal Reliability Allocation", IEEE Transaction on Reliability, Vol.26(26), p.156-161, 1977.

[86] Ng, K. Y. K. and Sancho, N. G. F., "A Hybrid Dynamic Programming/Depth-First Search Algorithm with an Application to Redundancy Allocation", IIE Transactions, Vol.33(12), p.1047-1058,

2001.

[87] Nourelfath, M. and Nahas, N., “Quantized Hopfield Networks for Reliability Optimization”, Reliability Engineering and System Safety, Vol.81(2), p.191-196, 2003.

[88] Painton, L. and Campbell, J., “Genetic Algorithm in Optimization of System Reliability”, IEEE Transaction on Reliability, Vol.44(2), p.172-178, 1995.

[89] Pease, R.W., “General Solution to the Occupancy Problem with Variable Sized Rums of Adjacent Cells Occupied by Single Balls”, Mathematics Magazine, Vol. 48, p.131-134, 1975.

[90] Poli, R., Kennedy, J., and Blackwell, T., “Particle Swarm Optimization : An Overview”, Swarm Intell, p.33-57, 2007.

[91] Prasad, V. R., Nair, K. P. K., and Aneja, Y. P., “Optimal Assignment of Components to Parallel-Series and Series-Parallel Systems”, Operations Research, Vol.39(3), p.407-414, 1991.

[92] Rania Hassan, Babak Cohanim and Oliver de Weck, A Comparison of Particle Swarm Optimization and the Genetic Algorithm, American Institute of Aeronautics and Astronautics, 2005.

[93] Safari, J., and Tavakkoli-Moghaddam, R., “A Redundancy Allocation Problem with the Choice of Redundancy Strategies by a Memetic algorithm”, Industrial Engineering, Vol.6(11), p.6-16, 2010.

[94] Sasaki, G., Okada, T., and Shingsa, S., “A New Technique to Optimize System Reliability”, IEEE Transaction on Reliability, Vol.32(2), p.175-182, 1983.

[95] Sears, R. W., “Practical Models for Determining Standby Redundancy Levels”, Proceedings of the Annual Reliability and Maintainability Symposium, L.A : IEEE, p.120-126, 1990.

[96] Seth, A. and Ramamurthy, K. G., “Structural Importance of Components”, Operations Research, Vol.28(2), p.88-101, 1991

[97] Shayeghi, H., Shayanfar, H. A., Fotuhi Firuzabad, M., Jalili, A., and Molla Mohammadi Behnagh, S., “Reliability Optimization of Series-parallels systems Using PSO Technique”, Proceedings of the 2008 International Conference on Artificial Intelligence, Las Vegas,

Nevada, USA, Vol.2, 2008.

[98] Sharma, J. and Venkateswaran, K. V., "A Direct Method for Maximizing the System Reliability", IEEE Transaction on Reliability, Vol.20(20), p.256-259, 1971.

[99] Shooman, M.L., Probabilistic Reliability : An Engineering Approach, New York : McGraw-Hill, 1968.

[100] Sung, C. S. and Cho, Y. K., "Reliability Optimization of a Series System with Multiple Choice and Budget Constraint", European Journal of Operational Research, Vol.127(1), p.159-171, 2000.

[101] Tavakkoli-Moghaddam, R., Safari, J., and Sassani, F. , "Reliability Optimization of Series-Parallel Systems with a Choice of Redundancy Strategies using a Genetic Algorithm", Reliability Engineering and System Safety, Vol.93(4), p.550-556, 2008.

[102] Tillman, F. A., "Optimization by Integer Programming of Constrained Reliability Problems with Several Modes of Failure", IEEE Transactions on Reliability, Vol.18(2), p.47-53, 1969.

[103] Tillman, F. A., Hwang, C. L., and Kuo, W., "Determining Component Reliability and Redundancy for Optimum System Reliability", IEEE Transactions on Reliability, Vol.26(3), p.162-165, 1977.

[104] Wetherill, G. B., Intermediate Statistical Methods. London: Chapman and Hall. 1981.

[105] Yalaoui, A., Chatelet, E., and Chu, C., "A New Dynamic Programming Method for Reliability and Redundancy Allocation", IEEE Transactions on Reliability, Vol.54(2), p.254-261, 2005.

[106] Yokota, T., Gen, M., and Ida, K., "System Reliability of Optimization Problems with Several Failure Modes by Genetic Algorithm", Japanese Journal of Fuzzy Theory and Systems, Vol.7(1), p.117-135, 1995.

[107] You, P. S. and Chen, T. C., An Efficient Heuristic for Series-Parallel Redundant Reliability Problems, Computers and Operations Research, Vol.32(8), p.2117-2127, 2005.

저 자 약 력

전건욱(田建昱) Geonwook Jeon
g0jeon01@yahoo.co.kr

주요약력
공군사관학교 전자공학과 졸업
고려대학교 공과대학 산업공학과 졸업
미국 University of Louisville 산업공학과 졸업
미국 The State University of New Jersey 방문교수
전) 국방대학교 안전보장문제연구소 군사과학연구센터장
현) 국방대학교 운영분석학과 교수
현) 방위사업청 분석평가업무 자문위원
현) 한국국방경영분석학회 편집이사 및 편집장

시스템 신뢰도

초 판 1쇄 인쇄 —— 2012년 8월 25일
초 판 1쇄 발행 —— 2012년 8월 30일
지은이 —— 전 건 욱
펴낸이 —— 전 두 표
펴낸곳 —— 도서출판 **두남**
서울시 강동구 성내로6길 34-16 두남빌딩
신 고 : 제25100-1988-9호
TEL : 02) 478-2065, 2066, 2067, 2311
FAX : 02) 478-2068
E-mail : dunam1@unitel.co.kr
http://www.dunam.co.kr

정가 20,000원

ISBN 978-89-6414-353-7 93320